図説
# 明治政府

久保田 哲 著

## 明治政府のわかりにくさ、そしておもしろさ――序にかえて

幕末、「攘夷」を高らかに叫んだ武士たちがいた。彼らは、日本から西洋人を追い払い、西洋諸国に負けない軍事国家の設立を目指したのである。彼らの政治運動は、二五〇年以上にわたって存続した徳川幕府を瓦解させた。ところが、明治新政府が掲げた政治スローガンには、「攘夷」が存在しなかった。そればかりか、世界から多くを学ぼうと宣言したのである。一般の人びとの間にも「文明開化」が浸透し、積極的に西洋文明を取り入れたことから、生活の端々までが一変した。その結果、武士身分までもが解体したのである。

他方で、「維新」とはいいながらも、明治政府の体制は、古代の太政官制を「復古」させるところからはじまった。徳川幕府の瓦解により、即座に近代的な制度が設けられたわけではない。むしろ、明治政府の多くの面々は、政権の樹立後に西洋へ赴き、あるいは西洋人を雇い入れ、「文明」の内実を学び、それらを日本にいかに落とし込むかに悪戦苦闘したのであった。

明治維新とは、かくも難解なものなのである。いうまでもなく、それは明治政府そのものも同様である。事実、明治政府の機構は、幾度となく改められた。おそらく、同時代を生きた人びとも困惑するほどに。こうした点もまた、明治維新や明治政府の理解を難解にしている要因であろう。

もっとも、日本は、西洋諸国に肩を並べようというほどの急激な近代化を成し遂げた。その歩みは、

他の東アジア諸国とまったく異なる歴史となった。たとえ難解であっても、近代日本の内実を知ることは、日本史のみならず世界史的な視座からも、きわめて興味深いものなのである。

本書は、明治政府の誕生から、憲法が制定され近代的議会が開設された明治二十三年（一八九〇）までを主たる対象とし、この間の機構や政策について、その概要をコンパクトに整理したものである。ただし、そのすべてを扱えたわけではなく、記述内容にも濃淡がある。また、通読せず、辞書がわりに本書を利用する読者も想定し、各項目で完結した内容となっている。一方、通史的理解を補うために、年表を付した。読者におかれては、適宜参照されたい。

本書の特徴の一つは、数多くの写真・図版を利用しているところにある。これらの収集・作成は、本書の編集を担った戎光祥出版株式会社の石渡洋平氏、法政大学大学院の飯塚彬氏の惜しみのない労力に依拠している。両氏の献身に、心より御礼申し上げる次第である。むろん、本書の内容に関する責任は、すべて筆者に帰している。

なお、明治五年の太陽暦採用以前の月日は、原則として旧暦にした。また、引用に際しては、適宜旧漢字を新漢字に、カタカナをひらがなに改めた。

本書が、幕末維新期や明治期の日本に関心を抱く読者の手掛かりとなれば、これに勝る喜びはない。

二〇二一年四月

久保田 哲

# 目次

## 第二部 太政官制から内閣制度へ

## 第三部　明治政府の政策



### コラム

# 巻頭特集　幕末から明治へ

大政奉還◆約260年におよんだ〝徳川の世〟は終焉を迎えることになる　画家・邨田丹陵　聖徳記念絵画館蔵

# 01 大政奉還と王政復古――新時代の幕開け

幕末、天皇を尊崇する尊王、政治参加の拡大を求める公議という二つの理念が流布されるなかで、天皇のもとに幕府や諸藩が集い、合議による政治運営を標榜する公議政体派が台頭した。その先導役は薩摩藩である。国父の島津久光を頂点とし、小松帯刀、大久保利通、西郷隆盛らが藩の中心であった。

他方、御三家の一橋慶喜、会津藩主の松平容保、桑名藩主の松平定敬ら一会桑は、公議政体派に反対し、従来の限定的な政策決定過程の維持を企図した。慶喜の将軍就任後、その政治姿勢はより明瞭となっていった。そこで薩摩藩は、武力倒幕を射程に入れる。長州藩と手を結び、公家の岩倉具視らとも協働していく。

こうしたなかで、公議政体派の土佐藩は、後藤象二郎らが中心となり、幕府に大政奉還させることで平和裡に公議政体を樹立させようと働きかける。慶応三年（一八六七）六月二十二日、薩摩藩は土佐藩の主張に賛同し、薩土盟約を結ぶ。もっとも、大久保や西郷は、慶喜が大政奉還を受け入れるとは考えておらず、これをもって武力倒幕の正当な理由になると考えていた。

しかし、彼らの思惑は外れる。十月十四日、慶喜は前土佐藩主の山内豊信の建言を受け入れ、朝廷に大政奉還を上表した。翌日に勅許が下され、ここに徳川政権は幕を下ろしたのである。

かたや、十月十三・十四日には、薩摩藩と連動する公家の中山忠能らの主導により、薩長両藩に倒幕の密勅が下されていた。薩摩藩としては、武力倒幕を俎上に載せ続ける必要があった。

円滑に公議政体が樹立できると考えていた土佐藩に対し、薩摩藩は徳川家の弱体化を志向した。薩摩藩は土佐・越前・尾張・芸州の各藩をさまざまに説得し、慶喜に辞官納地を求めることへの同意をとりつけた。

かくして十二月九日、王政復古が宣言され、慶喜抜きの新政権が樹立したのである。

徳川慶喜肖像写真◆江戸幕府第15代かつ最後の将軍。江戸開城後は静岡に移り、明治30年には東京へ移り住み余生を送った。写真は慶応3年3月に撮影されたものである　茨城県立歴史館蔵

小御所会議之図十二号（岩倉具視伝記絵図）◆王政復古の大号令が出された夜に、小御所（京都御所内の建物）で開かれた会議の様子である　東京大学史料編纂所蔵島津家文書

## 02

# 戊辰戦争の展開——全国規模での激しい戦い

王政復古後も、大久保利通や西郷隆盛らは旧幕府勢力を武力討伐する機会をうかがっていた。慶応三年（一八六七）十二月二十五日、薩摩藩の挑発にのった庄内藩らが江戸薩摩藩邸を焼き討ちする。かくして慶応四年正月三日、鳥羽・伏見の戦いが勃発し、戊辰戦争の幕が開いたのである。

新政府は、議定の仁和寺宮嘉彰親王を軍事総裁、さらに征夷大将軍に任命し、錦旗・節刀を授けた。政府軍を官軍と位置づけたのである。これをみて多くの諸藩が政府軍に歩み寄った。一方、徳川慶喜は六日夜、大坂城を抜け出して江戸城へ向かった。二月十二日には、上野寛永寺にて謹慎する。

薩摩・長州・土佐を中心とする政府軍と比べ、徳川直属の軍に会津や桑名を加えた旧幕府軍は兵器・練兵の面で劣った。官軍としての位置づけも奏功し、新政府軍は鳥羽・伏見の戦いで勝利を収めた。

正月七日、慶喜追討令が発せられる。二月九日、有栖川宮熾仁親王が（東征）大総督に任ぜられた。政府軍は江戸を目指し、東海道・東山道・北陸道を進んだ。大きな抗戦はほとんどなく、近藤勇率いる甲陽鎮撫隊の例がみられるばかりであった。三月に入り、政府軍は江戸に集結する。いよいよ江戸城総攻撃が差し迫った三月十三日、江戸の薩摩藩邸にて、政府軍参謀の西郷と旧幕府代表の勝安芳（海舟）が会見した。翌日、両者の間で、無血開城の和議が成立する。

四月十一日、江戸城は政府軍に明け渡された。慶喜は水戸で謹慎することとなる。しかし、これに不満を持つ旧幕府軍の一部が抗戦を続け、五月十五日には政府軍が上野寛永寺で彰義隊を壊滅させた。

以後、政府軍は会津や庄内など、抵抗する諸藩と衝突した。明治二年（一八六九）五月十七日、函館五稜郭で旧幕臣の榎本武揚らが降伏を決断する。一年五カ月あまりに及んだ戊辰戦争は、ようやく終焉を迎えたのである。

魚三楼の格子に残る鳥羽・伏見の戦い時の弾痕◆丸印を付けたところが弾痕である。ここは弾痕のみの被害であったが、当時の戦いで伏見の街南半分が戦災で焼失するなど大きな被害も出ていた　京都市伏見区

徳川治蹟年間紀事　十五代徳川慶喜公◆大坂城を抜け出し、船で江戸へ向かう慶喜ら一行を描いている　東京大学史料編纂所蔵

毛理嶋山官軍大勝利之図◆戊辰戦争での毛利氏・島津氏・山内氏の戦いの様子を描く　山口県立山口博物館蔵

彰義隊奮戦図◆寛永寺を拠点とした彰義隊が新政府軍と激しい戦いを繰り広げている。この図は彰義隊士であった小川興郷が画家に描かせたといわれており、史実に沿ったものである　東京都荒川区・円通寺蔵　画像提供：荒川ふるさと文化館

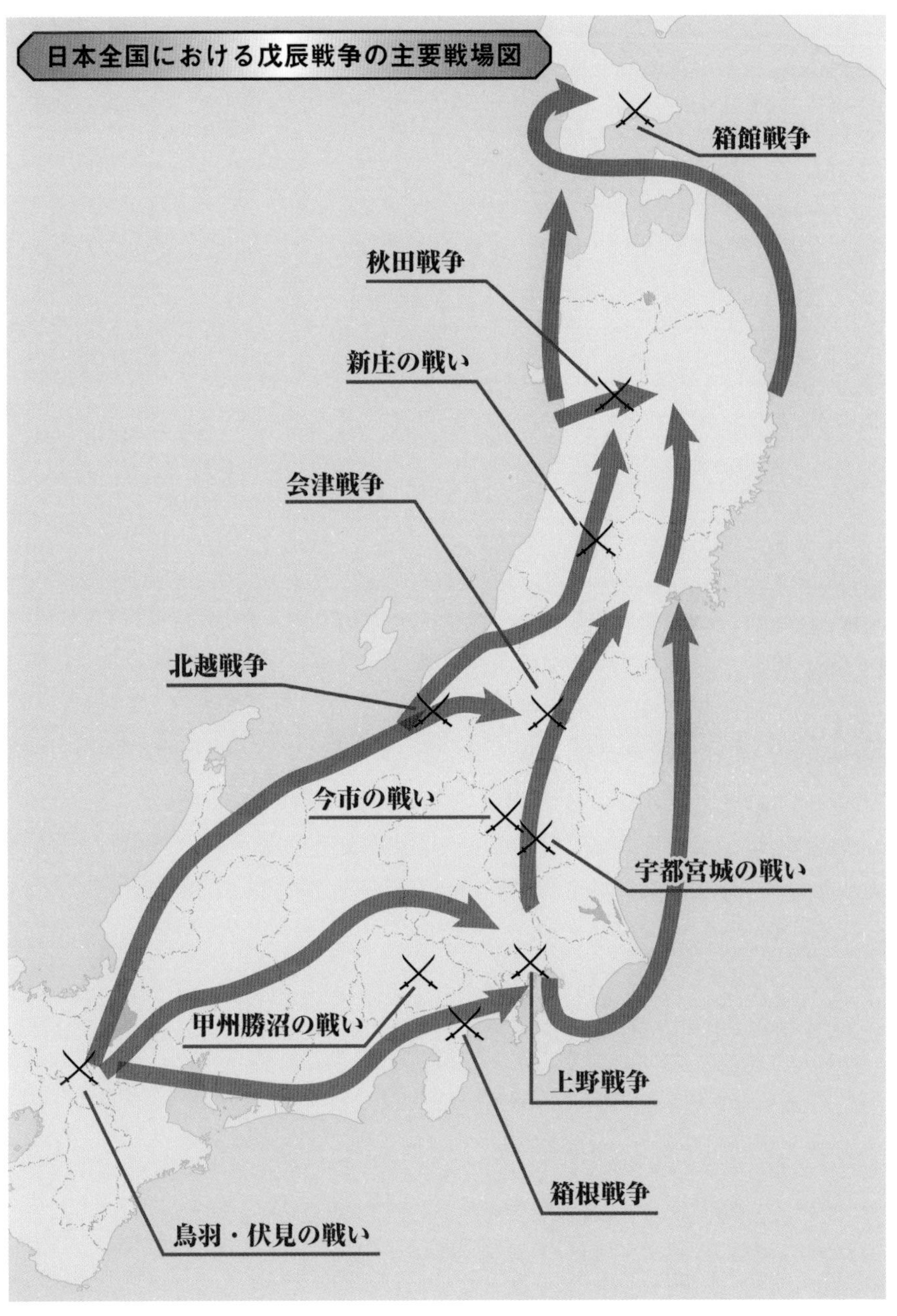
日本全国における戊辰戦争の主要戦場図
箱館戦争
秋田戦争
新庄の戦い
会津戦争
北越戦争
今市の戦い
宇都宮城の戦い
甲州勝沼の戦い
上野戦争
箱根戦争
鳥羽・伏見の戦い

# 03 東京奠都——天皇君主の国家をつくる

大久保利通は、新たな国家体制の創出に天皇の存在が欠かせないと考えていた。政治参加の拡大を企図する公議も、天皇のもとで行われるべきである。また、無位無官の者を軽んずる公家が少なくなく、こうした伝統・慣習を打破する必要もあった。

慶応四年（一八六八）一月、大久保は明治天皇を旧習から脱却させ理想的君主として成長させるべく大坂遷都を三職会議で訴えた。しかし、これは公家などの反発から実現しなかった。次いで大久保は、戊辰戦争の勃発にともない、天皇の大坂行幸を求めた。これは慶喜追討という大義のもとに実現し、三月二十一日、天皇は京都御所を発ち大坂へ向かった。

五月以降、大久保は岩倉具視と連携し、天皇の関東への親征を計画すると、三条実美や木戸孝允もこれに賛同する。戊辰戦争の完全な勝利のためだけでなく、天皇を宮廷勢力から切り離し、自らの掌中におさめることが、新政権を磐石なものにし、近代化政策を推進するために肝要であった。

さまざまな反発もあったが、九月二十日、天皇は東京に向けて京都を出発した。十月十三日、東京に到着。沿道の人びとは、君主としての天皇の存在を認識する。これにともない、江戸城は東京城と改められ、皇居となった。前後して九月八日、慶応から明治に改元され、一世一元の制も確立された。十月十七日には万機親裁が宣言され、天皇は諸外国公使との引見も行った。

もっとも、守旧派からの反発は強く、岩倉もこれを無視できなかった。結局、天皇は十二月二十二日に京都に戻る。しかし、明治二年（一八六九）年三月二十八日、天皇は再び東京に到着し、太政官も東京に移された。十月二十四日には皇后も東京に行啓し、実質的な東京奠都が実施された。

なお、都を定める「奠都」と、都を移す「遷都」のいずれの用語を用いるべきか、諸説ある。法令を重視すれば前者、政治と実態を重視すれば後者、という評価が妥当であろう。

江戸城常盤橋門（内曲輪の門）◆写真師の内田九一が明治初期に撮影したもの。内田は、明治天皇の「御真影」を初めて撮影した写真師として知られ、幕末から明治初期に旧徳川幕府・明治維新の志士・高官や東京など日本各地の風景を撮影した　松戸市戸定歴史館蔵

明治天皇御東幸千代田城入城之図◆9月20日に京都を発ち、10月13日に東京に到着し、江戸城へ入っていく天皇の行列を描いている。行列の人数は3300余人ともいわれている。天皇は東京の市民に酒を振る舞い、市民から熱狂的な歓迎を受けたという　山口県立萩美術館・浦上記念館蔵

# 04 維新の三傑——西郷・大久保・木戸

明治十七年（一八八四）三月に山脇之人が著した『維新元勲十傑論』に、明治維新の功労者として、西郷隆盛・木戸孝允・大久保利通・江藤新平・横井平四郎（小楠）・大村益次郎・小松帯刀・前原一誠・広沢兵助（真臣）・岩倉具視が挙げられている。なかでも西郷・木戸・大久保は、「明治の三傑」と紹介される。以下、山脇の挙げた順に、三傑の事績を紹介していこう。

西郷は、文政十年（一八二七）十二月七日、薩摩藩士西郷吉兵衛の長男として生まれた。藩主島津斉彬の目にとまり、藩内で頭角を現すと、藤田東湖や橋本左内など他藩の有力者と交流を深める。斉彬の死後、不遇の時期を送る。その後、藩の中心に返り咲くと、戊辰戦争では政府軍を統括するとともに、勝海舟と会談して江戸城無血開城を実現させた。

明治政府では、大参事や参議を務め、廃藩置県の実現などに尽力した。岩倉使節団の派遣中、留守政府の中心となる。明治六年、西郷は自らの朝鮮派遣を求めるも、帰国した岩倉や大久保と衝突。朝鮮派遣が却下されると、参議を辞して鹿児島に戻った。その後、西郷は不平士族に担がれ、明治十年二月に西南戦争が勃発する。九月二十四日、鹿児島の城山にて戦死した。

木戸は、天保四年（一八三三）六月二十六日、長州藩医和田昌景の次男として生まれた。天保十一年に桂九郎兵衛孝古の養子となる。吉田松陰の薫陶を受け、久坂玄瑞や高杉晋作らと連携し、長州藩を尊王攘夷運動へと導く。禁門の変後、長州藩が厳しい状況におかれているなか、薩長盟約を主導した。

明治政府では、参与や参議を務め、五箇条の御誓文の起草や版籍奉還の実現などに尽力した。岩倉使節団の副使として外遊し、立憲制の重要性を認識する。明治七年四月、台湾出兵に反対し下野。翌年三月、参議として政府に復帰する。大久保に権力が集中する体制に不満を持ちつつ、内閣顧問も務めた。明治十年五月二十六日、西南戦争の行く末を案じながら、病死した。

大久保は、天保元年八月十日、薩摩藩士大久保利世

西郷隆盛画像◆『近世名士写真其１』 国立国会図書館デジタルコレクション

大久保利通◆『近世名士写真其１』 国立国会図書館デジタルコレクション

木戸孝允◆『近世名士写真其１』 国立国会図書館デジタルコレクション

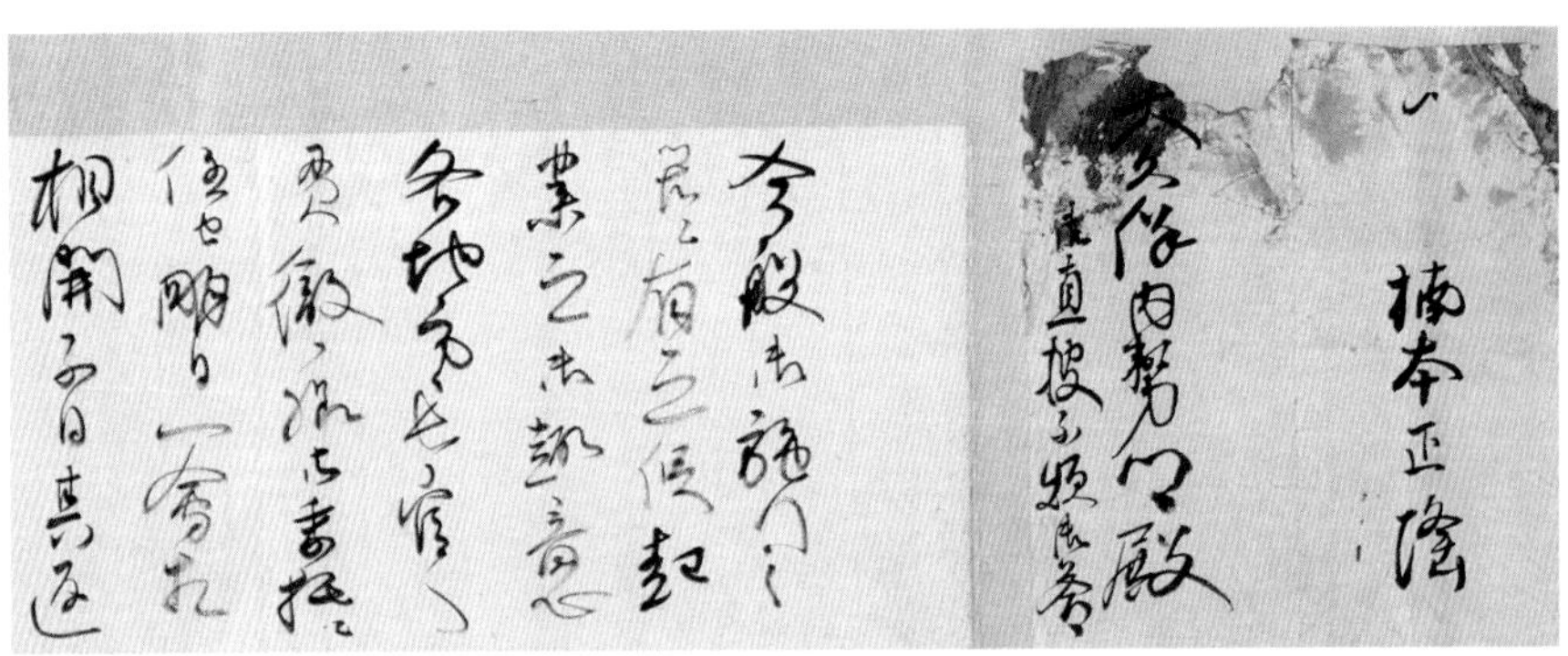

楠本正隆書簡　大久保利通宛（今般御施行之筈ニ有之云々）◆明治11年5月13日付けの書簡。暗殺時に利通が所持していたもので、書簡に付いた利通の血が当時の惨劇を想起させる。差出人の楠本正隆は利通の腹心で、県議会の開設や地租改正の推進などで活躍し、利通からの信頼を得ていた　国立歴史民俗博物館蔵

の長男として生まれた。島津斉彬や久光から信頼され、薩摩藩を公議政体路線から武力倒幕路線へと導く。

明治政府では、徴士や総裁局顧問、参議などを歴任し、版籍奉還や廃藩置県の実現などに尽力した。木戸と同じく、岩倉使節団の副使として外遊し、殖産政策をはじめとする内治優先の考えを強くした。帰国後、朝鮮への使節派遣をめぐり盟友の西郷と衝突。派遣延期により西郷が下野すると、大久保は新設の内務卿に就任し、殖産興業政策を推進した。以後の大久保を中心とする明治政府は、大久保政権と称されることもある。西南戦争後の明治十一年五月十四日、東京の紀尾井坂にて、石川県士族島田一良らに暗殺された。

三傑は、幕末にあって薩長盟約を通じて、薩長融和に努めた。維新後では、廃藩置県の実現は、彼らの連携によるところが大きい。明治維新は、三傑が結びつくことでなしとげられたのである。

図らずも維新の三傑は、ほとんど同じ時期に命を落とした。明治政府の中心は、伊藤博文や大隈重信などの次世代に移っていった。

# 第一部　近代国家の創設

〈憲法発布式〉天皇が首相の黒田清隆へ憲法の原本をお渡しになっている光景。日本は近代国家へ歩み始めた　画家・和田英作　聖徳記念絵画館蔵

# 01 三職制——幕府に代わる新たな統治体制

慶応三年（一八六七）十二月九日、王政復古の大号令が発せられ、幕府や摂政・関白などが廃止された。これらに代わる新たな統治基盤として仮置きされた官職が総裁・議定・参与の三職である。

同日、最高官職である総裁に皇族の有栖川宮熾仁親王が就任した。議定には皇族の仁和寺宮嘉彰親王・山階宮晃親王、公家の中山忠能・正親町三条実愛・中御門経之、諸侯の島津忠義・徳川慶勝・浅野長勲・松平慶永・山内豊信が就任した。参与には公家の大原重徳・万里小路博房・長谷信篤・岩倉具視・橋本実梁が就任した。以降、三条実美や岩倉（参与から昇格）、伊達宗城らが議定に、西郷隆盛や大久保利通、後藤象二郎、福岡孝弟らが参与に加えられた。さらに翌年一月九日には副総裁が新設され、三条・岩倉が就任した。

三職による新体制の運営は、前途多難な船出となる。慶応三年十二月九日の夜に早速行われた最初の会議、いわゆる小御所会議において、徳川宗家への対応をめぐって紛糾したのである。徳川慶喜に辞官納地を求めることで一致をみたが、以降も混乱は続いた。

明けて慶応四年一月十七日、三職の職制が定められた。総裁は皇族が就任し、「万機を総裁し、一切の事務を決す」こととなった。議定には皇族・公卿・諸侯が就任し、「事務各課を分督し、課事を定決す」る。参与については、就任者の要件を定めず、「事務を参議し、各課を分務す」ることとなった（『法令全書』）。

同日、行政の分担も定められた。神祇事務・内国事務・外国事務・海陸軍務・会計事務・刑法事務の各課と制度寮である。これを三職七科（『太政官沿革史』では「課」と表記されている）という。各課の長官である総督には議定が、次官である掛には参与が兼任することとなった。

さらに、徴士・貢士が設けられた。徴士は、諸藩士をはじめ全国から能力のある者が抜擢され、参与などに任ぜられて各課の運営などを担う。定員はなく、任期四年、二期までという制限が設けられた。貢士は、諸藩の代表として藩主から任命され、「下の議事所」に参加して議事に携わる職である。貢士に任期はない。定員は、大藩が三名、中藩が二名、小藩が一名である。有能な貢士が徴士に抜擢されることもあった。

もっとも、三職七科も順風満帆とはいかなかった。二十五名すべての議定を各課に割り当てたため、総督が二～五名となり、統一した行政に支障をきたした。そこで二月三日、官制は再び改革され、三職八局となった。八局とは、総裁局・神祇事務局・内国事務局・外国事務局・軍防事務局・会計事務局・刑法事務局・制度事務局である。

総裁局には、総裁・副総裁に加え、輔弼・顧問・弁事・史官などが置かれた。総裁は熾仁親王が、副総裁は三条・岩倉が引き続き就任した。輔弼は中山忠能・正親町三条実愛が、顧問には木戸孝允・大久保利通・後藤象二郎らが就任した。

総裁局を除く七局には、長官である督から輔、権輔、判事、権判事という職務階統制が整備された。各局に配された二名の議定を督と輔に、参与を権輔と判事、権判事として上下関係を明確にしたのである。なお、神祇事務局の督を白川資訓が務め、以下、内国が徳大寺実則、外国が山階宮晃親王、軍防が仁和寺宮嘉彰親王、会計が中御門経之、刑法が近衛忠房、制度が鷹司輔熙と、督には皇族や公家が名を連ねた。

閏四月二十一日の政体書発布にともない、三職は廃止された。

有栖川宮熾仁親王写真◆明治天皇の信任が厚く、戊辰戦争時に東征大総督、西南戦争時に征討大総督、日清戦争時に総参謀長を務めた。日清戦争勃発の翌年にあたる明治28年（1895）に薨去し、葬儀は国葬となった　福井市立郷土歴史博物館蔵

## 三職七科の図

| 三職 | |
|---|---|
| 総裁＝皇族（最高官職） | |
| 議定＝皇族・公卿・諸侯 | |
| 参与＝「就任者の要件定めず」 | |

各科総督は議定、
掛（次官）は参与から任命

慶応四年一月十七日～ **三職七科制** 新制度発足！

（各総督・掛も同日付で任命）

| 科 | 総督 | 総督 退任日 | 掛 | 掛 退任日 |
|---|---|---|---|---|
| 神祇事務科 | 中山忠能ら | （慶応四年二月三日） | 六人部雅楽ら | （慶応四年二月二十日） |
| 内国事務科 | 正親町三条実愛ら | （慶応四年二月三日） | 辻将曹ら | （慶応四年二月二十日） |
| 外国事務科 | 三条実美ら | （慶応四年二月二十日） | 後藤象二郎ら | （慶応四年二月二十日） |
| 海陸軍務科 | 仁和寺宮嘉彰親王ら | （慶応四年二月二十日） | 広沢真臣ら | （慶応四年二月九日） |
| 会計事務科 | 岩倉具視ら | （慶応四年二月二十日） | 由利公正ら | （慶応四年二月二十日） |
| 刑法事務科 | 長谷信篤ら | （慶応四年二月二十日） | 十時攝津ら | （慶応四年二月六日） |
| 制度寮 | 万里小路博房 | （慶応四年二月三日） | 由利公正ら | （慶応四年二月二十日） |

退任日

## 三職八局制の図

三職七科制

25 名の議定全員を
七科に割り振ったため
各科に総督が複数存在し行政に支障

各局に督・輔・権輔・判事・権判事の役職を設置
（総裁局のみ総裁・副総裁・輔弼・顧問・弁事・史官）

督・輔は議定から、
権輔・判事・権判事は参与から任命し
上下関係を明確に

New

慶応四年二月三日～ 三職八局制

総裁局　総裁　有栖川宮熾仁親王（慶応三年十二月九日～四年閏四月二十一日）

神祇事務局　督　白川資訓（慶応四年二月二十七日～閏四月二十一日）

内国事務局　督　徳大寺実則（慶応四年二月二十日～閏四月二十一日）

外国事務局　督　山階宮晃親王（慶応四年二月二十日～閏四月二十一日）

軍防事務局　督　仁和寺宮嘉彰親王（慶応四年二月二十日～閏四月二十一日）

会計事務局　督　中御門経之（慶応四年二月二十日～閏四月二十一日）

刑法事務局　督　近衛忠房（慶応四年二月二十日～閏四月二十一日）

制度事務局　督　鷹司輔熙（慶応四年二月二十日～閏四月二十一日）

# 02 太政官制（廃藩置県以前）――古代を模倣する

慶応四年（一八六八）四月十一日に江戸城は無血開城され、戊辰戦争も一つの区切りを迎えた。これを受けて明治政府は閏四月二十一日、政体書を公布して太政官制の樹立を発表した。

太政官とはそもそも、大宝元年（七〇一）に制定された大宝律令により整備された政治機構である。天皇を中心として神祇官・太政官・中務省・式部省・治部省・民部省・大蔵省・刑部省・宮内省・兵部省の二官八省で構成されていた。

明治政府が古代の太政官制を模して設けた新体制は、政治機構全体を太政官と称し、「天下の権力総て」を集める。これは、「政令の二途に出るの患」を解消するためである（『法令全書』）。さらに、太政官の権力を立法・行法（行政）・司法の三権に分立させる。すなわち、立法を担う議政官、行法を担う行政官、司法を担う刑法官である。

議政官は、議定や参与が議員となる上局と貢士が議員となる下局から構成される。行政官には、輔相・弁事・権弁事・史官という官職が当てられ、輔相は議政官上局の議定を兼任する。また、議政官下局の議長は弁事の兼任である。

議政官の上局を構成する議定には、三条実美や岩倉具視、中山忠能ら公卿のほか、松平慶永や毛利元徳ら諸侯が就任した。参与には、大久保利通や木戸孝允らが就任した。

もっとも、議政官は十分に機能せず、明治元年（一八六八）九月十九日に廃止となり、議定と参与は行政官に組み入れられた。下局の貢士は公務人、公議人と名称を変え、のちの公議所に連なっていく。議政官は、明治二年四月十二日に復活したが、これも有名無実に終わった。

行政官には、天皇を補佐して事務を統轄する輔相が設けられ、三条と岩倉が議定と兼任した。従来の総裁に当たる職は、天皇親裁に矛盾するとされ、有栖川宮熾仁親王は、大総督に任ぜられた。行政官のもとには、神祇官・会計官・軍務官・外国官が置かれた。さらに、明治二年四月八日には民部官が新設された。

太政官は当初、京都に置かれた。その後、明治天皇の東京行幸にともない、明治二年三月に東京へ移転することとなった。

六月十七日に版籍奉還が実行されると、明治政府はより実践的な統治構造への転換を試みる。七月八日に職員令を発し、太政官制を二官六省に改革したのである。すなわち、神祇官と太政官の二官、民部省・大蔵省・兵部省・刑部省・宮内省・外務省の六省である。さらに、待詔院・按察使・弾正台・留守官なども設けられた。また、「立法」を担う上局が廃止されるとともに、下局は公議所から集議院に改編され、太政官から切り離された。

太政官は行政機構として、その構造を新たにした。意思決定を、天皇を補佐する左右大臣各一名と、「大政」に「参預」して可否を献言する大納言三名、参議三名が行う（『法令全書』）。太政官の下に位置づけられた六省には、長官である卿、次官である大輔・少輔、事務官である大丞・少丞、書記官である大録・少録という官職が置かれた。

右大臣に三条、大納言に岩倉と徳大寺実則、参議に副島種臣と前原一誠が任ぜられた。以降、大納言には鍋島直正・中御門経之・嵯峨実愛が、参議には大久保・広沢真臣・佐佐木高行・斎藤利行・木戸・大隈重信が加わった。

各省の大輔以下は士族層が名を連ね、諸侯や宮廷勢力は後退した。三条・岩倉の両名が天皇の藩屏として並び立ちながら、諸藩の士族層が実権を掌握する体制が整えられたのである。

なお、明治四年七月の廃藩置県までの間に、民部・大蔵省の合併と分離、工部・司法・文部省の設置などがあった。

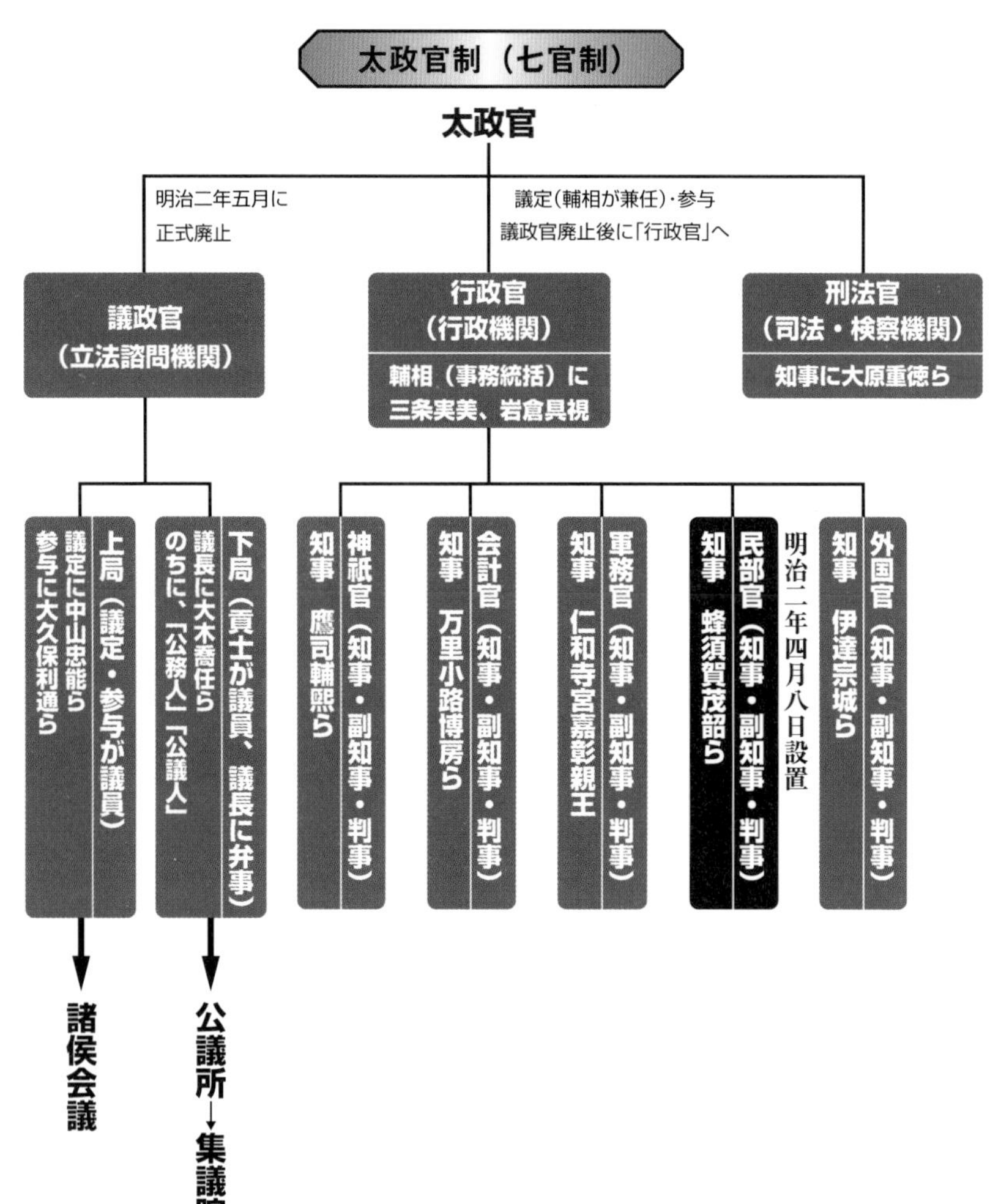
太政官制（七官制）
太政官
明治二年五月に
正式廃止
議定（輔相が兼任）・参与
議政官廃止後に「行政官」へ
議政官
（立法諮問機関）
行政官
（行政機関）
輔相（事務統括）に
三条実美、岩倉具視
刑法官
（司法・検察機関）
知事に大原重徳ら
上局（議定・参与が議員）
議定に中山忠能ら
参与に大久保利通ら
下局（貢士が議員、議長に弁事）
議長に大木喬任ら
のちに、「公務人」「公議人」
神祇官（知事・副知事・判事）
知事　鷹司輔熙ら
会計官（知事・副知事・判事）
知事　万里小路博房ら
軍務官（知事・副知事・判事）
知事　仁和寺宮嘉彰親王
民部官（知事・副知事・判事）
知事　蜂須賀茂韶ら
明治二年四月八日設置
外国官（知事・副知事・判事）
知事　伊達宗城ら
諸侯会議
公議所→集議院

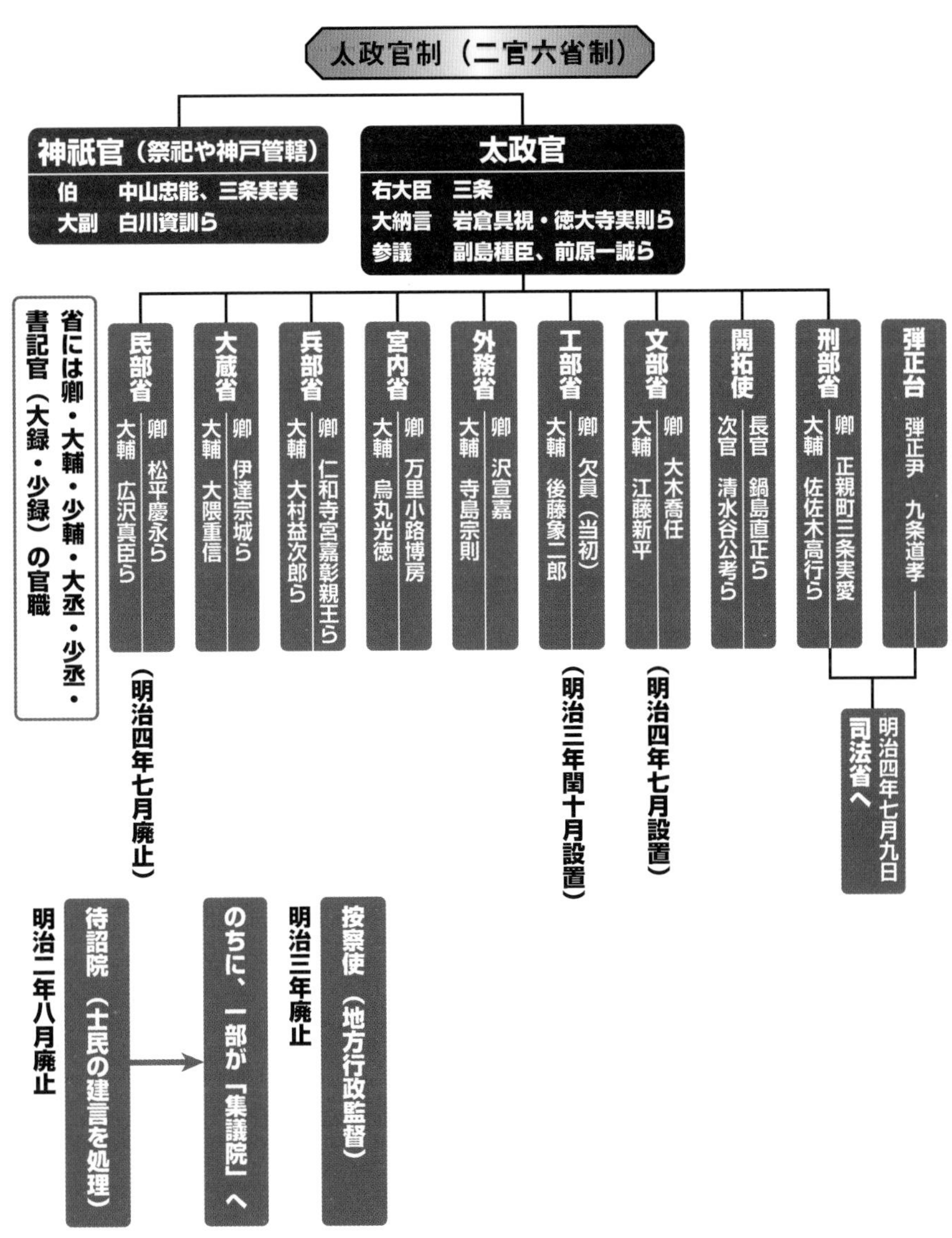
太政官制（二官六省制）
神祇官（祭祀や神戸管轄）
伯　中山忠能、三条実美
大副　白川資訓ら
太政官
右大臣　三条
大納言　岩倉具視・徳大寺実則ら
参議　副島種臣、前原一誠ら
省には卿・大輔・少輔・大丞・少丞・書記官（大録・少録）の官職
民部省　卿　松平慶永ら　大輔　広沢真臣ら
（明治四年七月廃止）
大蔵省　卿　伊達宗城ら　大輔　大隈重信
兵部省　卿　仁和寺宮嘉彰親王ら　大輔　大村益次郎ら
宮内省　卿　万里小路博房　大輔　烏丸光徳
外務省　卿　沢宣嘉　大輔　寺島宗則
工部省　卿　欠員（当初）　大輔　後藤象二郎
（明治三年閏十月設置）
文部省　卿　大木喬任　大輔　江藤新平
（明治四年七月設置）
開拓使　長官　鍋島直正ら　次官　清水谷公考ら
刑部省　卿　正親町三条実愛　大輔　佐佐木高行ら
弾正台　弾正尹　九条道孝
明治四年七月九日
司法省へ
待詔院（士民の建言を処理）
明治二年八月廃止
のちに、一部が「集議院」へ
按察使（地方行政監督）
明治三年廃止

# 03 行政官(ぎょうせいかん)——宮中と政府を一括して担う

五箇条の御誓文の発表や江戸開城を経た慶応四年（一八六八）閏四月二十一日、明治政府は政体書を公布して新たな統治機構を示した。そのなかで、議政官、刑法官とともに設置され、行法（行政）を司るとされた機関が行政官である。

行政官のもとには、行法の権を分執する機関として、神祇官・会計官・軍務官・外国官が設けられた。行政官は、これら各官を主導する地位にあった。ただし、各官をどのように主導するのか、明文化はされていない。

行政官には、輔相二名、弁事十名、権弁事、史官、筆生などの官職が置かれた。輔相は議定が兼任するとされ、三条実美と岩倉具視が就任した。議事の天皇への奏宣(そうせん)、国内事務の監督、宮中庶務の統轄が職掌であった。

弁事・権弁事は内外の諸事務に関する調査・判断を行い、宮中の庶務を担当する。史官は、詔勅の文案の起草や諸法令の文案の添削を担った。

従来の総裁に当たる職は置かれず、天皇親裁との矛盾が解消され、輔相は天皇を補佐し、天皇と一体化する立場に位置づけられた。つまり行政官は、特定分野の事務を担当するものではなく、宮中と政府の双方を一括して担当する行政機関であったといえる。なお、岩倉は明治二年（一八六九）一月十七日に輔相を辞任している。

明治二年五月十三日、官制改革にともない、行政官の機構も輔相一名、議定四名、参与六名、弁事若干名が設置された。政府内の員数が増え、意思統一の困難さを嫌った大久保利通の発案で、輔相・議定・参与は三等官以上の上層官僚による公選が行われた。結果、輔相に三条が、議定に岩倉、徳大寺実則、鍋島直正が、参与に大久保、木戸孝允、副島種臣、東久世通禧（ひがしくぜみちとみ）、後藤象二郎、板垣退助が選出された。議定・参与は公選前の半数以下に絞り込まれ、守旧派の公家や諸侯の多くが淘汰された。

なお、翌十四日には、神祇・会計・軍務・外国・刑法・民部官の知事などに関する公選も行われた。もっとも、公選はこの一回限りであった。

七月八日、職員令が公布され二官六省の制が発足するとともに、行政官は廃止された。

**行政官機構図（官制改革前）**

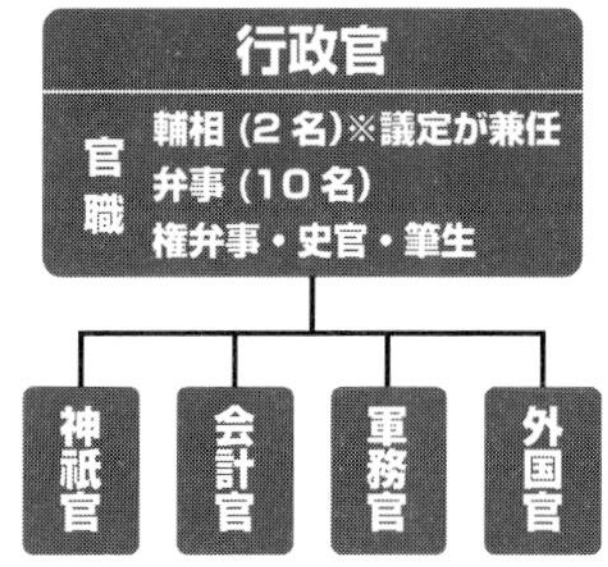


**行政官機構図（官制改革後）**

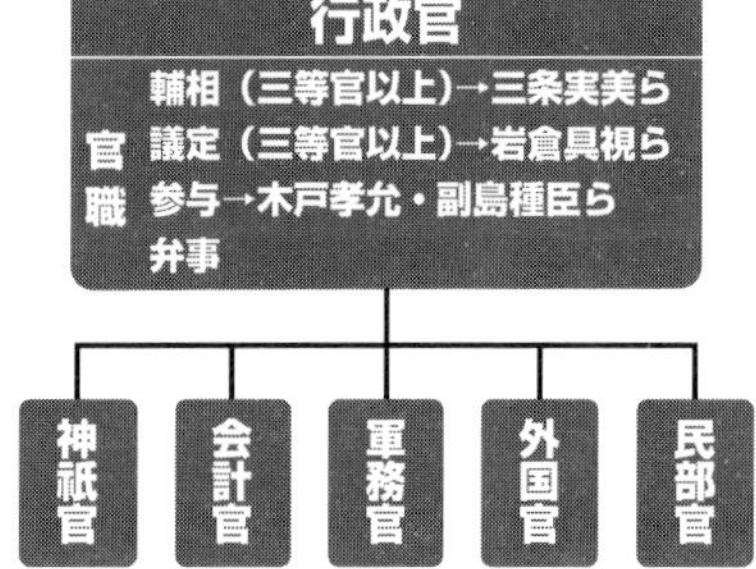

岩倉具視◆大久保利通らと王政復古のクーデターを計画・実行した人物で、新政府では、行政官補相のほか参与・議定・大納言・右大臣などを務めた。行政官補相は三条実美との二人体制であったが、当時の三条は徳川家処分のため江戸に出ており、岩倉が首班であった。明治4年（1871）、使節団を率いて欧米視察をしたことで知られる。明治16年7月20日に病死し、国葬が行われた
『近世名士写真其1』 国立国会図書館デジタルコレクション

# 04 会計官――国家の会計事務を管理する

慶応四年（一八六八）閏四月二十一日の政体書により、財政を担当するため行政官のもとに設置された機関である。当初は京都の近衛忠熙邸に置かれ、十月二日に京都府庁内に移された。田宅・租税・賦役・用度・金穀・貢献・秩禄・倉庫・営繕・運輸・駅逓・工作・税銀を管轄した。

会計官には、知官事一名、副知官事一名、判官事二名、権判官事、書記、筆生の官職が置かれた。知官事は万里小路博房や中御門経之、判官事は小原忠寛、池辺永益、権判官事は岡本健三郎などが歴任している。副知官事は当初空席であったが、明治二年（一八六九）三月に大隈重信が就任した。

会計官は当初、金札（太政官札）の貸付や輸出品販売などで税収増を図った由利公正による財政政策を支えていた。ところが、戊辰戦争による支出増加や紙幣の価値低下などもあり、由利財政は行き詰まりをみせた。そこで明治二年三月、参与兼外国官副知官事の大隈が会計官副知官事も兼任し（のちに専任）、財政政策の実質的責任者が交代した。

明治二年五月、大隈は通商司を外国官から会計官に転属させ、伊藤博文や井上馨などを会計官に招いた。若き開明派官僚に財政政策の舵取りが任されることとなったのである。彼らは、外国官などでの経験を踏まえ、歳入出規定の制定や外債導入の模索など、財政全般を見据えた対応を進めていった。さらに通商司では、貿易のみならず、流通や物価の管理、商業の振興なども担った。

なお、明治二年四月八日に民政を担う民部官が設けられた。これまで府県政には会計官が大きな影響力を有していたが、これを緩和させようとする狙いがあった。明治二年七月八日、大蔵省が設置されたことにより会計官は廃止となった。

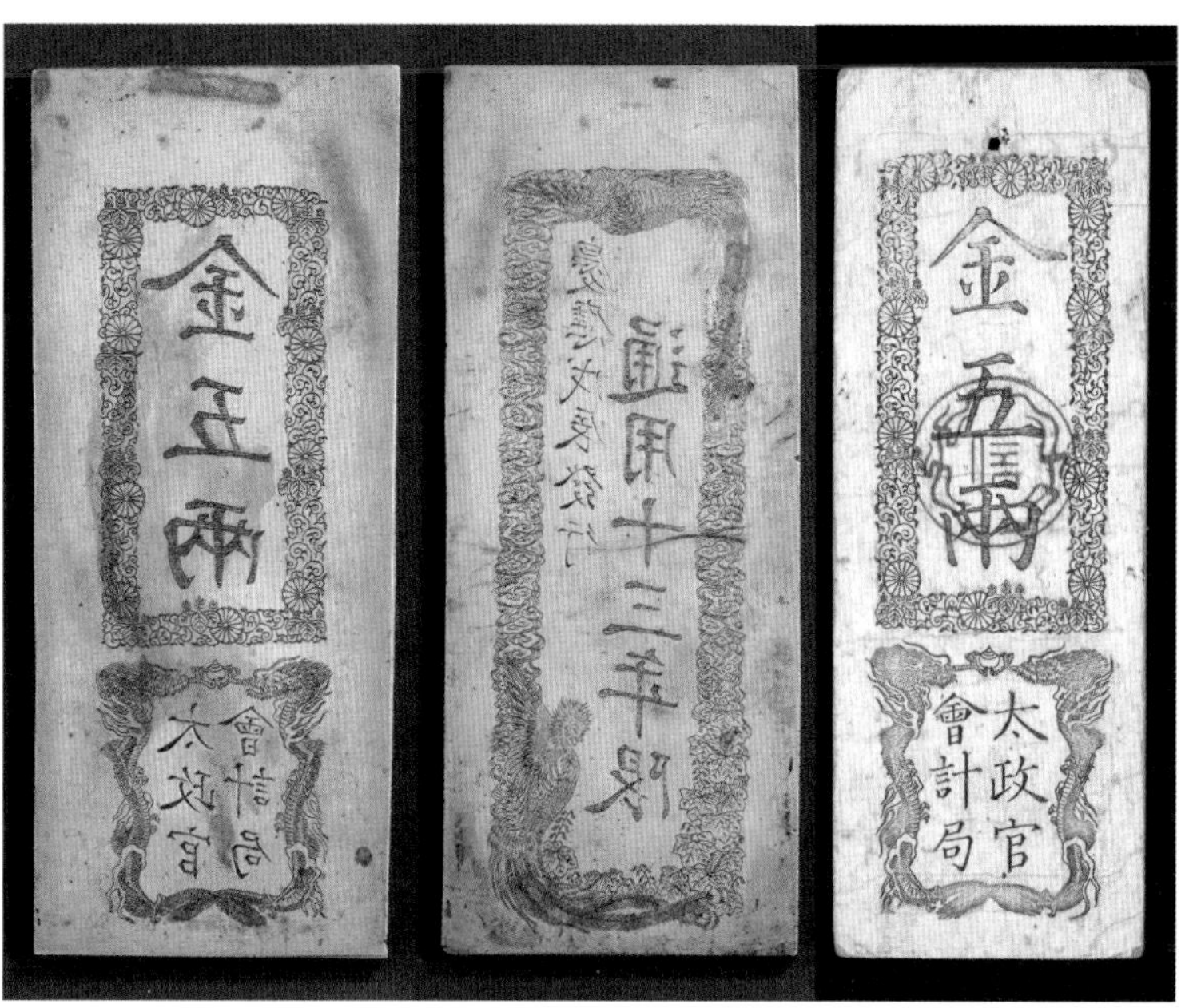


明治初頭の手彫り版面と太政官札◆太政官札を印刷するために手で掘られた実用原版である。太政官札は銅板で印刷された。太政官札は慶応４年５月から発行されたが、偽札も多く出回ってしまったという　お札と切手の博物館蔵

会計官中通商司ヲ置キ掌管権限ヲ定ム◆流通・物価・両替・貨幣・貿易など、通商司が担う役割について書かれている　国立公文書館蔵

由利公正◆福井藩士として藩の財政改革にあたり、藩主の松平慶永に重用される。新政府でも財政や金融の面で奔走した　『近代名士之面影』　国立国会図書館デジタルコレクション

## 05

# 神祇官——祭政一致と神道教化を主導する

慶応四年（一八六八）閏四月二十一日の政体書により、祭祀・祝部・神戸などを担当するため行政官のもとに設置された機関である。太政官、行政官に次ぐ第三位に列次された。なお、同年一月に設けられた神祇事務科、二月に設けられた神祇事務局を拡充したものである。幕末より公家や国学者、神職らが祭政一致のための神祇官再興論を展開しており、その高まりが神祇官設置の背景となった。

神祇官には、知官事一名、副知官事一名、判官事二名、権判官事、書記、筆生の官職が置かれた。知官事は鷹司輔熙や近衛忠房、副知官事は亀井茲監や福羽美静が歴任している。

明治二年（一八六九）七月八日、職員令の制定で神祇官は太政官の上に列せられた。ただし、神祇官のトップである神祇伯の位階は左右大臣より下であり、神祇官の位置づけは形式であったといえる。

新たな神祇官は、祭典・諸陵・宣教・祝部・神戸などを管轄した。諸陵や宣教は、古代の神祇官にはない新たな職掌である。官職も改まり、伯一名、大副一名、少副一名、大祐一名、権大祐、少祐一名、権少祐、大史、権大史、少史、権少史、史生が置かれた。伯は中山忠能や三条実美、大副は白川資訓、近衛忠房、福羽美静が務めた。

宣教を目的とする宣教使が置かれたほか、明治三年一月三日には祭政一致を謳う大教宣布の詔が出され、神祇官が国民への神道教化を主導することとなった。これは、国民の精神的統合を図るための神道国教化政策に加え、開国政策によって流布されることが懸念されたキリスト教への防御という面もあった。

同年十二月、神祇官内に仮神殿が完成すると、歴代皇霊の鎮座・鎮魂祭が執り行われた。

しかし、太政官との連携不足などから、一連の宣教活動は十分に機能しなかった。また、仏教側からの強い反発もあった。

こうした状況から、神祇官を太政官内の機関として実効性を高めようという声が主流となる。かくして明治四年八月八日、神祇省が設立されたことにより廃止となった。

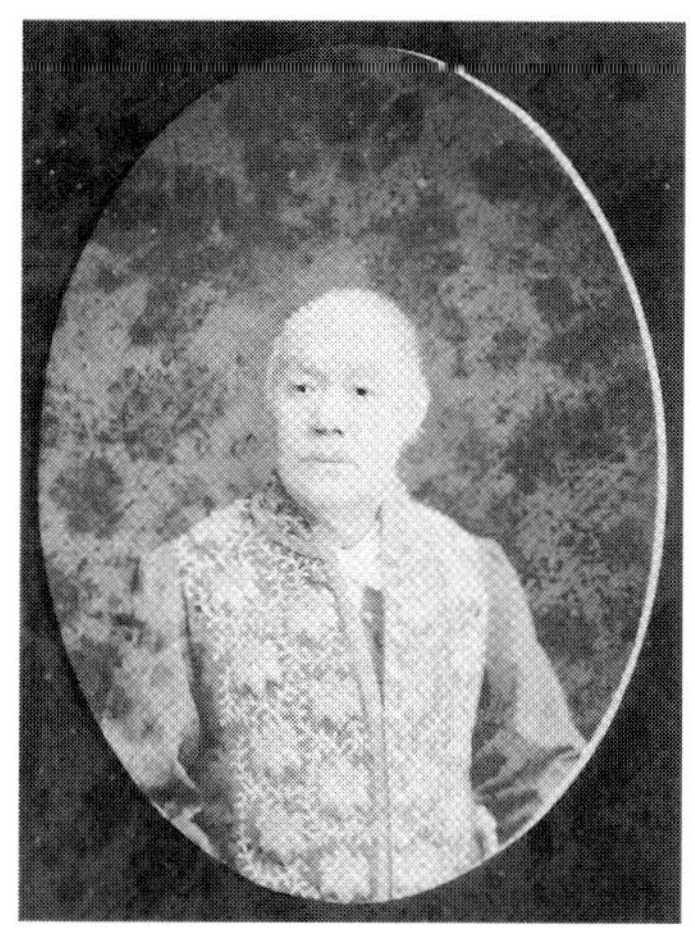

中山忠能写真◆明治天皇の外祖父にあたる。岩倉具視らと協力し、王政復古の実現に尽力したことなどで知られる。のちの大正天皇の養育係も務めた　宮内庁三の丸尚蔵館蔵

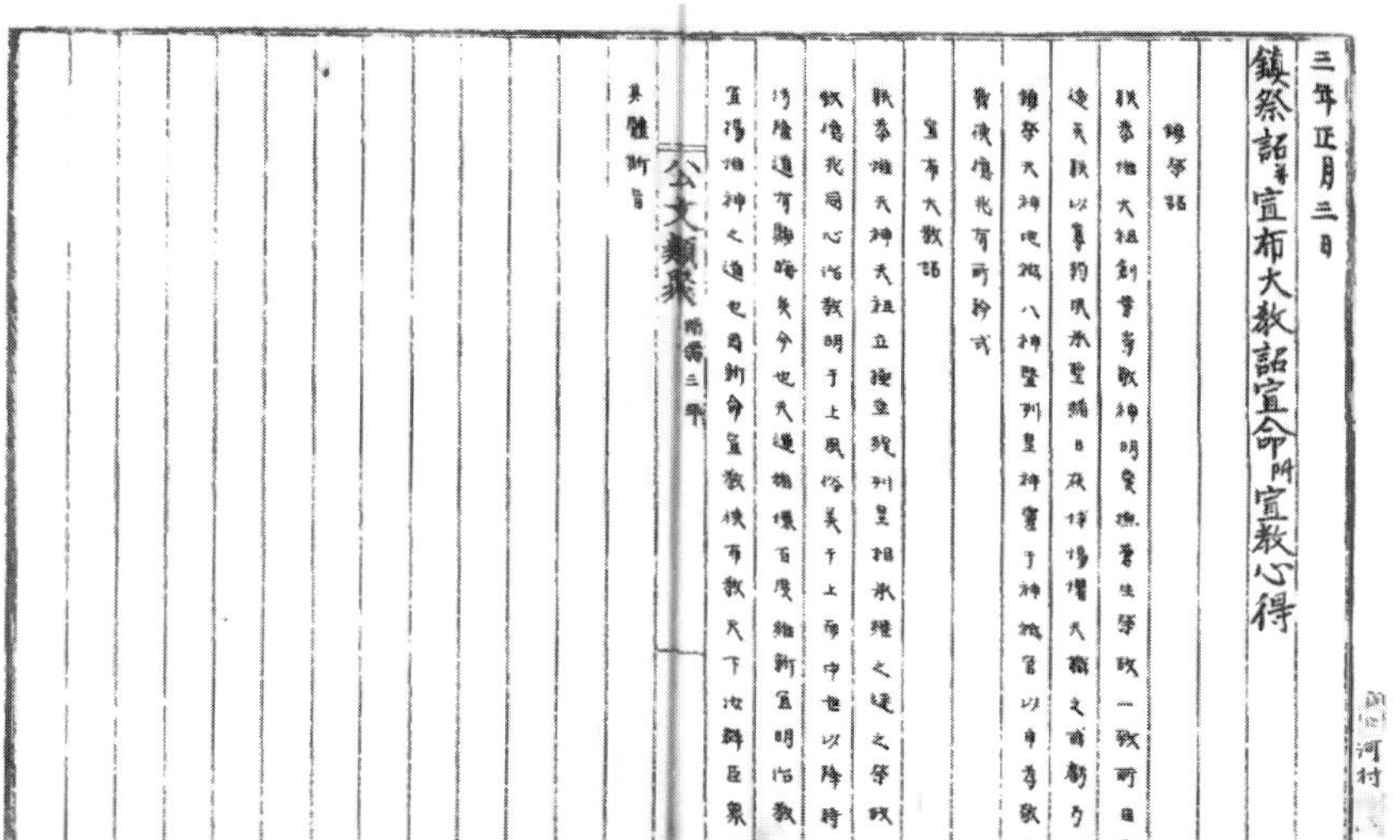

三年正月三日

鎮祭詔并宣布大教詔宣命附宣教心得

鎮祭詔

朕恭惟大祖創業崇敬神明愛撫蒼生祭政一致所由来
遠矣朕以寡弱夙承聖緒日夜怵惕懼天職之或虧乃祗
鎮祭天神地祇八神暨列皇神霊于神祇官以申孝敬庶
幾使億兆有所矜式

宣布大教詔

朕恭惟天神天祖立極垂統列皇相承継之述之祭政一
致億兆同心治教明于上風俗美于下而中世以降時有
汚隆道有顕晦矣今也天運循環百度維新宜明治教以
宣揚惟神之道也因新命宣教使布教天下汝群臣衆庶
其體斯旨

公文類聚



鎮祭詔并宣布大教詔宣命附宣教心得◆大教宣布の詔によって神道にもとづく国民教化政策の推進がはかられた　『太政類典』　国立公文書館蔵

## 06

# 軍務官——軍事防衛を司る

慶応四年（一八六八）閏四月二十一日の政体書により、海軍局・陸軍局・築造司・兵船司・兵器司・馬政司の二局四司を管轄するため、行政官のもとに設置された機関。ただし、陸軍局以外は、実際に開設されなかった。戊辰徴兵、新兵の成員となった浪士隊や十津川郷兵、旧幕府海陸海軍の一部などが軍務官の管下となった。

軍務官の前身である軍防局のもとにも陸軍局は設けられていたが、海軍局は設けられなかった。これは、海軍と比べ陸軍の所管事項が多岐に渡ったためである。また、当時は陸軍に有力者が多かったことも背景としてある。

海陸軍務課は設置以降、海軍・陸軍・練兵・守衛・緩急軍務を所管としていたところ、軍務官の所管は旧来のものから練兵が外され郷兵・召募が加えられた。練兵は明記するまでもなく当然のことである、という判断で外されたと考えられる。郷兵は二月二十日制定の御親兵に、召募は閏四月十九日制定の陸軍編成法で徴兵が規定されたことに対応したものであろう。軍政と軍令は区別されなかった。

軍務官には、知官事一名、副知官事一名、判官事四名、権判官事、判官事試補、書記、筆生の官職が置かれた。知官事は仁和寺宮嘉彰親王、副知官事は長岡護美や大村益次郎（判官事から昇格）、判官事は吉井友実などが歴任している。なかでも、大村は、戊辰戦争で政府軍を指揮し、勝利に大きく貢献した。軍務官でも判官事から副知官事に出世し、近代国軍の整備を志向したが、明治二年（一八六九）十一月に暗殺された。

明治二年七月八日、兵部省が設置されたことにより廃止となった。

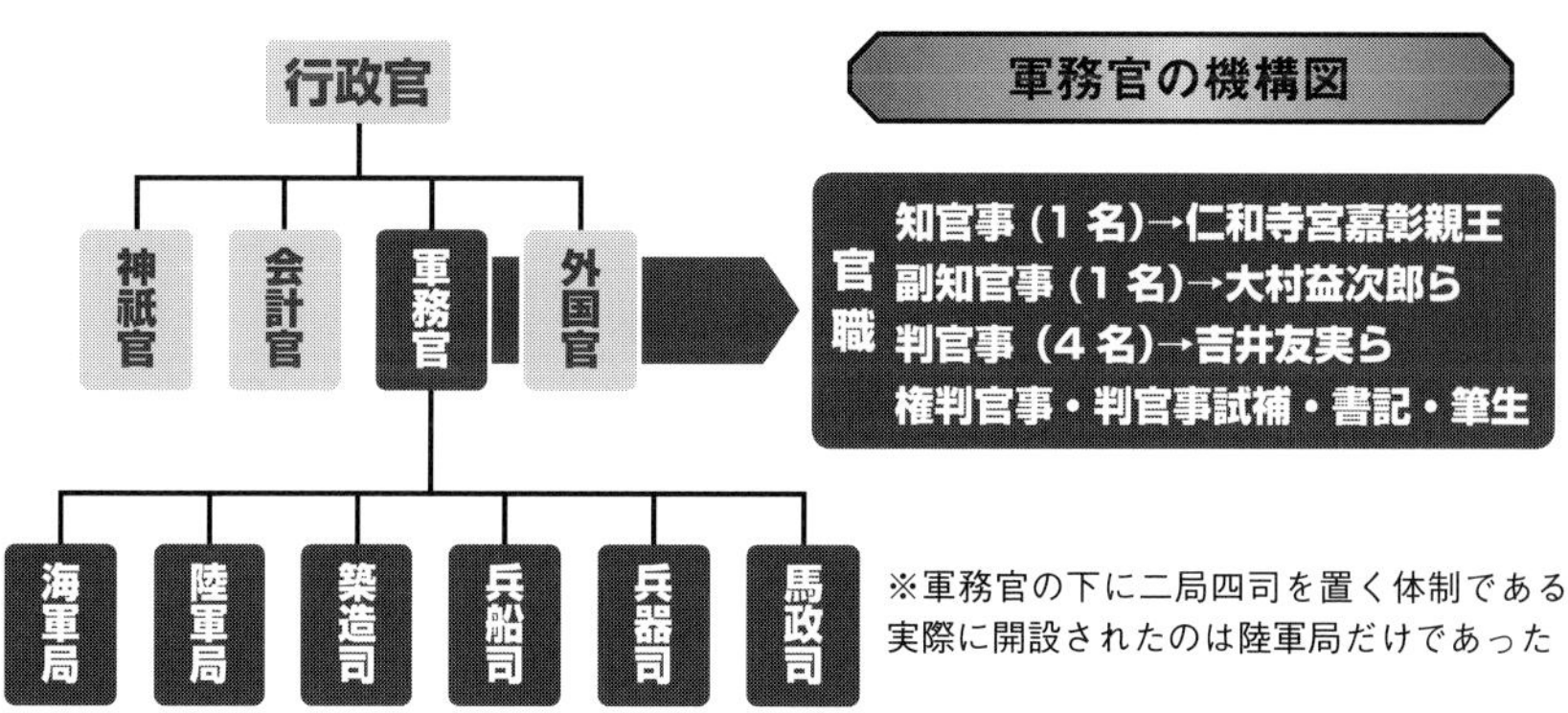

## 軍務官の機構図

- 行政官
  - 神祇官
  - 会計官
  - 軍務官
    - 海軍局
    - 陸軍局
    - 築造司
    - 兵船司
    - 兵器司
    - 馬政司
  - 外国官

**官職**
- 知官事（1名）→仁和寺宮嘉彰親王
- 副知官事（1名）→大村益次郎ら
- 判官事（4名）→吉井友実ら
- 権判官事・判官事試補・書記・筆生

※軍務官の下に二局四司を置く体制であるが、実際に開設されたのは陸軍局だけであった

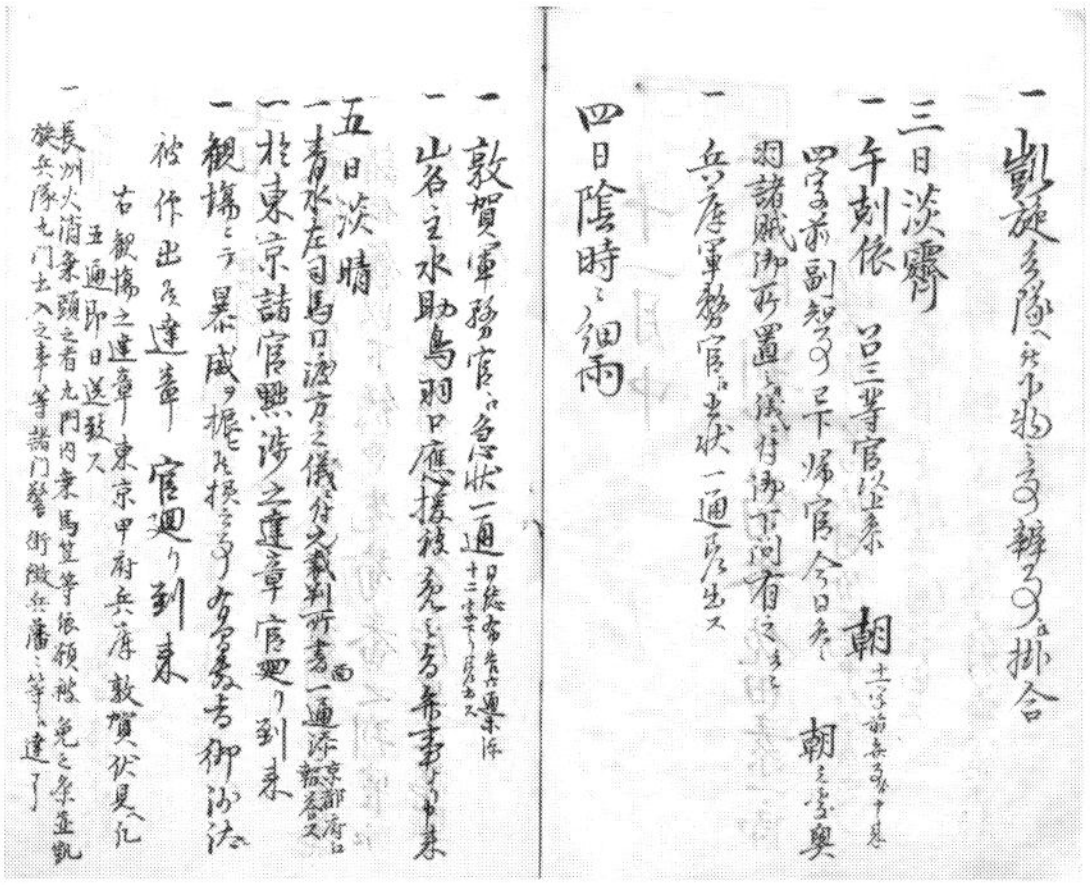

軍務官日記◆軍務官に関する日々の出来事や動静、人物のことなどが記されている　国立公文書館蔵

東伏見宮嘉彰（小松宮彰仁）親王写真◆はじめ仁和寺宮を名乗り、明治3年（1870）に東伏見宮に、同15年（1882）に小松宮と改称した。佐賀の乱では征討総督、西南戦争では旅団長、日清戦争では征清大総督を務めるなど軍事的な要職を歴任した　宮内庁三の丸尚蔵館蔵

# 07 外国官――他国との折衝に従事する

慶応四年（一八六八）閏四月二十一日の政体書により、外交・貿易・開拓を担当するため、行政官のもとに設置された機関。ただし、外交方針の決定は三職に権限があった。

外国官には、知官事一名、副知官事一名、判官事六名、権判官事、書記、筆生の官職が置かれた。知官事は伊達宗城・沢宣嘉、副知官事は東久世通禧・鍋島直大、判官事は寺島宗則・伊藤博文・井上馨・大隈重信（寺島と大隈はのちに副知官事に就任）、権判官事は五代友厚、西園寺公望などが歴任している。七月二十四日には訳官が置かれ、神田孝平らが就任した。

京都に置かれた行政官以下諸官と異なり、外国官は他国との折衝があるため、当初は大坂に設置された。ところが、外交官が京都の太政官の指令や意向を伺っても意思疎通に遅滞が生じてしまうことから、知官事の伊達は外国官の京都移転か権限委任を求めた。その結果、京都に移転するとともに、条約・開鎖・和戦・賞罰・金銀以外は外国知官事の手に委ねられた。

もっとも、外交事務は徳川体制下の開港場奉行からの連続性があり、条約などの重大問題を除き、外国人関係の諸問題は開港場地方官が担当していた。そのため、外国官の官員のほとんどが地方官との兼任であり、外国官と開港場地方官の事務分担は不明確なものであった。

明治元年（一八六八）十月四日、神田橋の旧山田十太夫邸に外国官の仮庁舎が開設された。以降は築地数馬橋旧小笠原長常邸、築地小田原町旧戸川鉡三郎邸、築地二ノ橋旧畠山義勇邸と、庁舎を移転させた。

なお、当時は外国官のほか、神奈川裁判所、東京ならびに大坂の外国事務局も外交事務の重要な役割を果たしている。

明治二年七月八日、外務省が設置されたことにより外国官は廃止となった。

伊達宗城肖像写真◆宇和島藩主を務め、王政復古後は外国官知官事のほか民部卿・大蔵卿などを歴任した。明治４年(1871)、欽差大臣として清国に派遣され、条約締結に努めたことでも知られる　福井市立郷土歴史博物館蔵

神戸市街◆明治時代の神戸（兵庫）の写真である。神戸（兵庫）は開港場のひとつで、外国人の居留・経済活動の場であった　『敷島美観』　個人蔵

# 08 民部官（みんぶかん）――府県政の整備と民心掌握をめざす

明治二年（一八六九）四月八日、府県事務の統轄、戸籍・駅逓（えきてい）・橋道（きょうどう）・水利・開墾（かいこん）・物産・済貧（さいひん）・養老（ようろう）の監督など、民政を担当するため行政官のもとに設置された機関。慶応四年（一八六八）閏四月二十一日の政体書体制では、会計官が民政を扱っていたが、民部省がこれを引き継いだ。また、府県事務の監督業務も行政官から民部官に移され、民部官は府県事務に関わる百般の法律・規則の立案も担当した。聴訟（ちょうしょう）・庶務（しょむ）・駅逓・土木・物産の五司体制であった。

民部官には知官事・副知官事・判官事・権判官事・書記・筆生の官職が置かれ、各司には知司事・判司事・権判司事が置かれた。知官事は蜂須賀茂韶（はちすかもちあき）・松平慶永、副知官事は広沢真臣などが歴任している。

広沢の求めもあり、民部官には地方官の任免に関する権限が与えられており、明治二年四月から五月にかけては府県の知事・判事を集めた府県会議の開催を主導した。また、統治に困難をきたしている地方に巡（じゅん）察使（さつし）を派遣し、民心の掌握や撫育（ぶいく）の徹底、地方官の精選などに勤しんだ。たとえば三陸磐城（さんりくいわき）巡察使は、明治二年八月に三陸磐城両羽按察（あぜち）使と改められ、十一月には臨時の兵権まで与えられた。

民部官は、府県政の整備や民心の掌握を一貫して標榜していた。その結果、明治二年末の段階で東京・京都・大阪の三府のほか、三十七県と開拓使が置かれた。明治政府は府県支配地を拡大していく。当初は皇室関係領約十二万石、旧幕府公領約四二〇万石、旧幕臣采地約三〇六万石であったところ、明治四年七月の段階では総計約八六〇万石あまりを府県支配地とした。

明治二年七月八日、民部省が設置されたことにより廃止となった。わずか三カ月ばかりの短命であった。

## 民部官の機構図

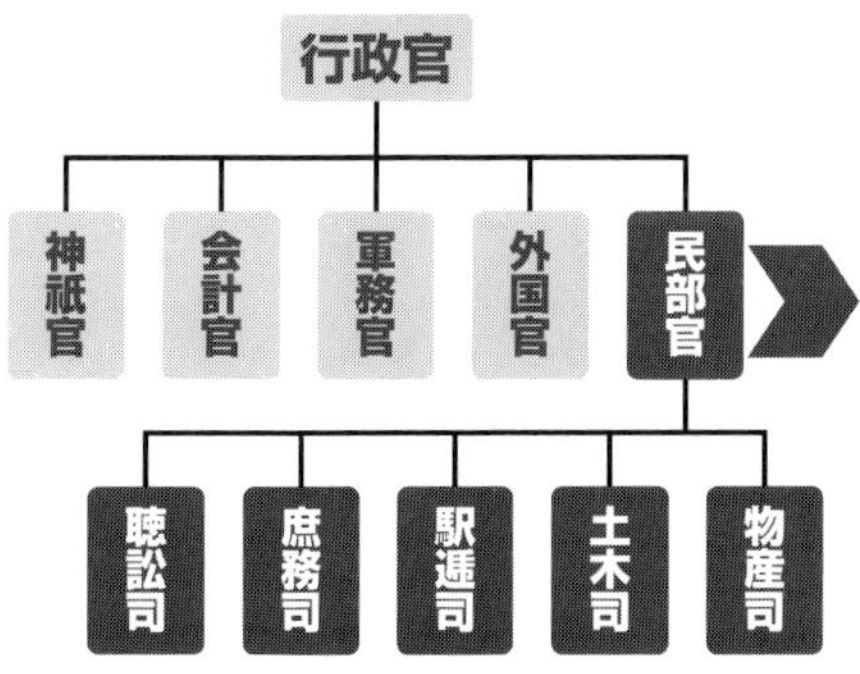


| | |
|---|---|
| 担当 | 民政→会計官から引き継ぎ<br>法律・規則立案→行政官から移管<br>戸籍・駅逓・橋道<br>水利・開墾など多岐 |
| 官職 | 知官事→蜂須賀茂韶、松平慶永<br>副知官事→広沢真臣<br>判官事・権判官事・書記・筆生 |

※各司のもとに、さらに知司事、判司事、権判司事

広沢真臣◆民部官副知官事のほか、参議などを務めたことで知られ、とくに版籍奉還に尽力した人物である。明治４年（1871）１月９日、刺客に襲撃され暗殺されてしまった 『近世名士写真其1』 国立国会図書館デジタルコレクション

渡辺清写真◆肥前国大村藩士で、三陸磐城両羽按察使府の判官に就任した人物である。その後は、元老院議官や福岡県知事などを務めた 大村市歴史資料館蔵

# 09 刑法官——刑政の統一と刑法の編纂にあたる

慶応四年（一八六八）閏四月二十一日の政体書により、執法・守律・監察・糾弾・捕亡・断獄などの司法権を司る機関として設置された。なお、司法権といっても当時は三権分立が明瞭となっておらず、民事裁判権は会計租税司に属していた。行政監察を担う監察司、刑事裁判を担う鞫獄司、司法警察を担う捕亡司の三司体制。ただし、明治二年（一八六九）五月二十二日、弾正台が新設されたことにより、監察司は廃止となった。

刑法官には、知官事一名・副知官事一名・判官事四名・権判官事・書記・筆生の官職が置かれた。知官事は山内豊信・大原重徳・池田章政・正親町三条実愛、判官事は佐佐木高行・海江田信義などが歴任している。

明治政府は幕府の地方司法機関の接収を進めており、慶応四年四月十九日には町奉行所に市中取締所を設置した。さらに閏四月三日、江戸町および町人に関する行政・裁判を町奉行が行うこと、旧幕府の町奉行を大総督府の下に存置させることを決めた。明治元年十月、刑法官の出張所が東京に置かれた。これにより刑法官は、日本全国の司法権を統括することとなった。

ただし、刑法官の司法権行使の対象は限定されていた。刑法官が裁判権を行使できる対象は、京都における宮堂上諸侯官人の刑事事件、東京府における士民や官員の刑事事件、府藩県関連の刑事事件である。たとえば東京府における庶民の犯罪は、東京府が裁判権を有していた。

こうした状況から、刑法官の最大の任務は、刑政の統一を図ること、刑政の統一のために新刑法を編纂することであったと考えられる。明治二年三月、刑法官内では、新政府が初めて全国に施行するために制定した刑法である新律綱領（しんりつこうりょう）の編纂作業が、漢学者グループとともに開始された。

明治二年七月八日、刑部省が設置されたことにより廃止となった。

山内容堂（豊信）肖像写真（四老公衝立）◆15代土佐藩主として吉田東洋を起用し、藩政改革を進めた人物として知られる。刑法官知事のほかには、内国事務局総督や学校知事などを務めた。明治5年（1872）、46歳で生涯を閉じた　福井市立郷土歴史博物館蔵

**刑法官機構図**

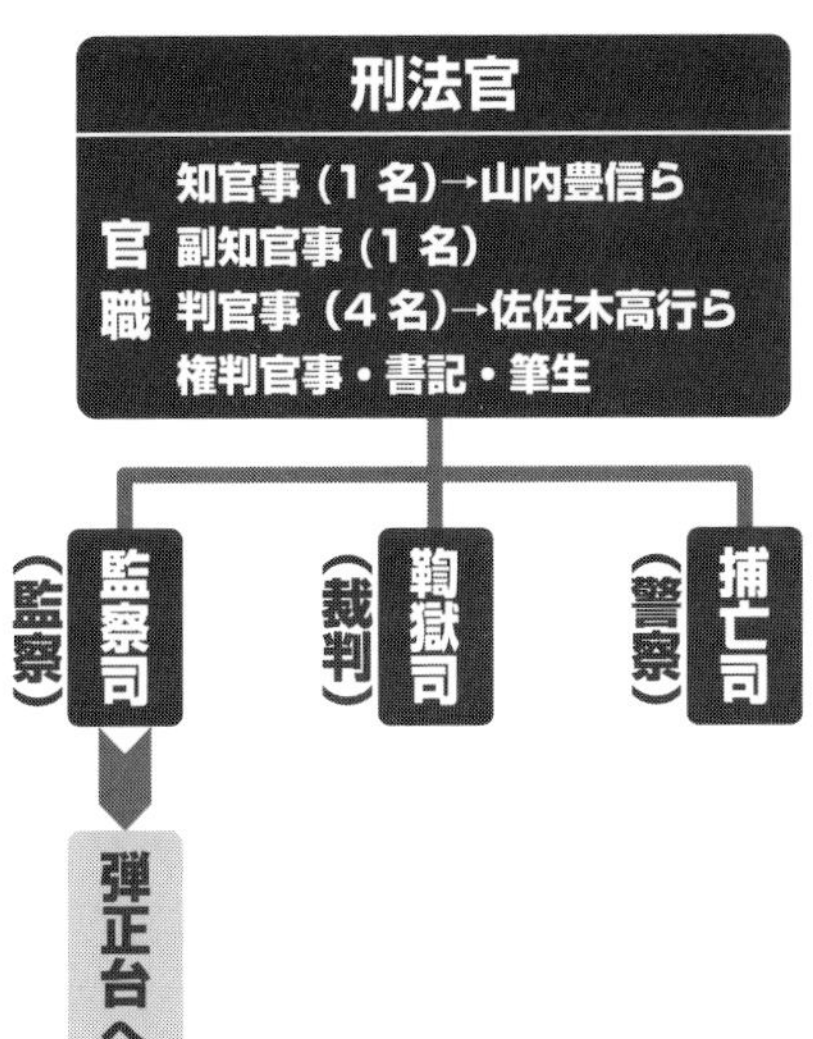

東京刑法官印影◆国立公文書館蔵

# 10 議政官（ぎせいかん）——上局と下局で構成された立法機関

慶応四年（一八六八）閏四月二十一日、明治政府は政体書を公布して新たな統治機構を示した。そのなかで、行政官・刑法官とともに設置され、立法を司る機関が議政官である。両院制議会を想起させる上局と下局から構成されている。

上局は、議定・参与・史官・筆生により組織される。議定には、公卿の中山忠能・正親町三条実愛ら、諸侯の松平慶永・毛利元徳・鍋島直正らが就任した。さらに、輔相を務めていた三条実美と岩倉具視が兼任した。参与には、横井小楠・大久保利通・木戸孝允・後藤象二郎・副島種臣らが名を連ねた。

上局の議員となる議定・参与の職掌は、政体の創立・法制の造作・機務（政務）の決定・三等官以上の銓衡（せんこう）と賞罰・条約の締結・宣戦である。史官は四名で、広くから任じられる。議案の作成や官報の前身である『太政官日誌（だじょうかんにっし）』の編集を担った。筆生の定員や職掌は定められていないものの、史官のもとで実務を担っていたと考えられる。

下局は、議長を行政官の弁事が兼ね、貢士が議員となる。上局の命を受け、租税や駅逓、条約などを議論するとされた。しかし、実際のところ下局には、いくつかの意見書が提出されたのみであった。五月二十七日、貢士は各藩の藩論を代表する公務人となったが、これもほとんど機能せず、八月一日に廃止された。八月二十日、公務人は公議人と改称された。

九月十九日、議政官は行政官に吸収される形で廃止され議事体裁取調所（ぎじていさいとりしらべしょ）の新設が予告された。議定の山内豊信が総裁に、秋月種樹・大木喬任・鮫島尚信・森有礼・神田孝平らが御用掛に就任した。諸藩の公議人を管轄することとなり、公議所の設置に結びついていく。

明治二年（一八六九）四月十三日、議政官は復活するも、五月十三日には再び廃止となった。

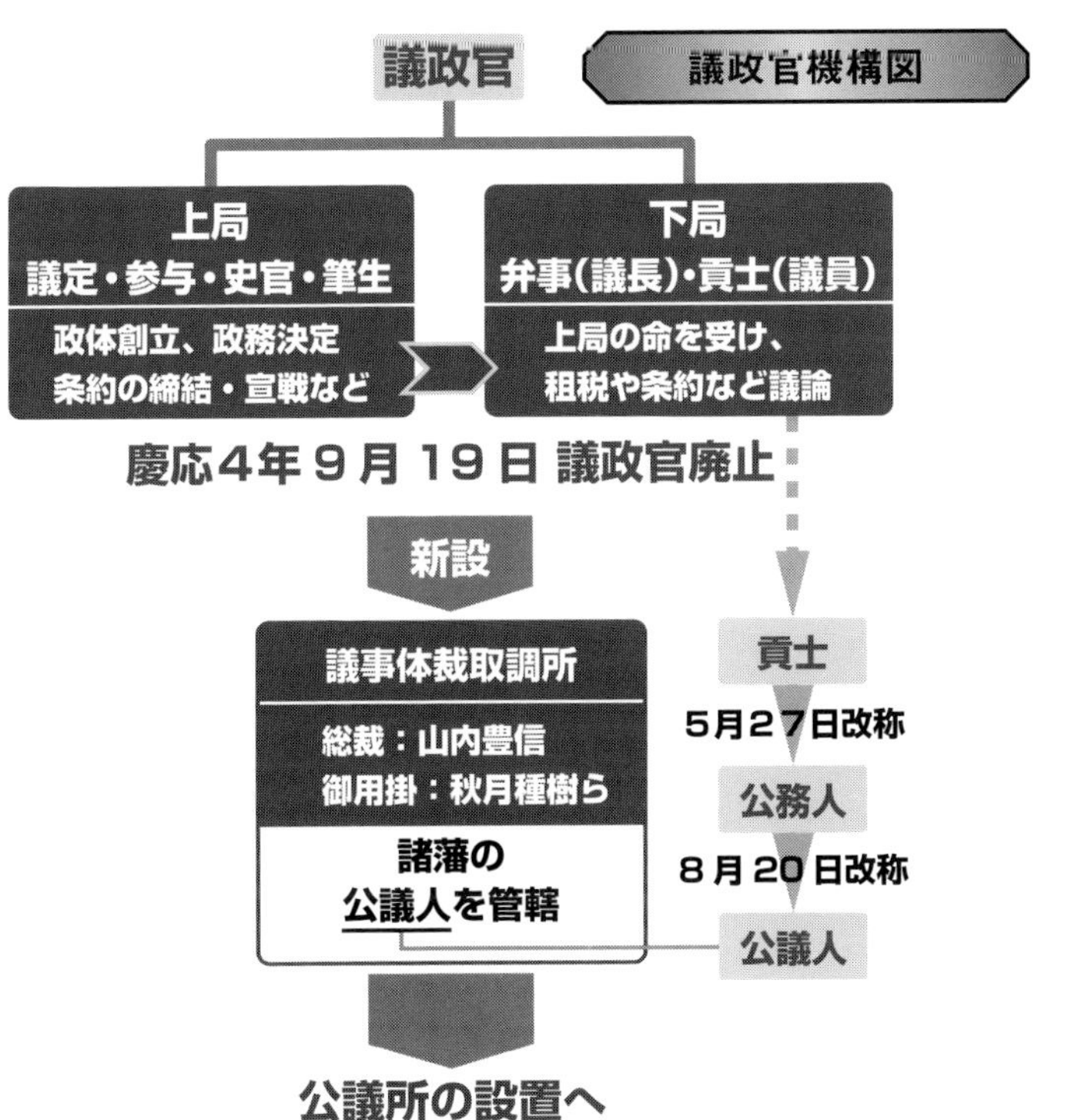


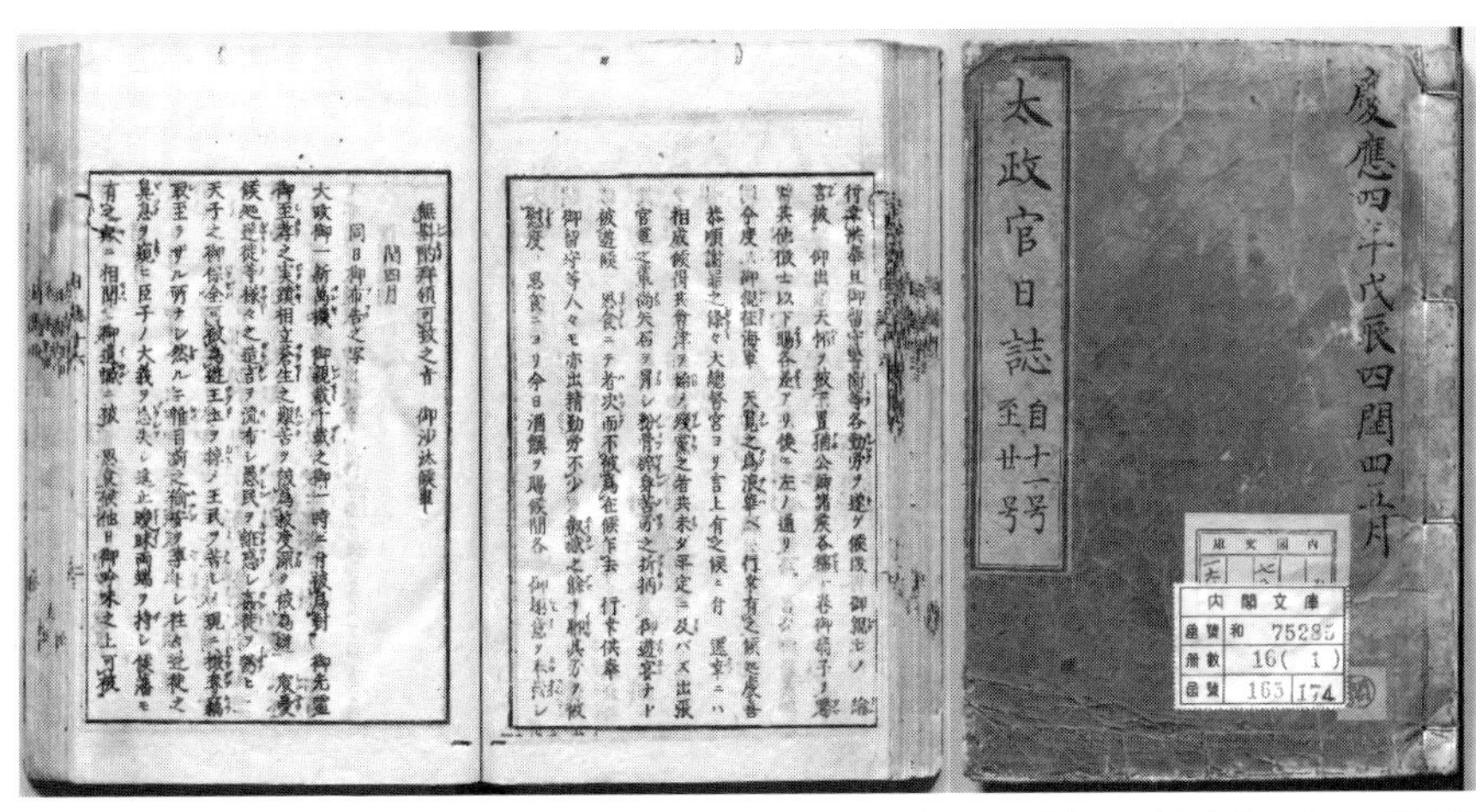


太政官日誌◆日誌形式の政令記録で、太政官布告・人事異動・東征軍の戦況などを内容とする　国立公文書館蔵

# 11 公議所——数百人による議論を実現する場

維新の理念の一つであり、五箇条の御誓文にも「広く会議を興し、万機公論に決すべし」とある、公議の実現に向けて設立された機関が公議所である。

明治元年（一八六八）十一月十九日、議事体裁取調所が公議人を管轄することとなり、東京の旧姫路藩邸に公議所を開設することを決定した。十二月十二日の公議所法則案では、公議所の「第一要務」は法の制定であるとされた（『太政類典』）。各藩から二十五歳以上の一名が就任する公議人は、任期が四年で、二年ごとの半数改選とされた。再任は可能である。各公議人は、会議の前日に議案が配布されたうえで会議に臨む。採決には五分の三以上の多数が必要であり、可否ともにこれに満たなければ再議とされた。

明治二年三月七日の開設初日の会議には、諸藩の公議人二二七名が出席した。議長には、議事体裁取調所にも名を連ねた秋月種樹が就任。会議は、六月七日まで計二十二回開催された。審議された議案の大半は公議人や官員の提案によるものであったが、一部には農民からの提案もあった。ただし、公議所で可決された十四の議案のうち、実際に公布されたものはない。

帯刀廃止を盛り込んだ議案に松江藩の公議人雨森謙三郎が激怒するなど、公議人には保守的な人間が多かったといわれる。ただし、彼らの多くは、西洋諸国との貿易や条約改正の重要性も認識しており、日本の行く末を熱心に議論したことは確かであった。

また、公議人のなかには、長時間発言したり罵詈雑言を喚く者もおり、議事進行は円滑に行かなかった。もっとも、当時の日本では、数百人が一堂に会して議論すること自体が画期的であったといえる。

七月八日、官制改革により、公議所は集議院に改組された。

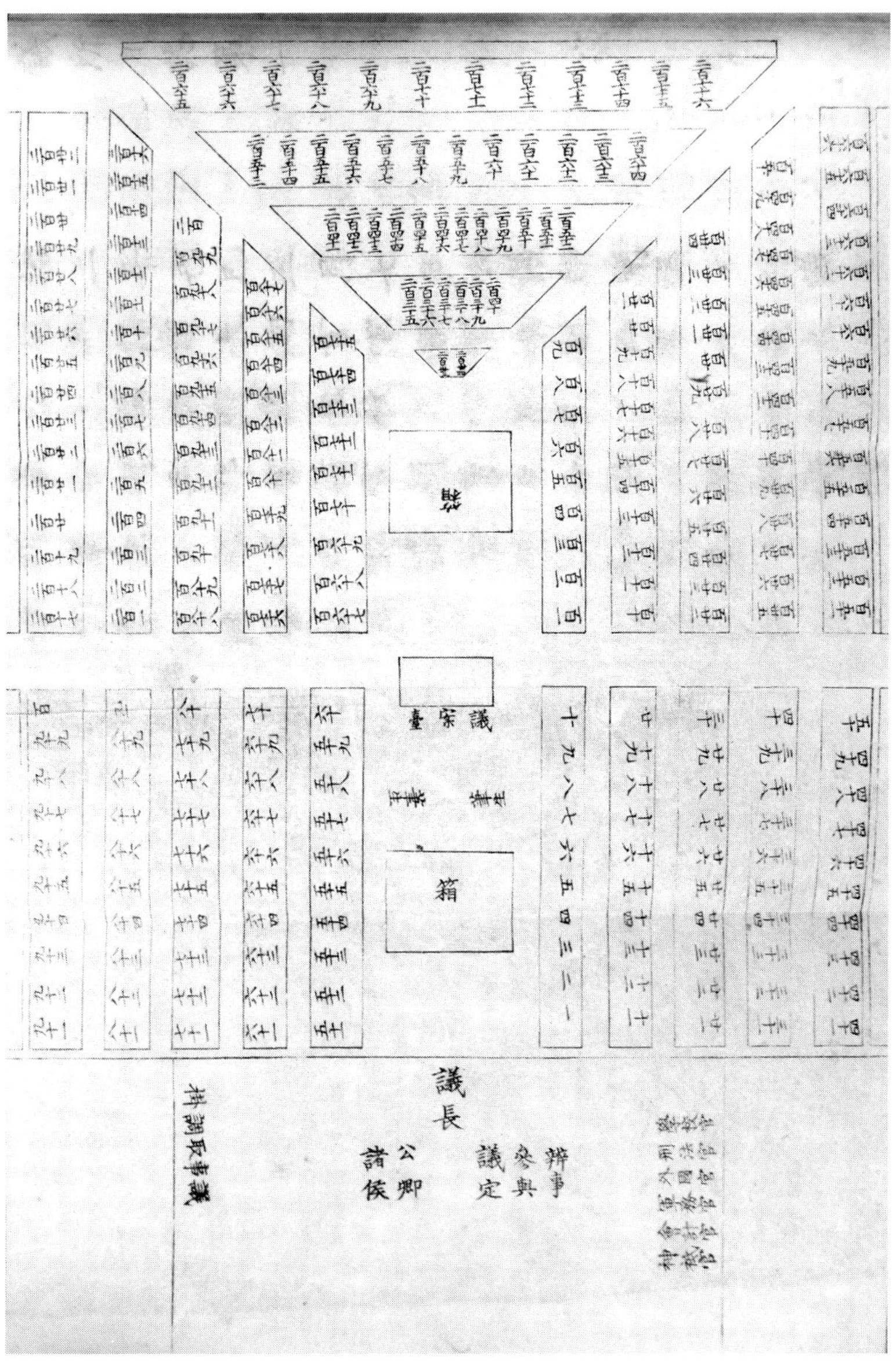


公議所の図◆『公議所日誌』に書かれた議場の図で、どこにどの役職の者が配置されるかがわかる　国立公文書館蔵

## 12 集議院（しゅうぎいん）――広く意見を募り、国家の治安を形作る

明治二年（一八六九）七月八日、公議所は官制改革により集議院と改称された。集議院には当初、長官・次官・議員で構成される上局と、長官・次官・判官・権判官で構成される下局の設置が定められた。しかし、実際に設けられたものは下局のみであり、上局は構想のみにとどまった。長官に大原重徳、次官に阿野公誠（あのきんみ）、判官に神田孝平（当初は次官）らが就任した。議員は各藩から一名ずつ選出され、明治二年十月の段階で議員数は二七三にのぼった。

八月二十日に示され、翌月改正された集議院規則では、「広く衆議を諮詢し国家治安の大基を建」てることが集議院の役割であると定められた。議員が二十五歳以上であること、任期四年で二年ごとの半数改選であること、議案の可否は五分の三以上の多数決であることなども定められ、集議院は多くの点で公議所を引き継ぐこととなった。ただし、「議事は詔書を遵奉し太政官と心志を合」わせるように、とも謳われており、議事機関としての独立性は公議所よりも後退した（『法令全書』）。なお、十月には建白書も集議院で取り扱うこととなった。

議案を審議する会議は、毎月二と七の日に行うことが原則であった。しかし、実際に議案の会議が開催されたのは、二十五回に過ぎなかった。贋金（がんきん）対策・刑律・大学校規則・陸海軍拡張策などが審議されたが、その審議内容が現実の法令に反映されることはほとんどなかった。集議院議員には西洋化に反対する者が多く、明治政府の主導者からすれば彼らが保守的過ぎたためだといわれている。

明治四年以降、集議院の会議は一度も開催されず、さらに七月の廃藩置県により藩選出の議員は存立基盤

を失った。七月二十九日に左院が設立されると、集議院の機能のほとんどが引き継がれた。以降は、建白書の受理のみを担っていたが、明治六年六月二十四日、これも左院に引き継がれ、集議院は閉鎖となった。

大原重徳写真◆幕末から明治にかけて活躍した公卿で孝明天皇に重用された。明治政府では参与や議定を務め、明治12年（1879）に薨去　『幕末・明治・大正回顧八十年史』第３輯　国立国会図書館デジタルコレクション

五十三

二年八月二十日
集議院規則ヲ定ム
集議院規則
一集議院中別ニ一局ヲ設ケ天下ノ建言献策貢用ノ
者ヲ總ヘテ寄宿セシメ其徳行ヲ觀ヲ考試スヘキ
事
一諸藩士及ヒ農工商トモ待詔院出仕可被　御付者
ハ一應議院ノ考試ヲ經テ任用スヘキ事
但シ人物ニヨリ特命ノ撰挙ハ此ノ限リニ非ス
一議院ニ關係ノ議事アル節ハ長官次官判官正權ト
モ太政官ニ参預可致事
一議員中ヨリ幹事十二名ヲ公撰シ正權判官ニ準シ
可相勤事
但權判官ノ次席タルヘク候
一議員中ヨリ名指シ撰挙有之節ハ議院ニオヒテ長
官次官正權判官幹事等其才能可否ヲ熟議ノ上可
申出事
但シ任用ノ官等職務トモ前以テ内諭之レアル
ヘキ事
一議員中名指シナク奏任被　仰出候節ハ長官次官
正權判事幹事等二名ヲ撰定シテ可伺出事
一議員中ヨリ撰挙ノ節ハ奏任以上ニ可相任事
建言ノ筆是レマテ待詔院ヘ差出候所自今集議院ヘ
参上可致事

集議院規則◆議院にかかわる議事のことや議員のなかから幹事を選ぶこと、また議員の選挙についてなど諸規則が記されている　国立公文書館蔵

# 13 大蔵省——財政政策の主導権を握る

明治二年（一八六九）七月八日の職員令により、金穀出納・秩禄・造幣・営繕・用度などを担当する機関として設立された。大蔵省には、卿一名、大輔一名、少輔一名、大丞二名、権大丞、少丞三名、権少丞、大録、権大録、少録、権少録、史生、省掌、使部の官職が置かれた。設立当初、卿は欠員であったが、八月十一日に民部卿の松平慶永が兼任した。大輔には大隈重信が省設立と同時に就任している。

大蔵省には、造幣寮と租税・通商・出納・鉱山・用度・監督・営繕の七司が置かれていた。ところが八月十一日、租税・通商・鉱山・監督の四司が大蔵省から民部省の管轄に移された。同月にはまた、営繕司の担当事務が民部省土木司に転属された。これらは、両省の事務が直轄府県を介して行われることから、民蔵合併により実行性を高めようというものであった。慶永の卿就任もこうした流れにのったものである。もっとも、民蔵合併といっても、両省の大輔を兼職した大隈がイニシアチブを握っており、事実上大蔵省が民部省を吸収する形となった。大蔵省は、内政全般に大きな影響力を持ったのである。

しかし明治三年七月十日、大蔵省と民部省は分離した。大隈に加え、両省の少輔を兼職した伊藤博文、同じく大丞を兼職した井上馨ら開明派は、莫大な経費を要する西洋化事業を推進するため、直轄府県からの税収を増やすべく、厳しい取り立てを行っていた。高まる地方からの不満に対し、大久保利通・広沢真臣・副島種臣・佐佐木高行らが危機感を抱き、大蔵省の影響力の低下を図り、大蔵・民部の分離が断行されたのである。西洋化事業は民部省の所管となり、大蔵省には造幣寮と租税・出納・用度・営繕・監督・通商の六司などが置かれた。

廃藩置県後の明治四年七月に民部省が廃止になると、その事務の多くを大蔵省が引き継いだ。八月十日には機構も改正され、統計・記録・営繕・検査・出納・戸籍・駅逓・租税・勧業・造幣・紙幣の十一寮と正算司が置かれた。民政から財政までの広範な権限を持ったことから、当時の大蔵省は「大大蔵省」とも呼ばれる。少輔から大輔に昇進し、大蔵省を主導する井上馨は、財政健全化を重視して各省からの予算要求を退けた。各省の不満は募り、予算紛議を引き起こす。

大隈重信◆明治時代初期、財政のほか、外交や鉄道・電信の建設など諸方面で活躍。のちに内閣総理大臣を務めたことでも有名である　『近世名士写真其２』　国立国会図書館デジタルコレクション

当時の井上は、大蔵省の強大な権限をもとに、民政から財政まで、その制度化や勧農政策による富国化も志向していた。しかし、正院をも凌駕しようとする井上の構想は、周囲からの批判にさらされた。かねてからの予算紛議もあり、明治六年五月に井上は辞職する。その直前の太政官制潤飾や十一月の内務省設立により、大蔵省の権限は縮小した。

明治六年十月に大隈重信が大蔵卿に就任すると、大隈財政と称される積極財政のもと、勧業政策を推進した。翌月の内務省設立を受け、戸籍・駅逓・土木の三寮など、内政に関する事務が内務省の所管となった。以降、大蔵省は財政事務に特化していく。

明治八年十一月に大蔵省職制並事務章程が制定された。大蔵省は全国の理財を司る機関と位置づけられ、租税・造幣・紙幣・出納・統計・検査・国債・記録の八寮の位置づけが整理された。明治十年一月の太政官制改革で各省の寮が廃止されると、大蔵省には本局のほか、常平・記録・検査・出納・租税・関税・国債・造幣・紙幣の九局が設けられた（常平局の開設は

東京名所常盤橋内紙幣寮新建之図◆三代歌川広重の作。紙幣寮（現在の国立印刷局）の印刷工場を描いている。当時としては珍しい赤レンガ造りで、明治９年（1876）に竣工した。建物は東京・大手町に設置された大蔵省庁舎の隣接地（常盤橋の皇居側）にあり、近代化を感じさせる　お札と切手の博物館蔵

明治十一年七月）。

明治十四年の政変ののち、松方正義が大蔵卿に就任する。松方は、大隈財政とは打って変わって不換紙幣を償却し、健全財政を施行する松方財政を展開した。世界恐慌も相まって長期のデフレ（松方デフレ）を招いたものの、健全財政主義を貫いた。

明治十八年十二月、内閣制度創設にともない、松方正義が初代大蔵大臣に就任。翌年二月に大蔵省官制が制定された。大蔵大臣の職掌は、「歳入歳出、租税、国債、貨幣及ひ銀行に関する事務を管理し、地方の財政を監督す」とされた（『法令全書』）。大臣官房のほか、総務・会計・主税・関税・主計・出納・国債・金庫・銀行・預金・記録の十一局が置かれた。同年四月には、外局として造幣・印刷の二局が設けられた。明治二十三年六月に大蔵省官制が改正されると、総務・会計・銀行・主計・出納・預金・主税・関税・国債の九局体制となった。

なお、大蔵省は戦後も存続し、財務処理や財閥解体にも関与した。平成十三年（二〇〇一）一月、中央省庁等改革基本法により財務省に改称された。

大蔵省機構図

明治３年７月～
民部省から分離後

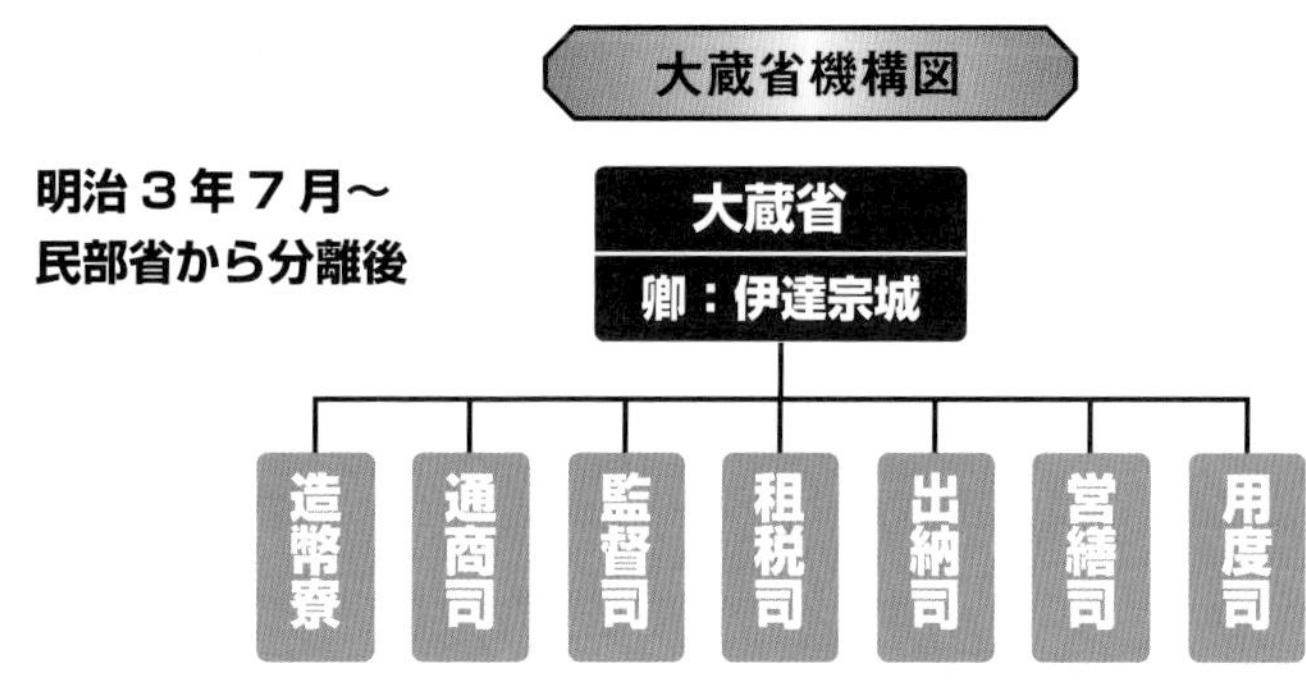


明治４年８月～

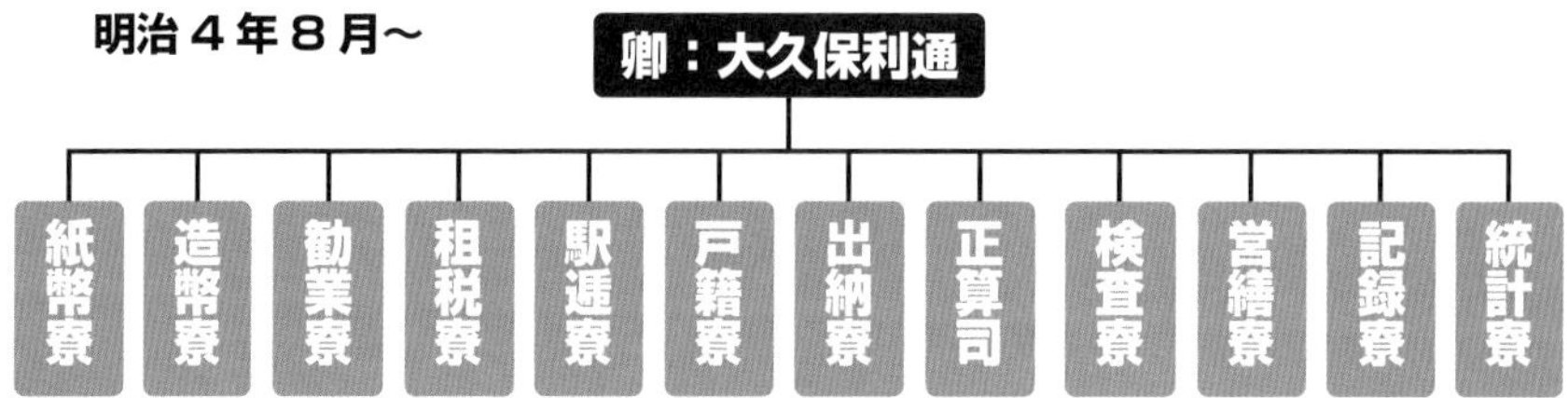


明治19年２月～
内閣制度下

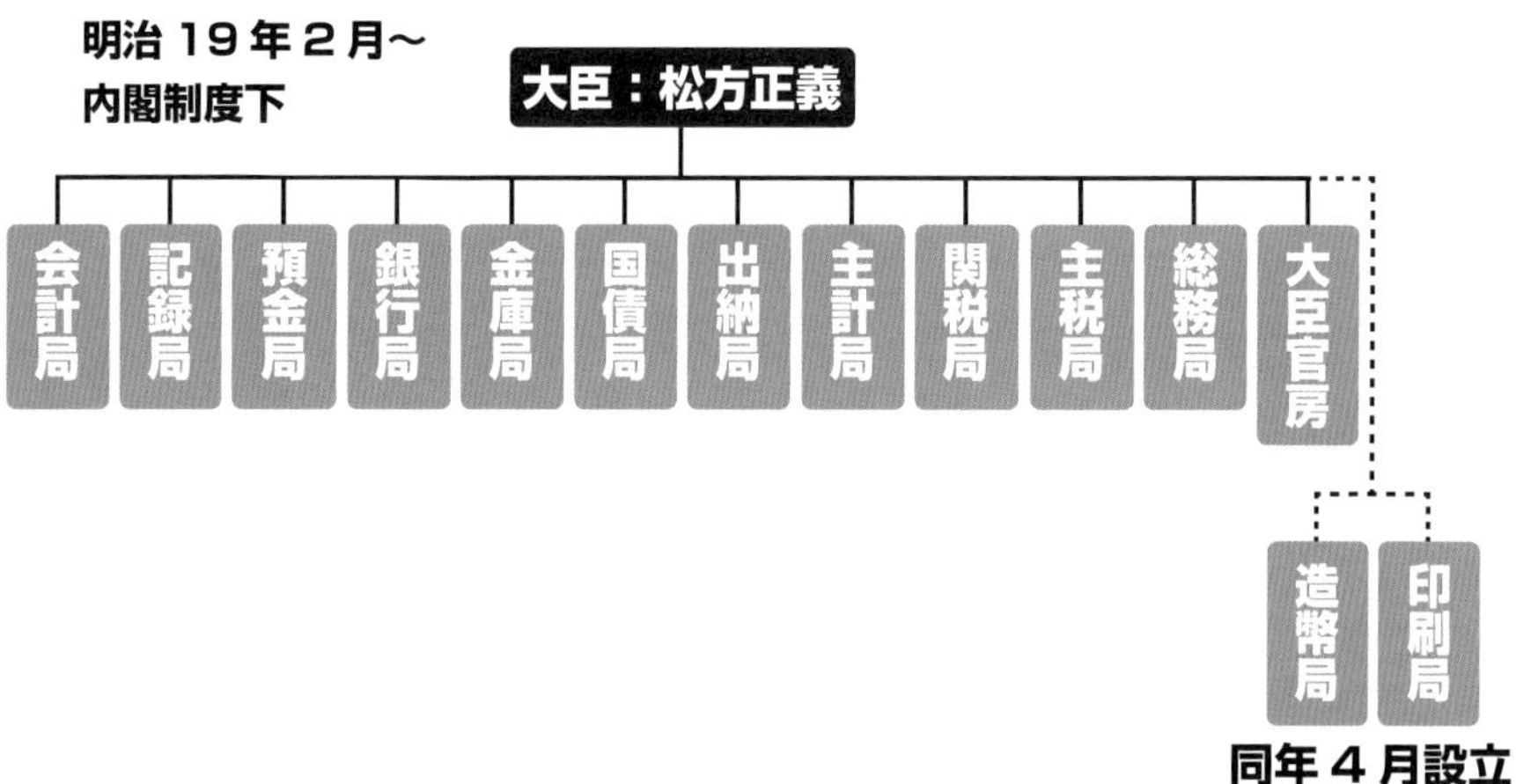

# 14 民部省——中央集権のため地方を取り締まる

明治二年（一八六九）七月八日の職員令により、戸籍・租税・駅逓・鉱山・済貧・養老などを担当する機関として設立された。民部省には、卿一名、大輔一名、少輔一名、大丞二名、権大丞、少丞三名、権少丞、大録、権大録、少録、権少録、史生、省掌、使部の官職が置かれた。卿は松平慶永・伊達宗城・大木喬任、大輔は広沢真臣・大隈重信・井上馨らが歴任している。

民部省は、府県に対して中央集権的な政策を推し進め、七月二十七日に府県奉職規則と県官人員並常備金規則を公布した。前者は、地方官がみだりに租税の定額を変更することを禁じたものである。後者は、県官員の定数に制限を設けたうえ、府県の常備金にも石高に応じて制限を設けた。

八月十一日、民政実務を一本化するため、大蔵省の主導により民部省は大蔵省と合併し、本省が大蔵省内に移転された。事実上、大蔵省に吸収されたのである。

ところが、集権的な政策に対し地方からの不満が高まり、明治三年七月十日、民部省と大蔵省は分離する。岩倉具視・大久保利通・広沢が民部省御用掛となり、省務を統括した。民部大輔に大木、少輔に吉井友実が就任した。分離にともない民部省は、地理司・土木司・駅逓司・鉱山司・庶務司・聴訟掛・社寺掛・鉄道掛・伝信機掛・灯明台掛・横須賀製鉄所掛の五司六掛体制となった。租税司・通商司・監督司は大蔵省に移された。民部省は、租税司を戻すよう主張するも、大蔵省はこれに応じなかった。官員数も、維持された大蔵省と異なり、民部省は削減された。

明治三年閏十月に工部省が設置されると、民部省の事務は徐々に工部省に移管されていく。明治四年七月二十七日、民部省は廃止された。

## 民部省機構図

明治３年７月

**民部省**
大輔：大木喬任
少輔：吉井友実
御用掛：岩倉具視ら

- 地理司
- 土木司
- 駅逓司
- 鉱山司
- 庶務司
- 聴訟掛
- 社寺掛
- 鉄道掛
- 伝信機掛
- 灯明台掛
- 横須賀製鉄所掛

二年七月二十七日
府縣奉職規則ヲ定ム
府縣奉職規則
一 民政ハ經國ノ大本最モ至重ノ事トス謹テ
御誓文ノ旨ヲ奉體シ速ニ 御沙汰ノ筋ヲ確守シ常
ニ下情ヲ詳察シ教化ヲ廣フシ風俗ヲ敦クシ以テ萬
民安堵ニ至ラシムルニ在リ總テ下ニ臨ム者寛ヲ旨
トシ民心不失ヲ緊要トスヘシ
一 在職ノ面々懇切ニ相補助勉勵シ官長ノ指圖聊違背
スヘカラス尤官等ノ高下ヲ論セス亂階ノ筋忌憚ナク
商議シ公正ノ所ヲ以テ施行スヘシ
府藩官吏其力ヲ職務ニ盡スヲ要ス知縣事ハ大參
事ニ委シ大參事ハ少參事ニ託スル等決テ不可有
之自然擅恣ノ権下ニ移リ下情壅蔽シ遂ニ偏
頗ノ弊ヲ生シ萬民危疑不服ノ基ヲ致ス故ニ官常
ニ官長タル者殊ニ心ヲ用ユヘシ
一 號令必其始ニ慎ミ御民信ヲ失フヘカラス賞罰必ス
事情ヲ審ニシテ偏濫アルヘカラス
府藩世ノ規則ヲ創立シ或ハ從前ノ法制ヲ改正セ
ント欲セハ土地民俗ヲ熟知シ先部内ノ衆議ヲ盡
シ公正ノ論ヲ採リ其筋ヘ伺出其決ヲ受ヘシ私
ニ法ヲ立制ヲ改ルヿヲ禁ス尤政令承順シ瑣々タ
ル小法則ヲ立ルハ此法ニ拘ラス施行ノ後届出ヘ
シ
府忠孝節義篤行ノ賞典養老ノ典等ハ常ニ会議ヲ
盡シ速ニ舉行スヘシ尤永代及ヒ其身一代苗字帶

府県奉職規則（部分）◆『太政類典』　国立公文書館蔵

二年七月二十七日
縣官人員并ニ常備金規則ヲ定ム
縣官人員并ニ常備金規則
一 官員
知縣事　一人
參事　一人
但大少ノ官階ハ人材ニ由テ之ヲ定ム
大屬 内三人權　四人
少屬 内二人權　四人
史生　三人
捕亡　五人
總十八人
右十万石高目安
一 官員ヲ定ムルハ高五万石マテハ万石ニ付二人トス六
万石餘ヨリ十万石ニ至ル迄ハ史一万石ニ付一人五
合加入ス乃チ高十万石トレハ五万石官員十人ヘ合
シ總計十八人トス十一万石以上二十万石迄ハ史ニ
万石ニ付一人ヲ加入ス前ノ十八人ニ合シテ二十八
員トス然レトモ官員ノ増減ハ前文目安ニ依リ尚補亡
ヲ以テ相當ニ之ヲ定ムヘシ
縣掌　二人
使部　二人
一 縣掌使部ハ石ノ多寡ニ不拘定員ノ通タルヘシ尤ニ
出張所アレハ權制ニ置ク不苦候事
一 總官員中十万石迄ハ參事一人タルヘシ十一万石余
二十万石迄ハ大參事一人少參事一人ヲ置クヘシ二

県官人員並常備金規則（部分）◆『太政類典』　国立公文書館蔵

# 15 工部省——日本の近代化を推進する

明治三年（一八七〇）閏十月、勧工・鉱山・製鉄・灯台・鉄道・電信などを担当する機関として設立された。西洋の産業や技術を日本に導入しようと考えた大隈重信や伊藤博文などの開明派官僚が主導し、殖産興業政策の推進を見据えて誕生した。なかでも幕末に伊藤らとイギリスに密航し造船技術を学んだ山尾庸三は、工部省の中心的立場に長くあり続けた。

鉱山司・灯明台局・伝信局・製鉄所掛・鉄道掛などで構成された工部省は、明治四年八月には早くも工学・勧工・鉱山・鉄道・土木・灯台・造船・電信・製鉄・製作の十寮と測量司に拡大された。

工部省による近代化政策は着実に進められた。明治五年後半には鉄道や電信が一部区間で開業している。明治六年から九年にかけては、興業費の支出が多く、工部省の最盛期であった。草創期の工部省では、事業の着実かつ迅速な推進のため、担当組織の整備や事業の一元的管轄、技術者養成機関の整備などを重視しようとする意識が技術官僚に共有されていたことが大きいとされる。

もっとも、明治六年に設立した内務省に殖産興業の中心が徐々に移ったほか、明治政府の財政難が工部省の殖産興業政策の足かせになった。また、工部省が幅広い分野を管轄していたことから、各事業の寄せ集めでありセクショナリズムも内在していたとの指摘もある。他方で、明治十四年十月に工部卿を辞任するまで、実に十年にわたって工部省の中心にあった山尾が調整役を担っていたことも確かであった。

工部省により殖産興業政策が推し進められ、事業は官業から民業へと転換していく。明治十四年十月に大蔵卿に就任した松方正義は緊縮財政路線を採り、工部省の工場や鉱山を払い下げていった。役割を終えた工部省は、明治十八年十二月に廃止される。工部省の各事業部門は、農商務省などに移管された。

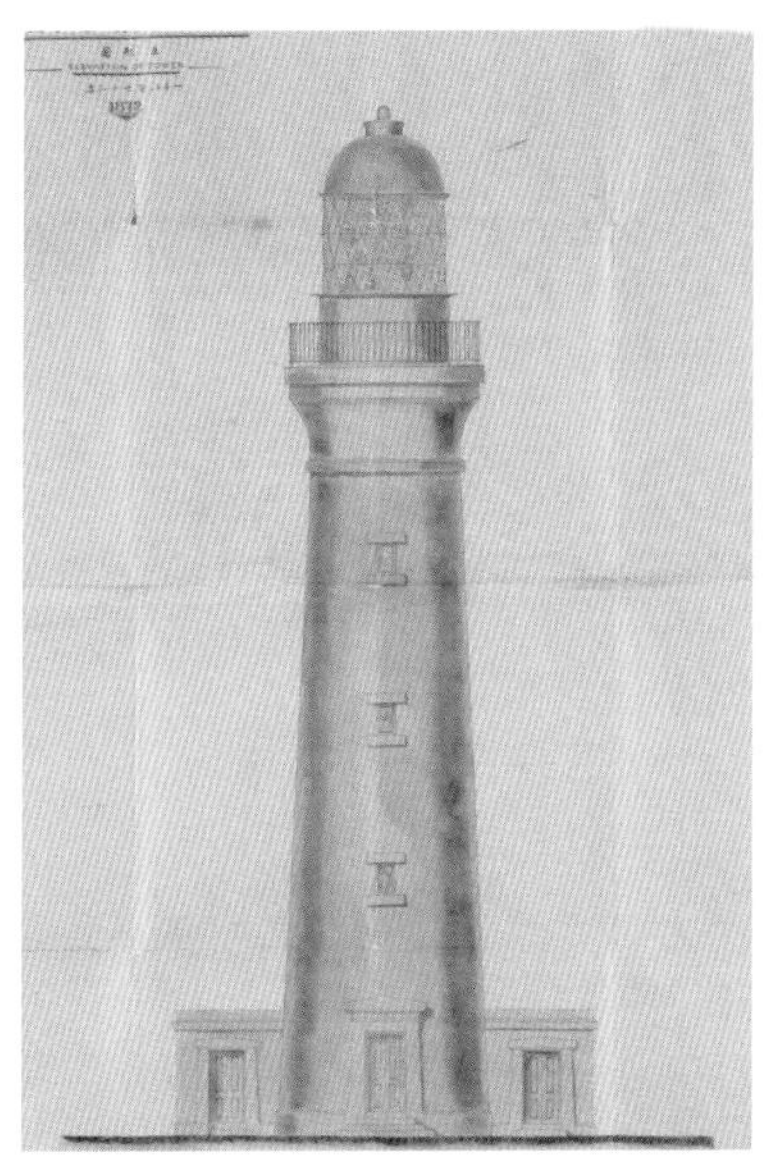

大吠埼灯台立体図◆本図は工部省が作成し、太政官に提出したという図面。工部省の役割である「灯台」にかかわるものだろう。この灯台は、イギリス人技師ブラントンが設計し、明治5年9月28日に着工、明治7年11月15日に点灯した日本でも有数のものである　国立公文書館蔵

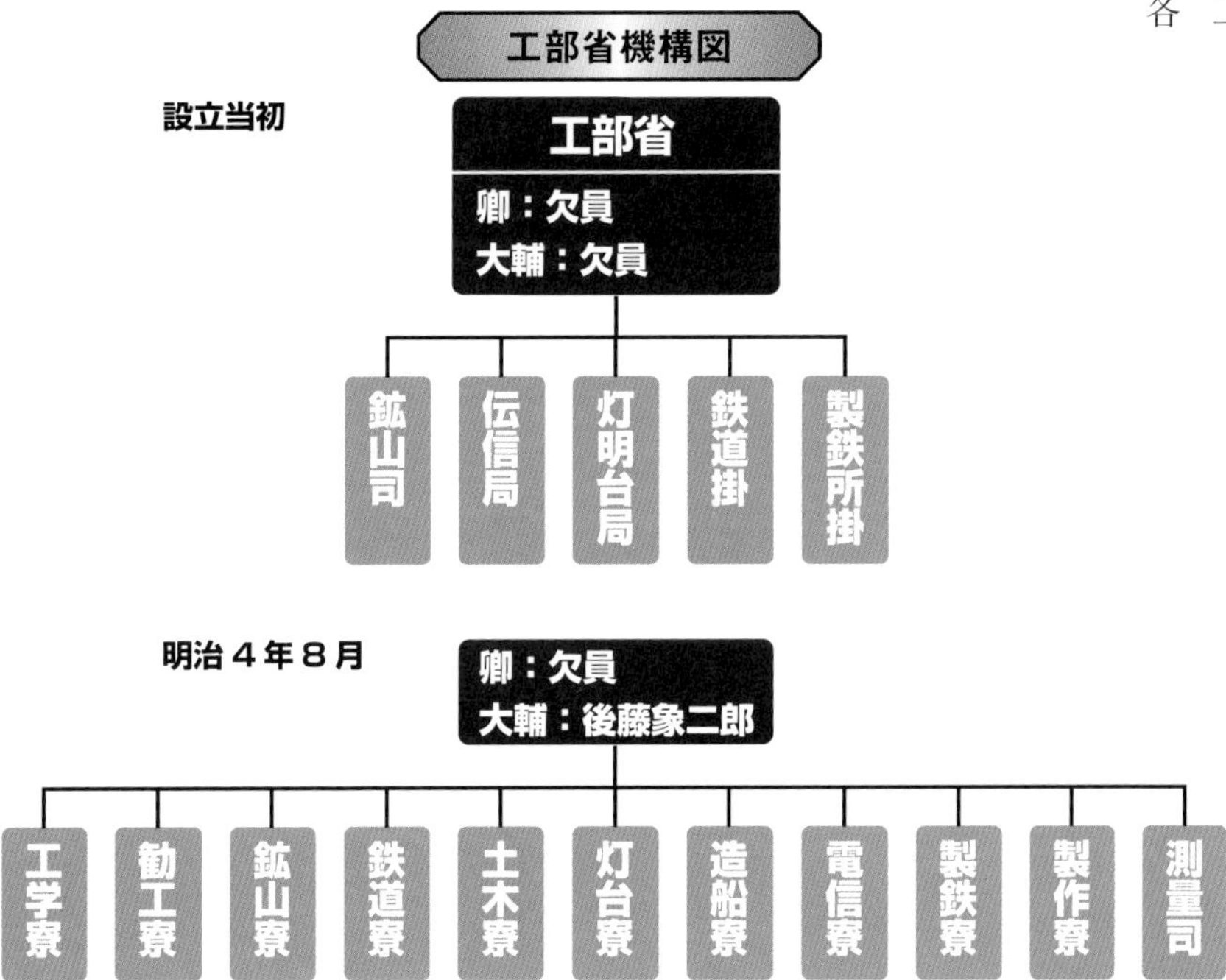

# 16 兵部省――国の防衛と軍幹部の養成に力を注ぐ

明治二年（一八六九）七月八日の職員令により、軍務官を引き継ぐ機関として設立された。十二月に京都から東京の皇居和田倉門外（鳥取藩邸）に移転した。

兵部省には、卿一名、大輔一名、少輔一名、大丞二名、権大丞、少丞三名、権少丞などの官職が置かれた。兵部卿の職掌は、海陸軍の郷兵・召募・守衛・軍備・兵学校などを統轄することと定められた。軍務官に引き続き、軍政と軍令は区別されていない。

兵部卿は、軍務官知事であった仁和寺宮嘉彰親王が省設立から十二月二十三日まで務めた。その後、兵部卿は一旦欠員となるが、翌年四月二日より有栖川宮熾仁親王が就任する。兵部大輔には軍務官副知事であった大村益次郎が就任した。大村が暗殺されると、前原一誠・山県有朋が副知事を務めた。

兵部省は、海陸軍や軍政・軍令を統合して所管していたが、海陸軍の事務増加にともない、明治三年二月には省内に陸軍掛・海軍掛が設けられた。生前の大村が練っていた案をもとに兵部大輔の前原が作成した意見書が契機となった。

翌年七月二十九日、卿・大輔・少輔以下職員が武官と定められたほか、陸軍参謀局が設置され（海軍部は遅れて九月設置）、海陸軍部の区別などが行われた。

兵部省はまた、国軍の幹部養成にも力を入れた。明治二年九月に京都兵学所を閉鎖して大阪兵学寮を設けた。翌年五月には横浜語学所が大阪に移転して兵学寮の管轄内に置かれた。十一月に築地の海軍操練所が海軍兵学寮と改称したことにともない、大阪兵学寮は陸軍兵学寮と改称された。

なお、江戸幕府で海軍奉行が陸軍奉行の上位であったことから、当時は海陸軍が公用語であった。明治五年より陸海軍が公用語となる。
明治五年二月十七日、兵部省は廃止となり、陸軍省・海軍省が新設された。

大村益次郎◆長州戦争や戊辰戦争での勝利に大きく貢献した人物で、軍事面で才能を発揮した。近代日本の軍制の構築と改革に邁進するも、急進的な変革に反発した者たちに暗殺されてしまった『近世名士写真其2』 国立国会図書館デジタルコレクション

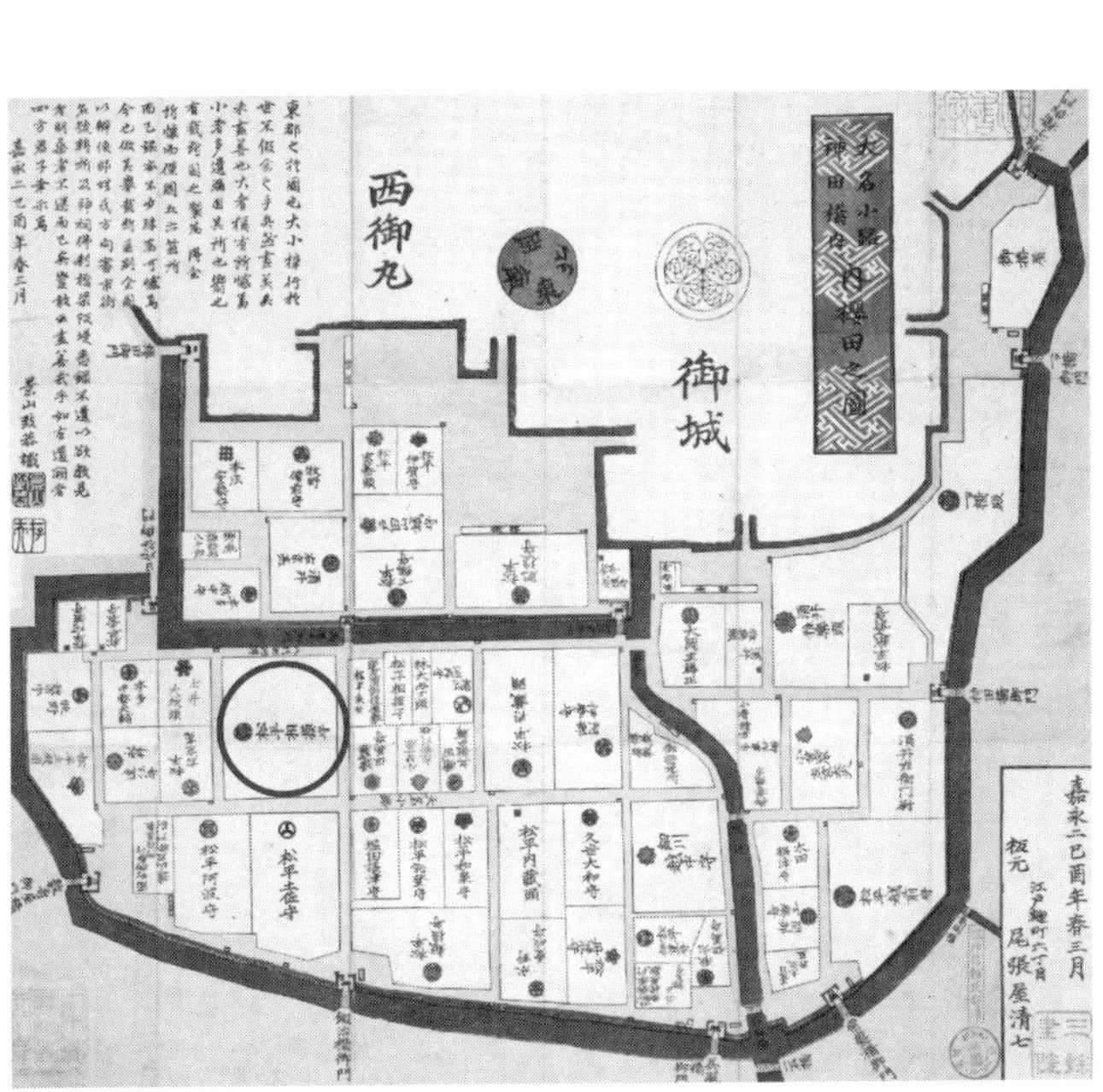


江戸切絵図「御江戸大名小路絵図」◆丸印を付けたところが鳥取藩邸で、ここに兵部省が置かれた。現在の帝国劇場が建つあたりである 国立国会図書館デジタルコレクション

# 17 外務省――外交を統轄し、貿易を監督する

　明治二年（一八六九）七月八日の職員令により、外交を統轄し貿易を監督する機関として設立された。外務省には、卿一名、大輔一名、少輔一名、大丞二名、権大丞、少丞二名、権少丞、大録、権大録、少録、権少録、大訳官、中訳官、少訳官、史生、省掌、使部の官職が置かれた。卿は沢宣嘉、大輔は寺島宗則らが歴任している。明治五年十一月の段階で、弁事・外事左（欧州各国）・外事右（米亜各国）・考法・翻訳・庶務の六局が置かれた。

　外務省の前身である外国官でも外交上の重要な案件については、三職が決定権を有していた。外国公使たちは外務省を飛び越え直接三職に掛け合うことも少なくなかった。そこで明治四年三月三日、外務卿の沢と同大輔の寺島は連名で、外交事務の一切を外務省に委任するよう太政官に求めた。同年五月に、条約改正に主体的に関わろうとする意見書を提出している。

　一連の要求の甲斐もあってか、明治四年八月十日の官制改革において、外務省の職権は大きく強化された。外務省の列次が神祇省に次ぐ第二等まで引き上げられたほか、十二日に制定された外務省事務章程において、「我国の権利を保護するの責」が外務省にあると明記され、一切の外交事務を「政府に代りて」担当するなど、外交事務は外務省に統合されたのである（『法規分類大全』官職門六）。そのため、明治四年の改革を、三職集権から変化していく重要な契機であるとする見解もある。

　なお、明治三年には在外公館制度が開始された。弁務使が英仏普米の四カ国に駐在した。明治七年までに米英仏露独墺伊清の八カ国に公使館が開設された。

　明治六年一月、外務省事務章程ならびに外務省規則

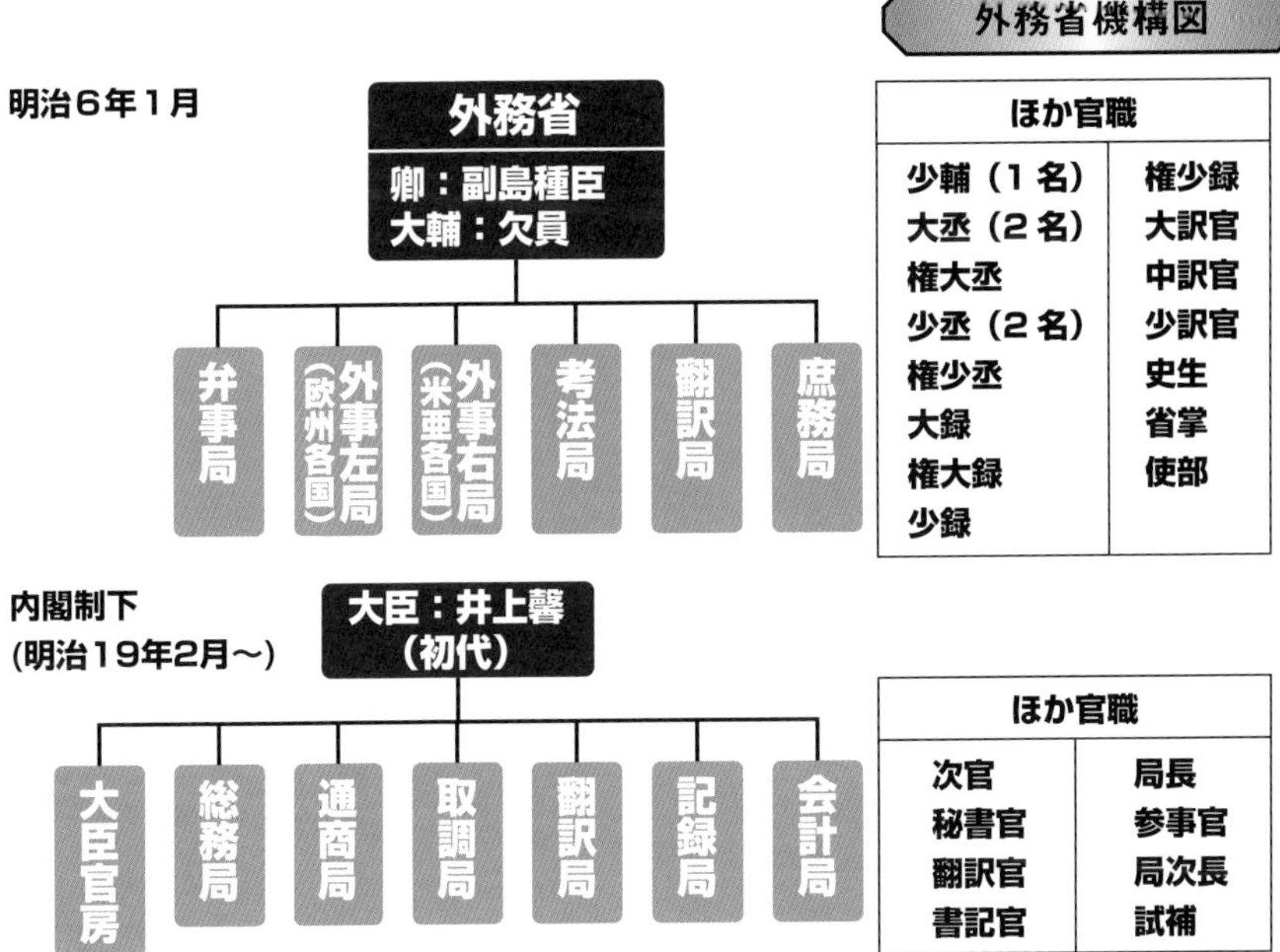


が制定された。外務卿・大輔・少輔という首脳部のもとに弁事・外事左・外事右・考法・翻訳・庶務の六局が置かれた。その後も断続的に機構改革や制度整備が行われている。明治七年十一月には、領事が当国の貿易状況などの報告書を外務省を通じて大蔵省に提出することが義務づけられた。また、明治八年十二月には、公使が外交全般の事務を職掌し、総領事・領事が貿易事務や在留邦人の保護を担うことが定められたものの、以降も領事の職制は改められていった。ようやく整備されたのは、明治十二年十一月、井上馨が外務卿を務めている時期のことであった。

明治十八年十二月の内閣制度が創設され、井上馨が初代外務大臣に就任した。明治十九年二月には外務省官制も整備され、次官・秘書官・翻訳官・書記官・局長・参事官・局次長・試補・属の官職が置かれた。さらに、大臣官房のほか、総務・通商・取調・翻訳・記録・会計の六局が置かれた。

なお、明治政府の最重要課題の一つは、不平等条約の改正である。明治十二年以降、交渉の中心は井上馨

青木周蔵◆明治６年（1873）の外務省入省後、第一次山県内閣・第一次松方内閣で外務大臣を歴任。明治 27 年（1894）には、駐英大使として当時の外務大臣・陸奥宗光とともに条約改正に力を尽くし、日英通商航海条約改正を成功に導いた『近世名士写真其１』国立国会図書館デジタルコレクション

であった。明治十五年一月二十五日、外務省は条約改正予議会を開催する。外務卿の井上が議長となり、以下、各国政府委員十四名が参会した。当年の会議は七月二十七日まで続き、計二十一回を数えた。

その後も粘り強く交渉を続けた井上は、明治二十年四月二十二日、ようやく各国公使と合意できる条約改正案に漕ぎ着けた。しかし、外国人への日本全国の開放や外国人裁判官の任用を認める内容であったため、政府内外から異論が噴出した。七月二十九日、井上は条約改正交渉の無期延期を各国に通知し、九月十七日に外務大臣を辞任した。

明治二十一年二月に外務大臣に就任した大隈重信も条約改正を志すが、外国に妥協的な内容であると批判され、テロにより負傷し、外務大臣を辞任した。

大隈の辞任後、青木周蔵（あおきしゅうぞう）が外務大臣に就任。山県有朋内閣のもとで機構改革が行われ、次官・局長・参事官・秘書官・書記官・試補・属という官職が置かれた。なお、明治二十三年当時、在外公館数は計四十七カ所にのぼった。

外務省古写真◆明治時代の外務省で洋風建築である 「写真の中の明治・大正」 国立国会図書館

支那（清国）公使館◆ 明治 33 年刊行の『日本之名勝』に掲載された写真。この公使館は現在の東京都千代田区永田町にあり、当時の永田町は公使館が多く所在したため「公使館町」とも呼ばれたという 「写真の中の明治・大正」 国立国会図書館

# 18 大学校──主体性を重視した教育で人材を養成

明治二年（一八六九）年六月十五日、旧幕府の官吏養成校であった昌平学校（かつての昌平坂学問所〈昌平黌〉）が大学校と改められ、明治政府の人材養成校となった。さらに、開成学校と医学校が大学校の分局となった。国学を中心としつつ、漢学や洋学も行う教育機関であり、かつ教育行政官庁でもある。

明治二年七月八日、職員令にあわせて大学校の官制が定められた。大学校には、別当一名、大監一名、少監一名、大丞三名、権大丞、少丞三名、権少丞、大主簿三名、少主簿九名、大博士八名、中博士十名、少博士、大助教、中助教、少助教、大寮長、中寮長、少寮長、大得業生、中得業生、少得業生、史生、大写字生、中写字生、少写字生、校掌、使部の官職が置かれた。

七月十八日に秋月種樹が少監に就任した（十月二十三日に大監に昇任）ほか、八月二十五日には松平慶永が別当に就任した。別当の職掌は、大学校・開成学校・医学校のみならず、病院も監督し、国史の監修や府藩県の学校の統轄までが含まれた。

大学校には、定まった授業などはなく、学生の主体的な勉学が中心であった。これは、昌平黌からの伝統であった。もっとも、大学校の運営にあたっては、国学者と漢学者によるイデオロギー対立が生じた。加藤弘之の回想によれば、国学者は丸山作楽、漢学者は水本成美が先鋒であった。学生の勉学に支障が出るほどの激論を交わしたという。

明治二年十二月、大学校は大学に、開成学校は大学南校に、医学校は大学東校に、それぞれ改称された。これを受けて翌年二月、洋学志向を示す大学規則が定められた。これを機に、国学者・漢学者の対立に西洋学者も加わった。こうした大学内部の派閥紛争は、大

学の崩壊を招く。明治三年七月に大学は閉鎖され、翌年七月の文部省設立にともない廃止された。

松平春嶽肖像写真（椅子・青年期）◆福井藩第16代藩主で諱が慶永。明治政府では民部卿や大蔵卿も務めたが、明治3年（1870）には政務を退いている　福井市立郷土歴史博物館蔵

東京第一大学区開成学校開業式之図◆大学南校はのちに第一大学区第一番中学として改編され、明治6年（1873）4月、第一大学区開成学校と改称した。本図は明治6年8月に東京神田一ツ橋の地に竣工した文部省直轄の官立専門学校である開成学校を描く。このような紆余曲折を経て、明治10年（1877）に東京大学となった　東京都立中央図書館特別文庫室蔵

# 19 開拓使（かいたくし）——北海道の未来を切りひらく

明治二年（一八六九）七月八日の職員令にともなう官制改革において、省と同格の位置づけで設置された官庁が開拓使である。卿と同等とされた長官は、鍋島直正・東久世通禧・黒田清隆・西郷従道（つぐみち）という面々が務めた。

嘉永七年（一八五四）三月の日米和親条約により箱館（はこだて）が開港地となると、同年六月、同地を幕府の直轄領とし、箱館奉行所が設置された。維新後、奉行所を接収した明治政府はロシアへの脅威や戊辰戦争の拡大を防ぐため、蝦夷地（えぞち）支配の早期確立を志向した。

慶応四年（一八六八）三月二十五日、蝦夷地の改称が決定。五月一日には、箱館府が開庁した。明治元年（一八六八）十月の箱館戦争を経て、北海道の統治・開拓の必要性はさらに高まった。こうして箱館府が廃止され、開拓使の設置にいたったのである。なお、開拓使設置の翌八月十五日、蝦夷地から北海道への改称が布告された。

開拓使には、箱館奉行所の吏員から継続的に登用された旧幕臣が多い。開拓使に登用された旧幕臣は三六三名、箱館奉行所関係者に限れば二三七名にのぼる。

明治三年五月、黒田が樺太（からふと）専任の開拓次官に就任する。七月、黒田は樺太を放棄して向こう十年は北海道開拓に傾注すべきであるとする建議を提出した。これにより北海道開拓予算は年額二十万円から百万円に激増した。さらに、アメリカの元農務長官ホーレス・ケプロンを開拓顧問に招聘する。北海道開拓は、西洋の技術・知識にもとづいて大規模に展開されていった。なお、明治五年一月には榎本武揚ら旧幕府軍幹部が開拓使に登用された。

黒田の十年計画が終了した明治十五年二月八日、開拓使は廃止となった。北海道は札幌・函館・根室の三県に分割され、官営の諸事業は農商務省や工部省などに引き継がれた。

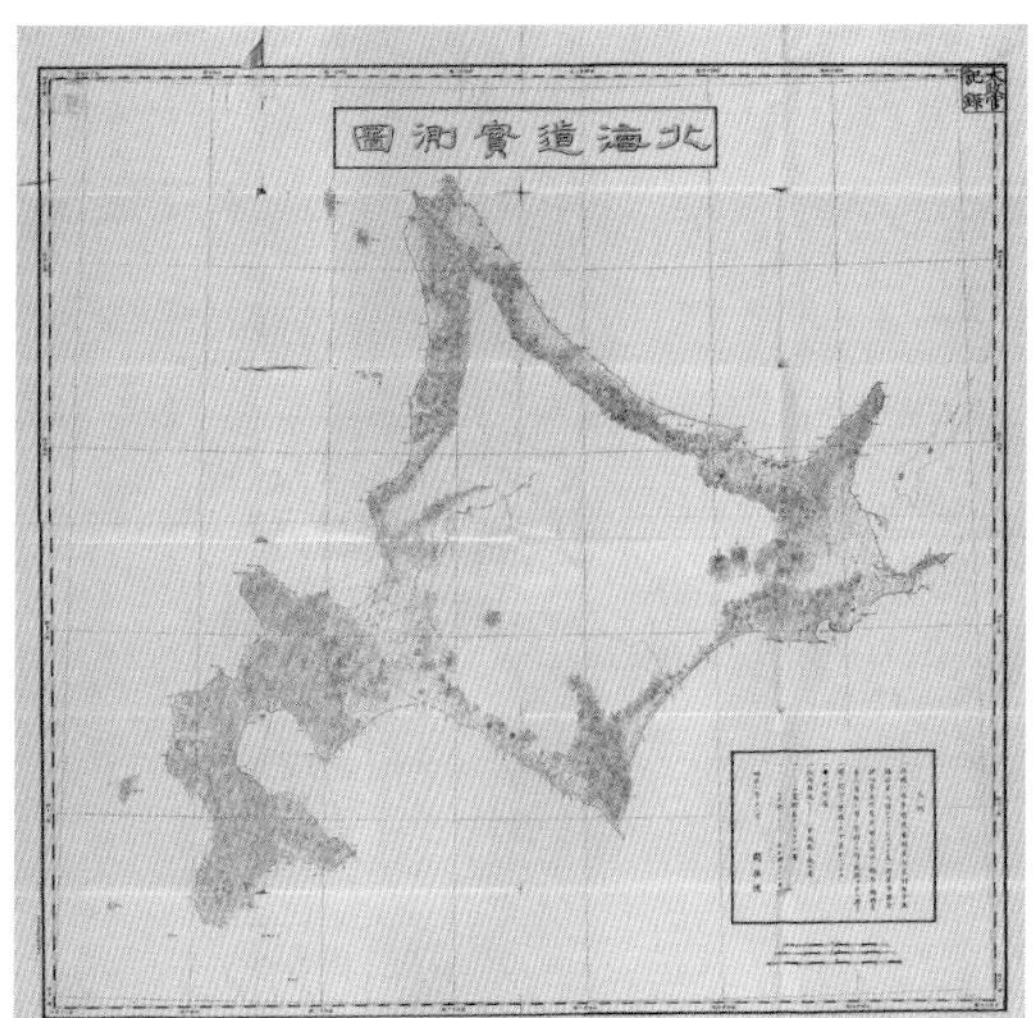

北海道実測図◆開拓使のもとでお雇い外国人らが測量したもの。明治 11 年（1878）、開拓使長官の黒田清隆から北海道幌内・岩内両炭鉱の開発提案書が提出される際、このような実測図や調査報告が多く添付された　国立公文書館蔵

箱館奉行所古写真◆慶応 4 年（明治元年、1868）頃に撮影されたといわれている。古写真をもとに規模の違いはあるが、当時の建物の復元もなされた　函館市中央図書館蔵

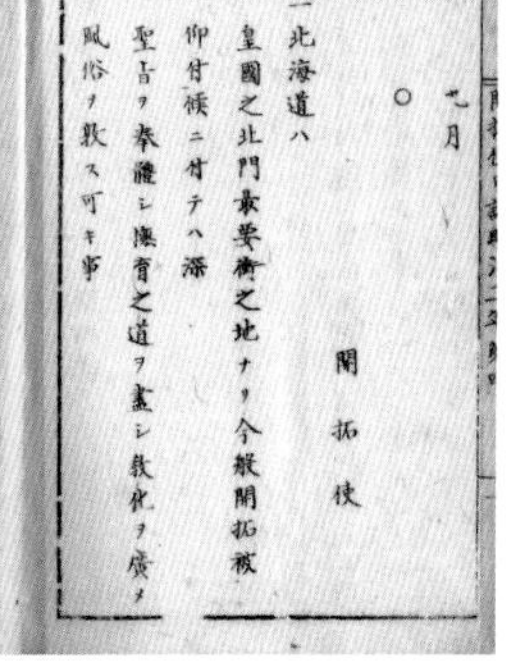

七月

○

開拓使

一北海道ハ
皇國之北門最要衝之地ナリ今般開拓被
仰付候ニ付テハ深ク
聖旨ヲ奉體シ撫育之道ヲ盡シ教化ヲ廣メ
風俗ヲ敦スベキ事

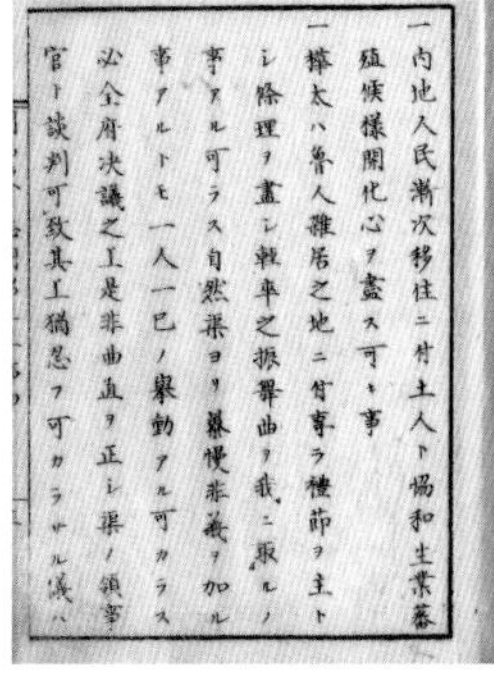

一内地人民漸次移住ニ付土人ト協和生業蕃殖候様開化心ヲ盡ス可キ事
一樺太ハ魯人雑居之地ニ付専ラ禮節ヲ主トシ條理ヲ盡シ軽率之振舞曲ヲ我ニ取ルノ事アル可ラス自然彼ヨリ暴慢非義ヲ加ル事アルトモ一人一己ノ挙動アル可カラス必全府決議之上是非曲直ヲ正シ渠ノ鎮宰官ト談判可致其上猶忍フ可カラサル儀ハ

開拓使日誌（上）◆明治時代に刊行されていた開拓使の行政広報誌である。掲載した画像では北海道がどのような場所か、開拓使がなぜ設置されたかといったことが書かれている　札幌市中央図書館蔵

# 20 刑部省(ぎょうぶしょう)——司法事務を取り扱う

明治二年（一八六九）七月八日の職員令により、刑法官に代わって鞫獄(きくごく)・定刑(ていけい)・名決(めいけつ)・疑讞(ぎげん)など司法を担当する機関として設立された。刑部省には、卿一名、大輔一名、少輔一名、大丞二名、権大丞、少丞三名、権少丞、大録、権大録、少録、権少録、大判事二名、中判事三名、少判事四名、大解部(おおいときべ)、中解部、少解部、逮部長(たいぶちょう)、逮部助長、逮部、史生、省掌、使部の官職が置かれた。初代刑部卿は正親町三条実愛(おおぎまちさんじょうさねなる)、初代刑部大輔は佐佐木高行が務めた。

職員令では、刑部省は司法行政権と刑事裁判権を有していた。さらに明治二年十一月に逮部司が、翌月に囚獄司が置かれたことで、司法警察権や行刑の権限も有することとなった。刑部省はまた、刑法官と同じく、法律起草や法律解釈の権限も有したが、行政監察権を失った。なお、民事裁判権は刑部省ではなく、民部省が有した。

このように、当時の司法権には役割分担などで不明瞭な点も多く、刑部省は行政監察権を有した弾正台などと衝突することも少なくなかった。弾正台は刑部省の大獄取り調べに監臨する権限や刑部省の断案を審査する権限を有しており、刑部省の権限と抵触していたことも大きい。

また、明治政府が全国の府藩県を完全に統制下に置けなかったため、刑部省は府藩県の司法権を接収するにはいたらなかった。ただし、刑法官と比べれば、国事犯罪等の重大事件について裁判権を行使するなど、権限は拡大している。また、聴訟事務を担う民部省などと衝突する例も見出されない。両者は、伺とその回答を通じて緊密に連携していた。

明治三年十二月、刑部省は新律綱領を作成し、実定法の整備や全国的統一を図った。
明治四年七月九日、司法省が設置されたことにより廃止となった。

正親町三条実愛（嵯峨実愛）写真◆「嵯峨」は明治３年（1871）に改姓したあとの名乗り。明治政府では刑部卿のほか、議定・内国事務総督・教部卿などを歴任した　宮内庁三の丸尚蔵館蔵

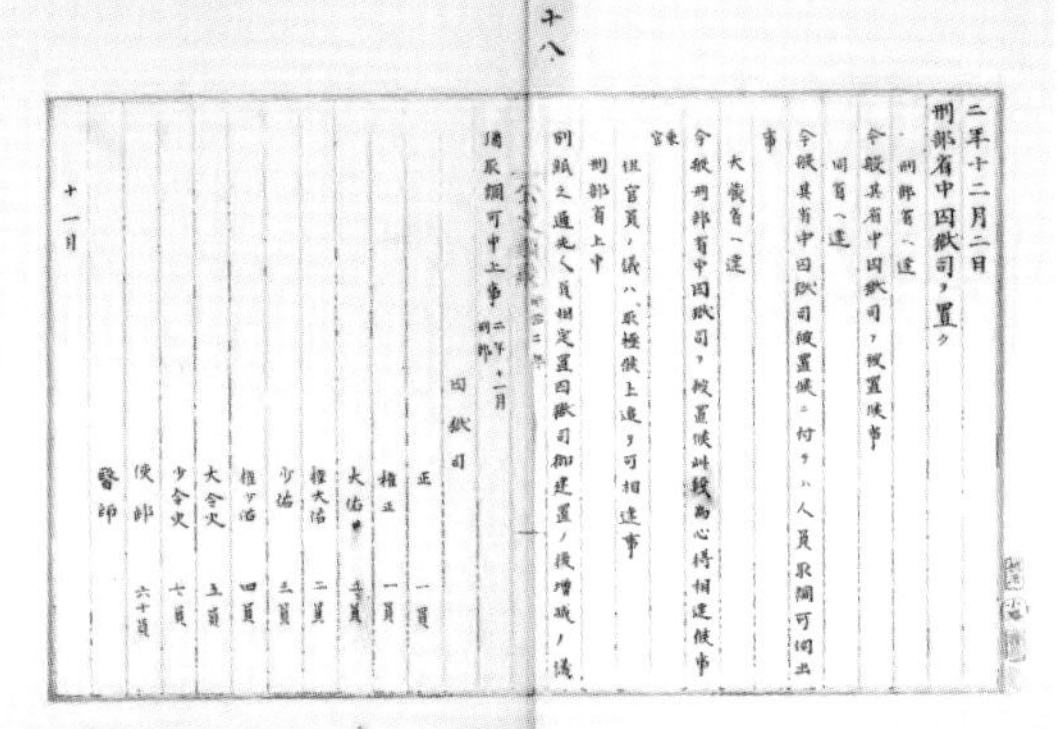

十八

二年十二月二日
刑部省中囚獄司ヲ置ク
刑部省ヘ達
今般其省中囚獄司ヲ被置候事
同省ヘ達
今般其省中囚獄司被置候ニ付テハ人員取調可伺出事
大蔵省ヘ達
今般刑部省中囚獄司ヲ被置候此段為心得相達候事
但官員ノ儀ハ取極候上追テ可相達事
刑部省上申
別紙之通先ヘ員相定置囚獄司御建置ノ後増減ノ儀
猶取調可申上事　二年十二月　刑部
囚獄司
正　一員
権正　一員
大佑　壱員
権大佑　二員
少佑　三員
権少佑　四員
大令史　五員
少令史　七員
使部　六十員
医師
十一月

刑部省中囚獄司ヲ置ク◆刑部省内に囚獄司を置いた記事で、人員や役職等について書かれている『太政類典』　国立公文書館蔵

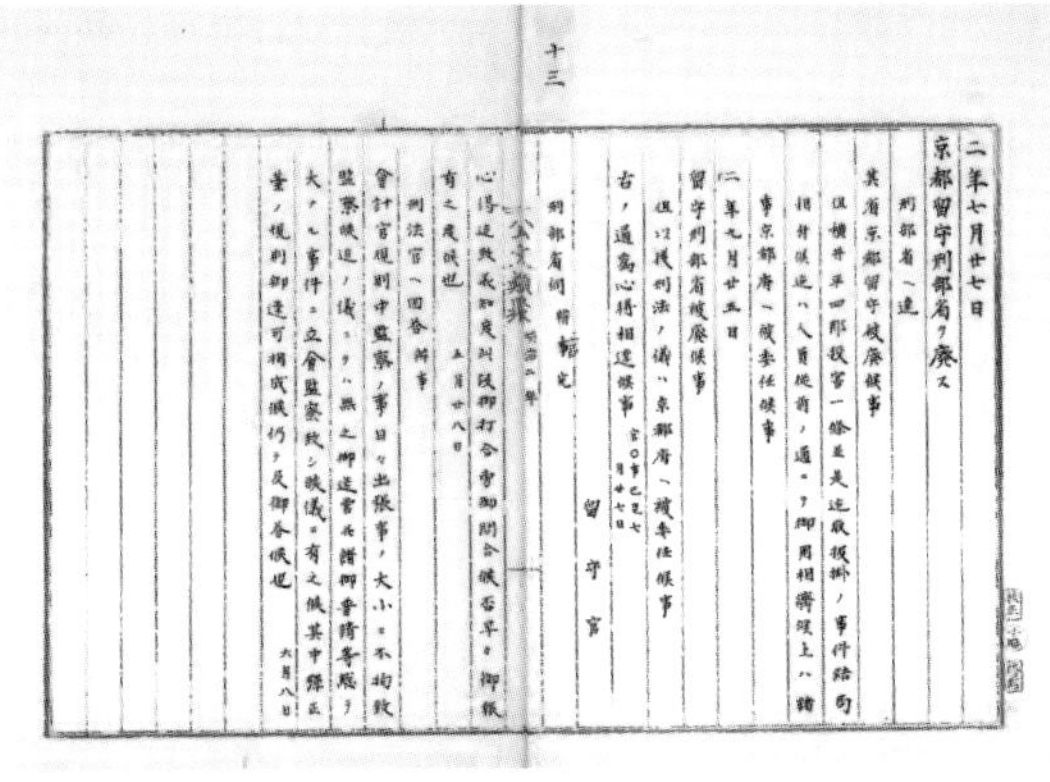

十三

二年七月廿七日
京都留守刑部省ヲ廃ス
刑部省ヘ達
其省京都留守被廃候事
但横井平四郎殺害一条並是迄取扱ノ事件結局相付候迄ハ人員従前ノ通ニテ御用相済候上ハ諸
事京都府ヘ被委任候事
二年九月廿五日
留守刑部省被廃候事
但以後刑法ノ儀ハ京都府ヘ被委任候事
右ノ通為心得相達候事
留守官
刑部省伺　輔宅
心得迄致承知度刑法御打合等御問合候節早々御
有之度候也　五月廿八日
刑法官ヘ回答　弁事
会計官規則中監察ノ事日々出張事ノ大小ニ不拘致
監察候迄ノ儀ニテハ無之御達書在諸御会計等総テ
大テルル事件ニ立会監察致シ候儀ニ有之候其中鞠正
台ノ規則御達可相成候テ及御答候也　六月八日

刑部省中逮部長以下ヲ置ク◆明治２年７月に刑部省中に逮部長が置かれたときの記事である『太政類典』　国立公文書館蔵

# 21 弾正台(だんじょうだい)——幅広い調査で非法を糾弾する

明治二年（一八六九）五月二十二日、「天下の非違を糾弾」する機関として、刑法官監察司が独立する形で設立された（『法令全書』）。弾正台には、尹(かみ)一名、弼(すけ)一名、大忠(だいちゅう)二名、少忠二名、大疏(だいそ)二名、少疏二名、史生、巡察弾正十名の官職が置かれた。弾正尹には九条道孝(くじょうみちたか)が就任した。

そもそも弾正台の設立には、政府内の行政事項を監察させるため、各分課の職務に縛られない機関を岩倉具視が求めたという背景がある。そのため弾正台には、幅広い巡察と糺弾の機能が与えられた。

明治二年七月十日、弾正台が刑部省の大獄取り調べに監臨する権限を付与された。これにより刑部省との衝突が多くみられた。弾正台はさらに、行政監察権・巡察権・訴追権に加え、刑部省の断案を審査する権限も有し、強大な権限を持つに至った。

たとえば横井小楠暗殺の裁判で刑部省が作成した断刑伺は、弾正台の減刑運動の結果、太政官の決済を容易に受けられなかった。また、大村益次郎襲撃事件でも、両者は衝突した。弾正台京都支部は処刑の寸前に刑の執行中止を申し入れ、中止させた。守旧派が中心であった弾正台は、開明的な横井や大村に批判的な犯人に同情的であったのである。

しかし、弾正台のこうした活動は、政府内で徐々に批判されていく。明治三年二月、弾例の施行が一時停止されると、五月には弾例が改正され、刑部省の断案を審査する権限を失った。

弾正台については、以上のような刑部省との衝突が着目されがちではある。ただし、政府内の綱紀粛正や中央による府藩県への指導力確保という役割を果たした、とみることも可能である。

明治四年七月九日、司法省が設置されたことにより廃止となった。

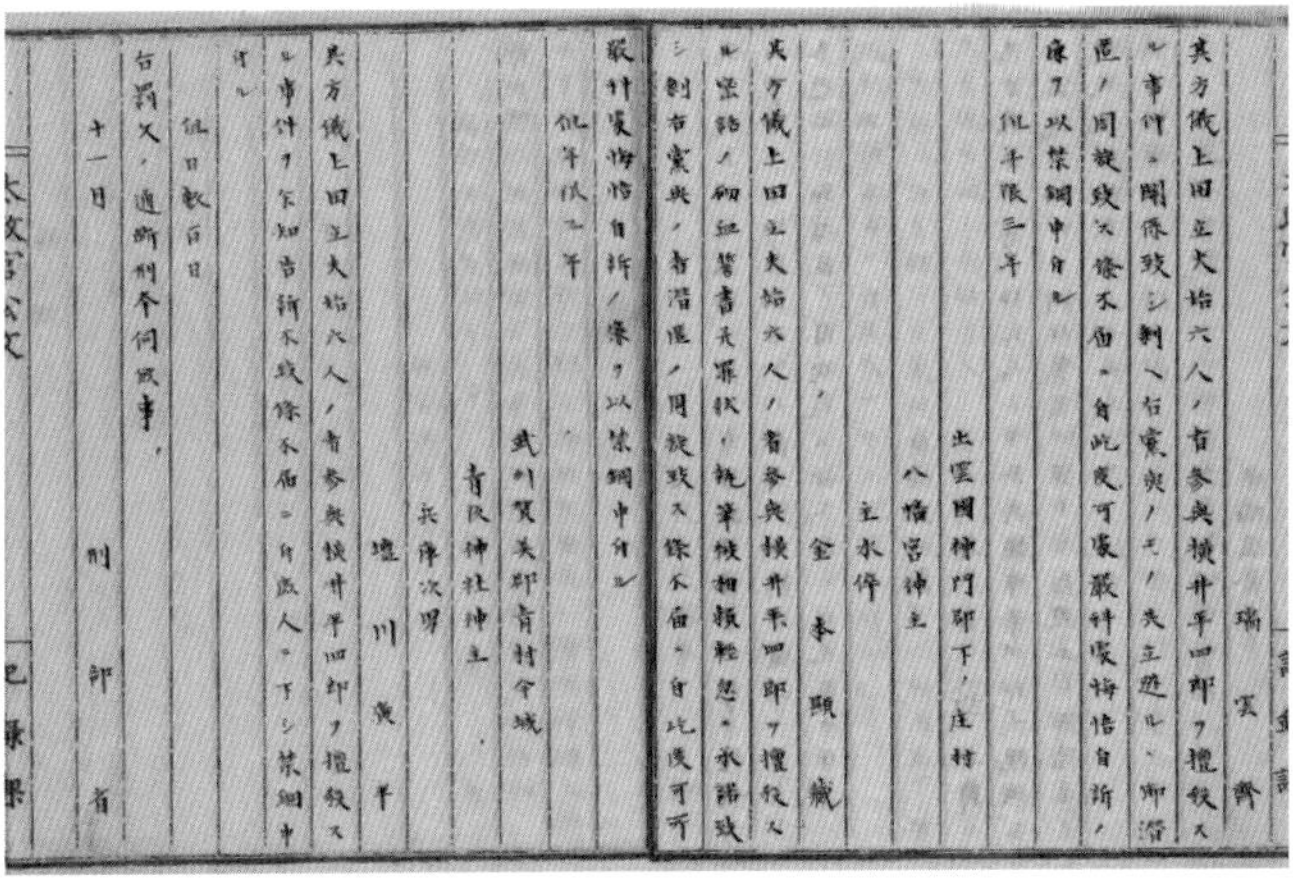

断刑伺◆横井小楠暗殺の件で刑部省が作成した。横井が殺害された件で、事件に関与したことや情報を知らせなかったことについて刑に処してよいかうかがいを立てている　国立公文書館蔵

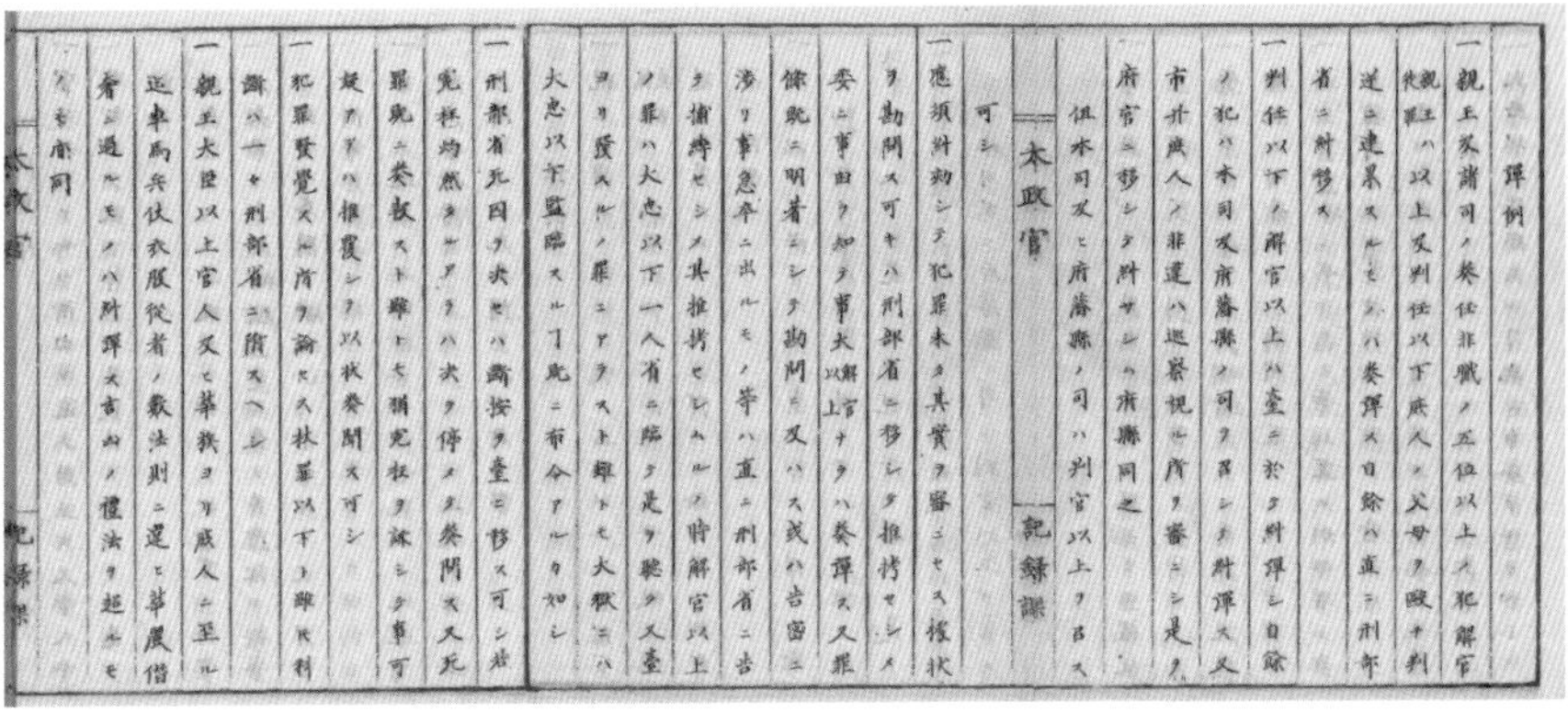

弾例◆弾正台の方針や権限などについて記されたものである。また、刑部省との間でどういうときに両機関が役割を区別するかといったことも書かれている　『公文禄』　国立公文書館蔵

# 22 宮内省——皇室関係の事務を担い、天皇を補弼

明治二年（一八六九）七月八日の職員令により、宮内庶務を担当する機関として設立された。宮内省の設立以前は、行政官が宮中の庶務を担っていた。宮内省には、卿一名、大輔一名、少輔、大丞二名、権大丞、少丞三名、権少丞、大礼、権大礼、少礼、権少礼、侍従、大典医、中典医、少典医、史生、省掌、使部の官職が置かれた。卿は万里小路博房、大輔は烏丸光徳らが歴任している。

宮内省設立後、公家や女官らによる宿弊が目立ったため、参議の西郷隆盛が中心となり、公卿の排斥や士族の採用を求める声が高まった。明治四年七月に宮内大丞に任じられた吉井友実や村田新八のほか、宮内省出仕となった開明的公家の徳大寺実則らにより改革が進められた。

その結果、七月二十四日に宮内省官制が改正され、侍従長が置かれた。侍従長には徳大寺が就任した。八月一日には、すべての女官が罷免され、新たな女官が任命された。伝統的保守勢力は後退したのである。

明治六年七月、宮内省内の内膳・内匠・調度の三司が廃止される。十月には分課規程が改定され、庶務・出納・内膳・内匠・調度・御厩の六課が置かれた。明治八年四月の漸次立憲政体樹立の詔が発せられた際には、式部寮が宮内省に属することとなった。

明治十年八月、宮内省の機構改革が行われ、四局七課が置かれた。また、侍従長が廃止され、大久保利通の主導により、君徳輔導の実をあげるための侍補職が新設された。一等侍補に徳大寺・吉井・土方久元・佐佐木高行（佐佐木の就任は翌年三月）、二等侍補に元田永孚・高崎正風が就任した。

彼らは大久保の死後に天皇親政運動を展開し、大

公事録附図恒例上◆本図は岩倉具視らが編纂した儀礼書および折帖の図で、明治20年(1887)に完成した。編纂の目的は廃絶しつつあった江戸時代の宮廷行事を記録するためであった。掲載図は元旦に行われる四方拝の様子を描いている　宮内庁書陵部蔵

臣・参議を中心とする政治体制を有司専制であると批判し、伊藤博文ら内閣と対抗する。侍補の輔弼により天皇を実質的な統治者にすべく、天皇の内閣親臨の際に侍補の陪席(ばいせき)を求めた。侍補は、三条実美や岩倉具視に働きかけ、自らの権限強化を求め続けたが、最終的には伊藤や大隈重信、黒田清隆ら参議グループに三条・岩倉も与したため、侍補は政治的に敗北。明治十二年十月に廃止となった。

明治十三年十二月、宮内省職制と事務章程が改正された。宮内卿が関係する法案や法令に対する発言権を持つこととなった。宮内省独自の動きであるが、その背景はよくわかっていない。宮内省は、以後も断続的に機構の改廃が行われた。明治十六年二月の段階では、侍講・侍医・華族の三局、庶務・出納・内膳・内匠・調度・内廷・御厩・御系譜・御陵墓・外事の十課、式部寮などが置かれていた。

明治十六年八月、欧州での憲法調査から帰国した伊藤は、憲法制定や議会開設に向けて、天皇および天皇側近に政治への関与を実質的に認めなくするため、

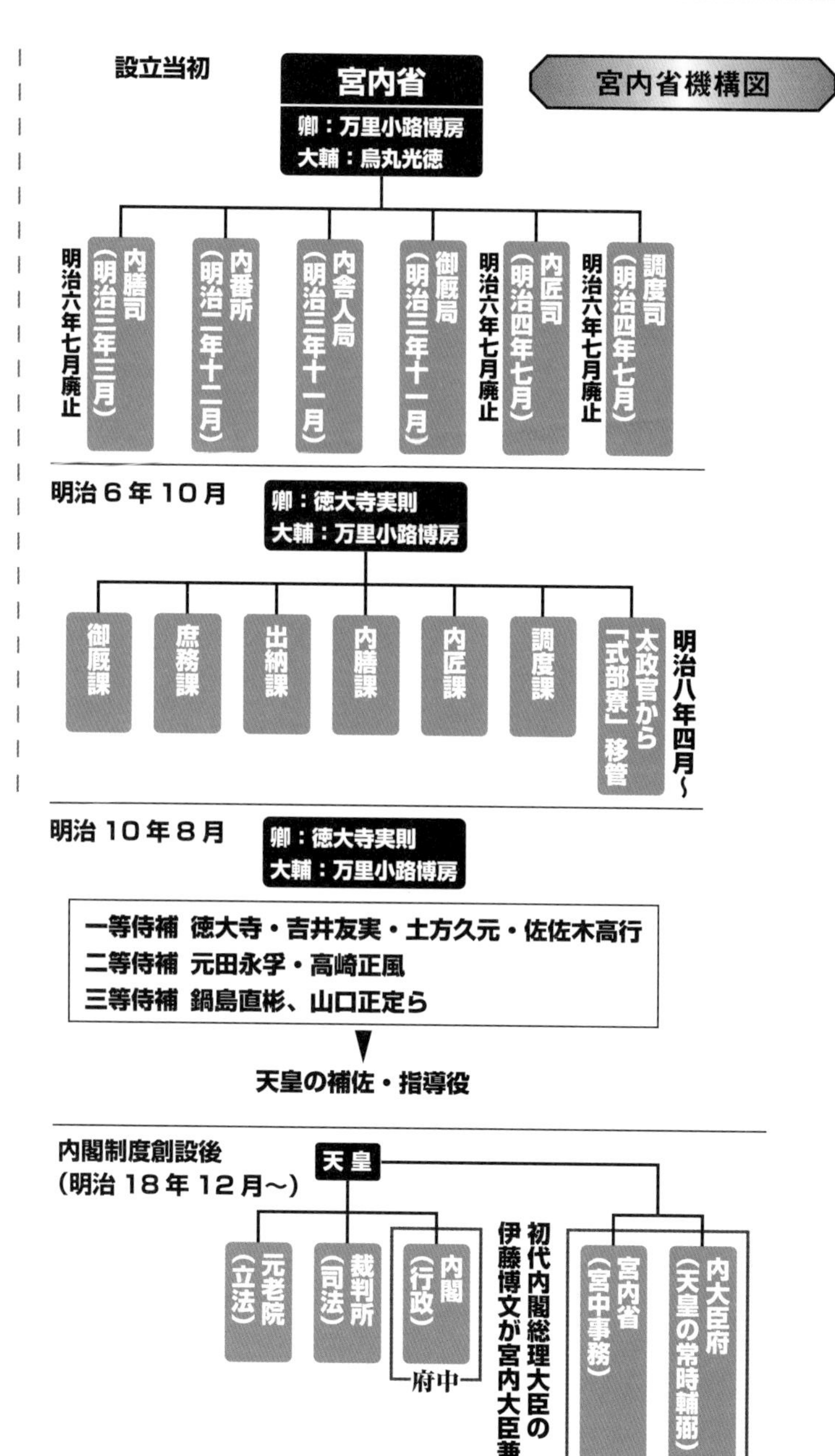


宮中・府中の別の確立を志向する。明治十七年三月、宮中に制度取調局を設置すると、自ら長官に就任した。さらに宮内卿にも就任した伊藤は、職務の機能分

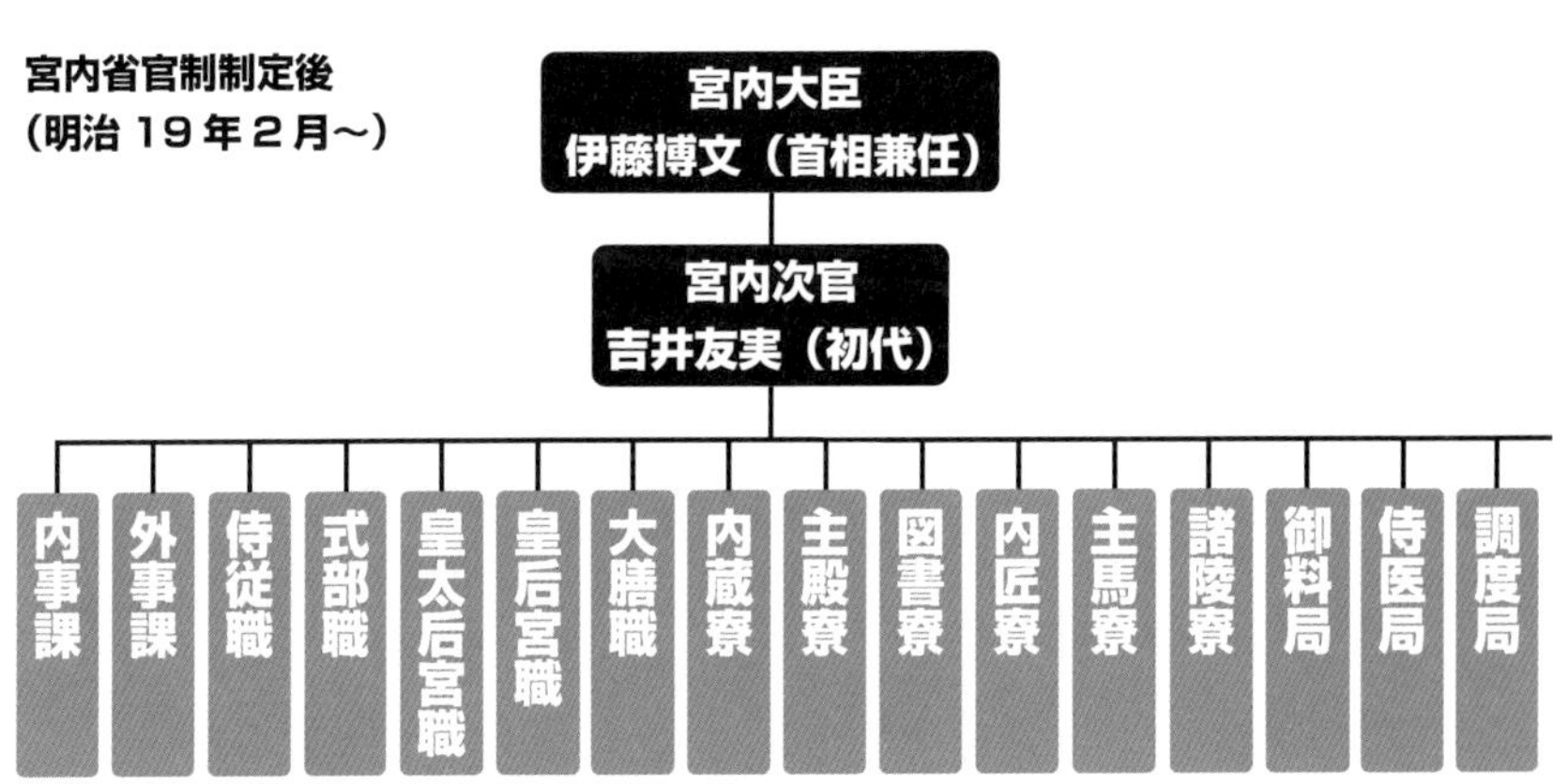


化、能力にもとづく人材登用、天皇の政治的言動の機密化といった宮内省改革に取り組んだ。なお、七月七日には華族令が制定され、公爵・侯爵・伯爵・子爵・男爵という五つの爵位が定められた。

明治十八年十二月、内閣制度が創設すると、宮内省は内閣から切り離された。宮中・府中の別が確立されたのである。ただし、初代宮内大臣は内閣総理大臣の伊藤博文が兼任した。さらに、宮中には内大臣が置かれ、三条実美が就任した。

明治十九年二月、宮内省官制が制定した。宮内大臣・次官・内事課・外事課・侍従職・式部職・皇太后宮職・皇后宮職・大膳職・内蔵寮・主殿寮・図書寮・内匠寮・主馬寮・諸陵寮・御料局・侍医局・調度局・華族局・皇族職員が置かれ、二課・五職・六寮・四局・一職員という体制が確立した。

なお、昭和二十二年（一九四七）五月に宮内府と改称される。昭和二十四年六月、総理府外局の宮内庁となった。

# 23 司法省(しほうしょう)——全国規模で〝おきて〟を管理する

明治四年（一八七一）七月九日、刑部省と弾正台が廃止され、執法・申律・折獄・断訟・捕亡、つまり司法行政・法律解釈・刑事裁判・民事裁判・司法警察の権限を持つ機関として設立された。司法省には当初、卿・大輔・少輔の官職が、八月十日に正権管事・正権大中少録・大中少判事・大中少解部などの官職が置かれた。設立当初、卿は欠員であり、大輔に佐佐木高行、少輔に宍戸璣(ししどたまき)が就任した。八月十九日、司法省に断獄・断刑・中律・贓贖(ぞうしょく)・庶務の五課が置かれ、九月十四日には民事裁判事務が大蔵省から引き継がれることとなり、聴訟課が置かれた。

明治三年九月、太政官中弁の江藤新平は、司法台設置構想を示した。以降、江藤は刑部省を廃止して刑事裁判権と民事裁判権を統轄する司法台の設置、弾正台の廃止、府藩県の司法権の中央への接収、全国統一の裁判所組織の形成、司法権の司法台および裁判所への帰属などを主導した。

江藤の司法制度改革により、廃藩置県や太政官三院制に先んじて、刑事裁判権と民事裁判権を所管する唯一の中央司法機関として司法省が設立したのである。もっとも、江藤の構想がすべて採り入れられたわけではない。司法事務の最高決定権は明治四年七月に新設された正院が有し、また廃藩置県後も府県の司法権は従来のままであった。

司法省は、府県の司法権が接収されていない状況の打開を目論む。八月十八日、東京府の刑事裁判権・民事裁判権を接収した。東京府の聴訟断獄詰所は司法省出張所と改称され、その事務担当者を司法省官員に任用した。九月二十七日には、地方官の司法権接収のため、各地に派遣する司法官の養成を目的に明法寮が置かれた。司法省は府県の司法権接収を見据え、十二月、警察と因獄の事務を地方官に委任することとした。これにより、江戸時代以来続いていた司法機関が捜査と行刑を兼務する制度が一旦終えることとなった。

明治五年四月二十五日、江藤が初代司法卿に就任する。八月三日、江藤の尽力で司法職務定制が定められ、司法省は「全国の法憲を司り各裁判所を統括す」る機関であると位置づけられた（『法令全書』）。しかし、明治六年五月二日の太政官制潤飾により、裁判所への統括権限は制限され、また司法省の法典起草作業は中止に追い込まれた。なお、江藤は明治六年四月二十五日に司法卿を辞任して参議に就任している。

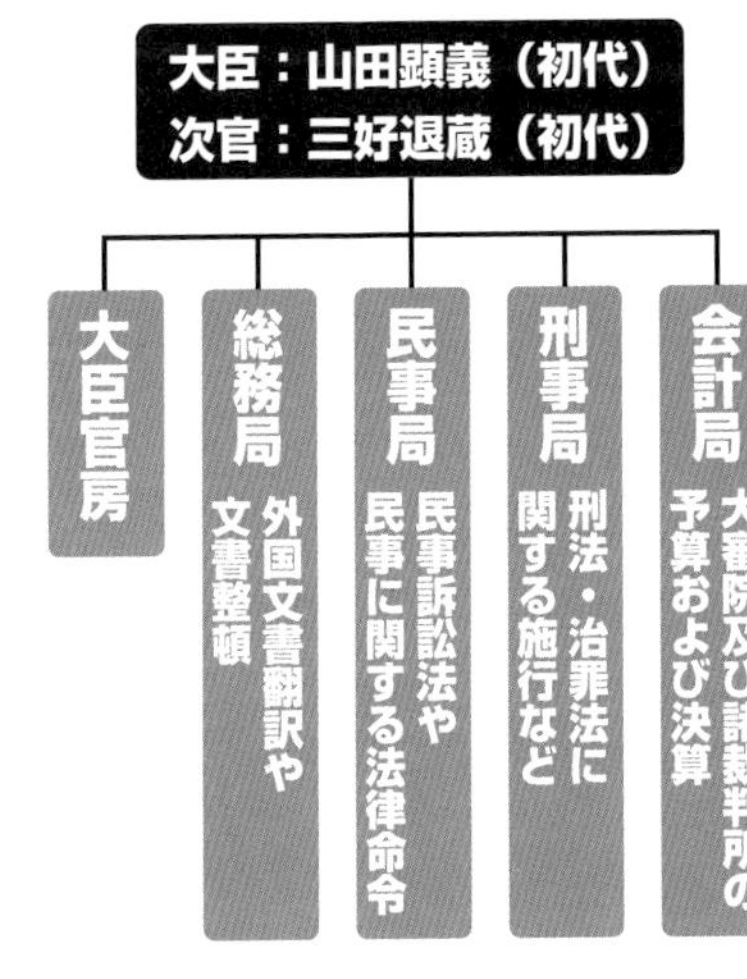

明治八年四月、漸次立憲政体樹立の詔により大審院の設立が発せられた。大審院に裁判権の最高性が認められ、司法省は立法・裁判に関する権限を除き、裁判所の管理運営に関する司法行政事務や裁判所への包括的な監督権限などを有することとなった。

司法省古写真◆明治時代の司法省建物内部の様子を写す　「写真の中の明治・大正」　国立国会図書館

明治十年二月に司法省職制章程が改正され、裁判への関与も認められる。大審院が存在する一方で、法の解釈適用について各裁判所が司法省に伺いを立て司令を仰ぐ構造は、明治初期以降継続されたのである。

明治十八年十二月二十二日、内閣制度が創設し、初代司法大臣に山田顕義（やまだあきよし）が就任した。翌年二月に司法省官制が定められ、司法省には大臣官房のほか、総務・民事・刑事・会計の四局が置かれた。明治二十三年には裁判所構成法、司法省官制が改められた。いずれにおいても、裁判所の管理運営、監督権、人事権を司法省が握る構造は維持された。

このような構造に対しては、司法権の独立を妨げるものであったとする見方がある。しかし、司法権に対する行政権の優位性は、当時の西洋諸国でもみられる。また、当時の日本では、裁判官による裁判所の運営が適切になされていたとはいえず、司法省に裁判所の整備が求められた面もある。

昭和二十三年（一九四八）二月十五日、司法省は法務庁に改組された。

# 第二部　太政官制から内閣制度へ

帝国国会会議之図◆当時の議場の様子を描いている。明治時代、このような議会や議場の図は数多く描かれた　ガスミュージアム蔵

# 01 太政官制（廃藩置県以後）――行政機能の向上

廃藩置県が断行された明治四年（一八七一）七月十四日、政府内に人事異動があった。岩倉具視・徳大寺実則・嵯峨実愛が大納言を免ぜられ、板垣退助・大隈重信が参議に任ぜられた。西郷隆盛・木戸孝允・板垣・大隈という薩長土肥の代表者が参議となり、いわゆる藩閥政府が誕生したのである。

さらに、明治政府は太政官制を改編し、行政機構の機能向上を図る。七月二十九日、太政官に正院・左院・右院が設置された（太政官三院制）。正院は大臣・参議などにより構成される最高意思決定機関である。左院は立法を担い、右院は各省の卿・大輔などで構成された。三条実美が太政大臣に、岩倉が右大臣に就任したが、大半の公家と諸侯は政府要路から去り、士族層が名実ともに政府の実権を握った。省庁の再編も進み、八月八日段階で神祇省・外務省・大蔵省・兵部省・

赤坂仮皇居及太政官真景◆明治6年（1873）、皇城（旧江戸城）が失火で焼失してしまい、赤坂にあった旧紀州徳川家の中屋敷を活用して、天皇の一時居所である赤坂仮皇居が整備された。本図は仮皇居の外観を描く。絵の中央の洋風建造物が明治11年（1878）に完成した太政官庁舎である　東京都立中央図書館特別文庫室蔵

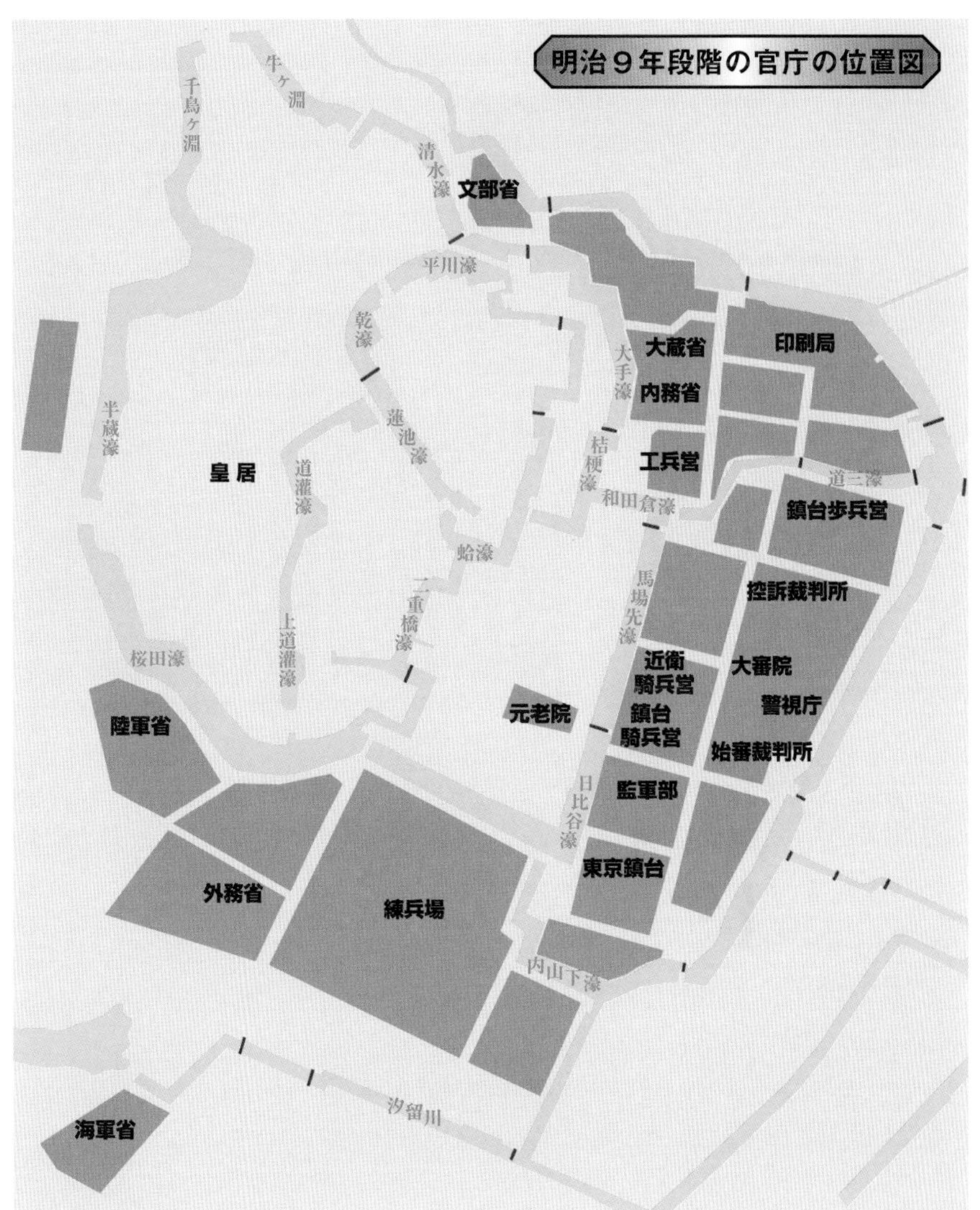


政府の方針で、各省庁は皇居周辺に建てられた。現在の丸の内には陸軍の練兵場などもあった 『常設展示図録［図表編］―図表でみる江戸東京―』（江戸東京博物館、2017 年）などを参考に作成

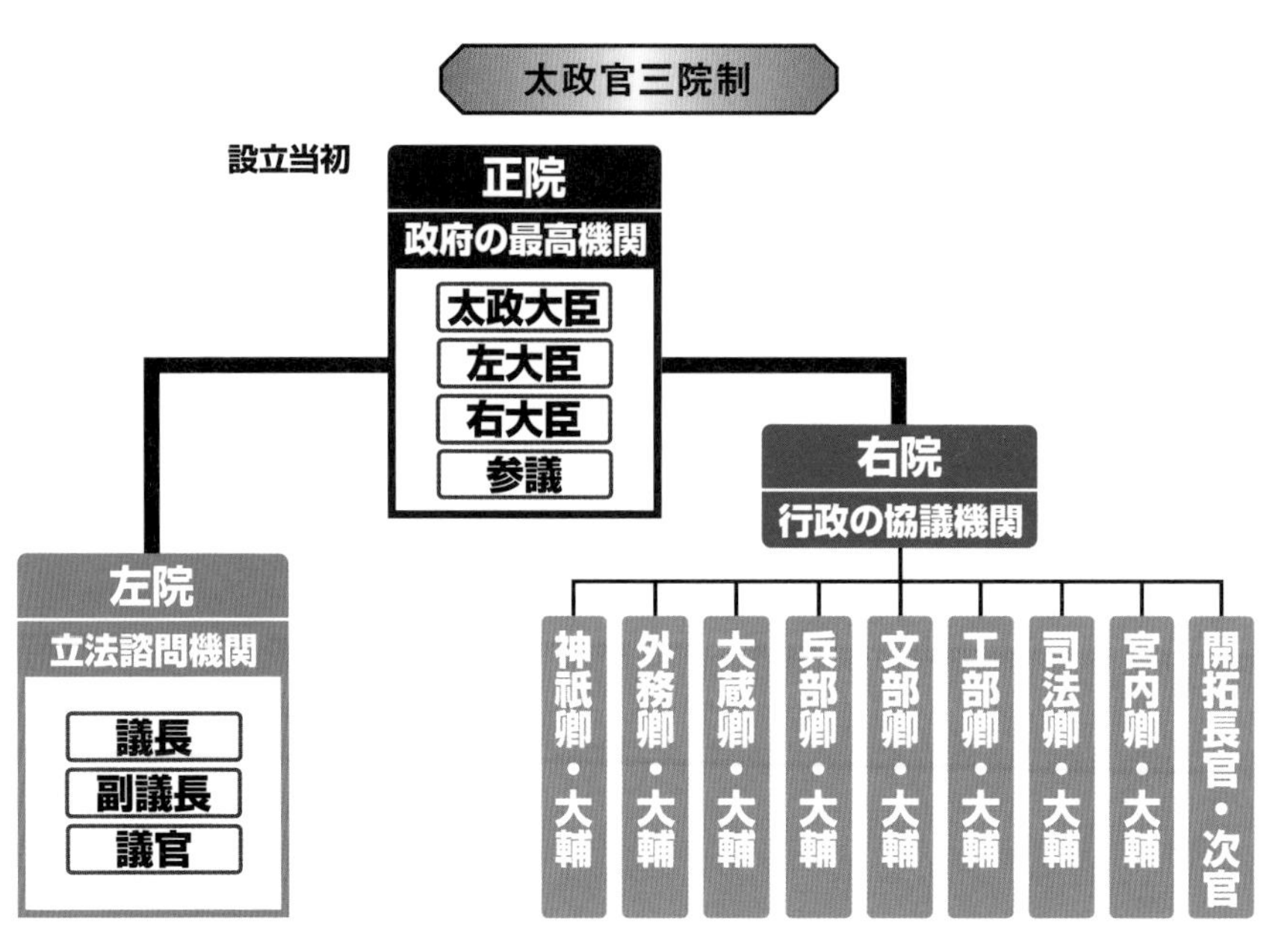


司法省・文部省・工部省・宮内省・開拓使が存在した。

明治四年十一月、岩倉・大久保利通・木戸・伊藤博文ら岩倉使節団が条約改正の予備交渉などのために渡米した。この間、国内政治は三条や西郷・大隈・板垣らが中心となった。これを留守政府と呼ぶ。使節団と留守政府の間では、改革や新規政策推進の抑制、人事凍結などを定める約定書が締結されていた。しかし、約定書の解釈をめぐって齟齬が生じることとなる。

留守政府は近代化政策を推進したが、当然多額の費用がかかる。深刻な財政赤字を受け、大蔵省は明治六年度予算で緊縮財政路線をとった。諸省と大蔵省は対立し、予算紛議に発展。大蔵大輔の井上馨らは辞任に追い込まれた。

明治六年五月、各省間のセクショナリズムを解消するため、参議の江藤新平が中心となり制度改革が行われた。その結果、立法・行政の決定権を正院に集中させた。参議が太政官内の調整と決定を行おうというものである。財政資金の最終的な配分権限も大蔵省から正院に移された（太政官制潤飾）。

十月には、征韓の実現か内政の整備か、という点で留守政府の西郷と帰国した大久保との間で激論が交わされた。西郷の朝鮮派遣が閣議決定されたものの、十月二十四日、大久保や岩倉の宮中工作もあり、決定は覆された。これを受けて参議の西郷・板垣・後藤・江藤らが下野した（明治六年政変）。以後、参議と省卿の兼任が慣行化し、参議が直接各省を統制できるようになった。

翌年には台湾出兵をめぐって木戸も下野すると、政権基盤の強化が政府に求められた。明治八年一月から二月にかけて、大久保は伊藤や井上を仲介して木戸と会合する（大阪会議）。木戸は、政体改革を条件に参議に復帰した。

四月、漸次立憲政体樹立の詔が発せられ、元老院と大審院の創設と地方官会議の開催が謳われた。元老院が立法に、大審院が司法に関与することが期待され、三権分立を志向した政体改革であったとされる。これに合わせて、左院・右院が廃止された。正院は存続したが、これも明治十年一月に廃止となった。

参議が省卿を兼任して以降、参議の発言力の高まりに対し、反発する声も少なくなかった。明治十三年二月、大木喬任の元老院議長兼任、黒田清隆の開拓長官兼任、井上馨の外務卿兼任、山県有朋の参謀本部長兼任を除き、参議・省卿は分離された。翌月、太政官に法制・会計・軍事・内務・司法・外務の六部が置かれ、十名の参議が分掌することとなった。

しかし、明治十四年の政変を経て伊藤や井上の政治的地位が確固たるものになると、権力分立を見据えた参議省卿分離の実質的意義が失われていく。その結果、政変直後の十月、参議省卿の兼任が復活し、六部は廃止された。

議会開設や憲法制定が見据えられると、新たに効率的な政策決定過程の確立が求められた。明治十八年に入ると、地方経営をめぐる対立や陸海軍の整備と予算の捻出、太政大臣の三条実美の更迭といった諸課題が生じた。十二月二十二日、一連の課題に対処するため、内閣制度が創設された。これにともない、太政官制は廃止となったのである。

# 02 正院（せいいん）——立法と行政の調整をはかる

明治四年（一八七一）七月二十九日、「天皇臨御して万機を総判」する機関として誕生した（『法令全書』）。正院は、大臣や参議などで構成される。太政大臣がトップに置かれ、そのほか納言（八月十日に廃止され左右大臣が設置）・参議・大内史（ないし）・権大内史・大外史（がいし）・権大外史といった官職が置かれた。初期の正院では、太政大臣を三条実美、右大臣を岩倉具視、参議を西郷隆盛・木戸孝允・板垣退助・大隈重信が務め、左大臣は空席であった。

正院は、左院・右院から上申される立法・行政・司法の事務事案の裁定を担う。左院からの上申事案のうち、行政に関わるものは正院が右院の審議に付し、右院からの上申事案のうち、立法に関わるものは正院が左院の審議に付す。正院には、立法と行政の調整が期待されたのである。

しかし、とりわけ留守政府期の正院に対しては、指導力や調整力が欠如していたとの評価が自明化されてきた。その最たる例が明治六年の予算紛議である。大蔵省は深刻な財政赤字を前に、緊縮財政路線をとった。他方で各省は財政状況への理解が不十分だったこともあり、近代化政策推進のために多額の予算を大蔵省に要求した。正院は調整機能を果たせず、予算紛議が生じたのである。

また、内政と財政を掌握していた当時の大蔵省が、正院の統制力を凌駕するほどの影響力を持っていた、との見方もできる。その意味では、大蔵省をコントロールすべく大蔵卿に就任した大久保利通が岩倉使節団の一員として外遊中であったことも大きかった。

本来、セクショナリズムに対応するために右院が設置されていたが、使節団と留守政府との間で交わした約定書により、右院の定期開催は制限されていた。調整すべき正院のトップである太政大臣の三条には、こうした事態を打開するための統率力が不足していた。また、参議の西郷が鹿児島に帰郷中であったことも大きい。他方で、各省の要求は官僚による専門性に裏付けられており、説得力を有した。さらに、卿クラスは藩閥の代表者でもあり、出身藩の利益を背負っていたため、容易に要求を取り下げるわけにもいかなかった。

司法卿の江藤新平は、こうした状況を踏まえ、正院の権限強化を提案した。明治六年五月、参議を正院の構成員であるとともに「内閣の議員」であることも規

三条実美◆明治４年７月から正院のトップに据えられた太政大臣を務めた。明治政府ではさまざまな問題に対峙し、重責を担ったキーパーソンの一人であった　『近世名士写真其１』　国立国会図書館デジタルコレクション

**太政官三院制の関係性**

- 正院：最高機関
  - 立法・行政間の調整・裁定
- 左院：立法
  - 正院→左院：下問
  - 左院→正院：立法に関して正院に上申
- 右院：行政
  - 正院→右院：下問
  - 右院→正院：行政に関して正院に上申

**正院を構成するもの**

太政大臣
（三条実美）
左・右大臣
（右大臣：岩倉具視）
参議
（西郷隆盛
木戸孝允
板垣退助ら）
大内史
大外史
権大外史

定し、国政に関与する立場であることを明記した（『法令全書』）。江藤や後藤象二郎・大木喬任が参議となり、参議の人数は拡大した（太政官制潤飾）。しかし、正院は潤飾後も総合調整機能を発揮できなかったとの評価が通説となっている。

ところが近年の研究から、正院の新たな一面が浮かび上がってきた。明治六年に大蔵省と工部省が予算をめぐって対立した際、参議の大隈が間に入り、工部省の実質的予算増を認めるなどして、調整したという事実が判明した。そのため、従来の評価とは異なった正院像が今後描かれる可能性もある。

また、潤飾後の正院についても同様である。潤飾後、各省の伺に対し否決や先延ばしといった正院の対応が増え、井上の大蔵大輔辞職後も正院は財政支出に慎重な裁可を下している。また、それぞれの決定は、参議の主体性によるものが多い。しかも参議は、自身とつながりの深い省や組織の意向を無闇に反映するのではなく、内閣の統一性を意識した決定を下している。このように、正院が一定程度の指導力を発揮したことが徐々に明らかになってきたのである。

岩倉使節団の帰国後、明治六年政変が起こる。潤飾後の正院を主導してきた江藤らが下野し、大久保が参議として正院の中心となった。参議省卿兼任制が導入され、正院と各省との間の緊張関係は徐々に柔らいでいったのである。

明治八年四月、元老院や大審院の創設にともない左院・右院が廃止となったが、正院は存続した。改正された正院職制章程には、「立法に関する者は之を元老院の会議に付すへし」などと定められたものの、正院の実質的な位置づけは従来から変化していない（『法令全書』）。明治十年一月、行政機構の簡素化の流れのなかで、正院は廃止となった。これは、官等・官制の改革により、政府の官僚制機構が順調に整備されていったことの証左でもある。以降は左右大臣と参議の会合が「内閣」と称され、合議と決定が行われていく。

印書局

正院章程

第一條　正院ハ　天皇陛下萬機ヲ總裁シ太政大臣之ヲ輔弼シ左右大臣參議之ニ議判參與シテ庶政ヲ奬理スル所ナリ

太政類典

第二條　立法行政ノ事務ヲ區別シ立法ニ關スル者ハ之ヲ元老院ノ會議ニ付スヘシ

第三條　凡ソ允裁ヲ乞フ奏書ハ之ヲ本帋副本ノ二通ニ寫シ本條ニハ參議連印大臣鈐印シ御批允裁ヲ受クヘシ

第四條　凡ソ國憲條例及ヒ勅旨特例ノ事件ハ太政大臣ノ奉勅ヲ以テ發スヘシ

第五條　凡ソ奏任官以上ノ進退黜陟ハ其具状ヲ糺シ其履歴ヲ審ニシテ後上奏裁可ヲ乞フヘシ

第六條　内外史所屬ノ判任官進退ハ大内史之ヲ處置スヘシ

司法省問合　史官宛

昨十四日司法卿ヘ御達相成候正院職制章程ノ儀ハ順序ヲ經ス御達相成候儀ト相心得可然儀哉此段及御問合候間至急御回答有之度候也　四月十五日　司法

司法省ヘ回答

昨十四日司法卿ヘ御達相成候正院職制章程ノ儀ニ付御問合ノ趣承知候右ハ順序ヲ經ス御達相成候儀ト御心得可然存候此段及御回答候也　四月十五日　内史

正院章程◆正院の設置の目的、役割、権限などについて記されている　『太政類典』　国立公文書館蔵

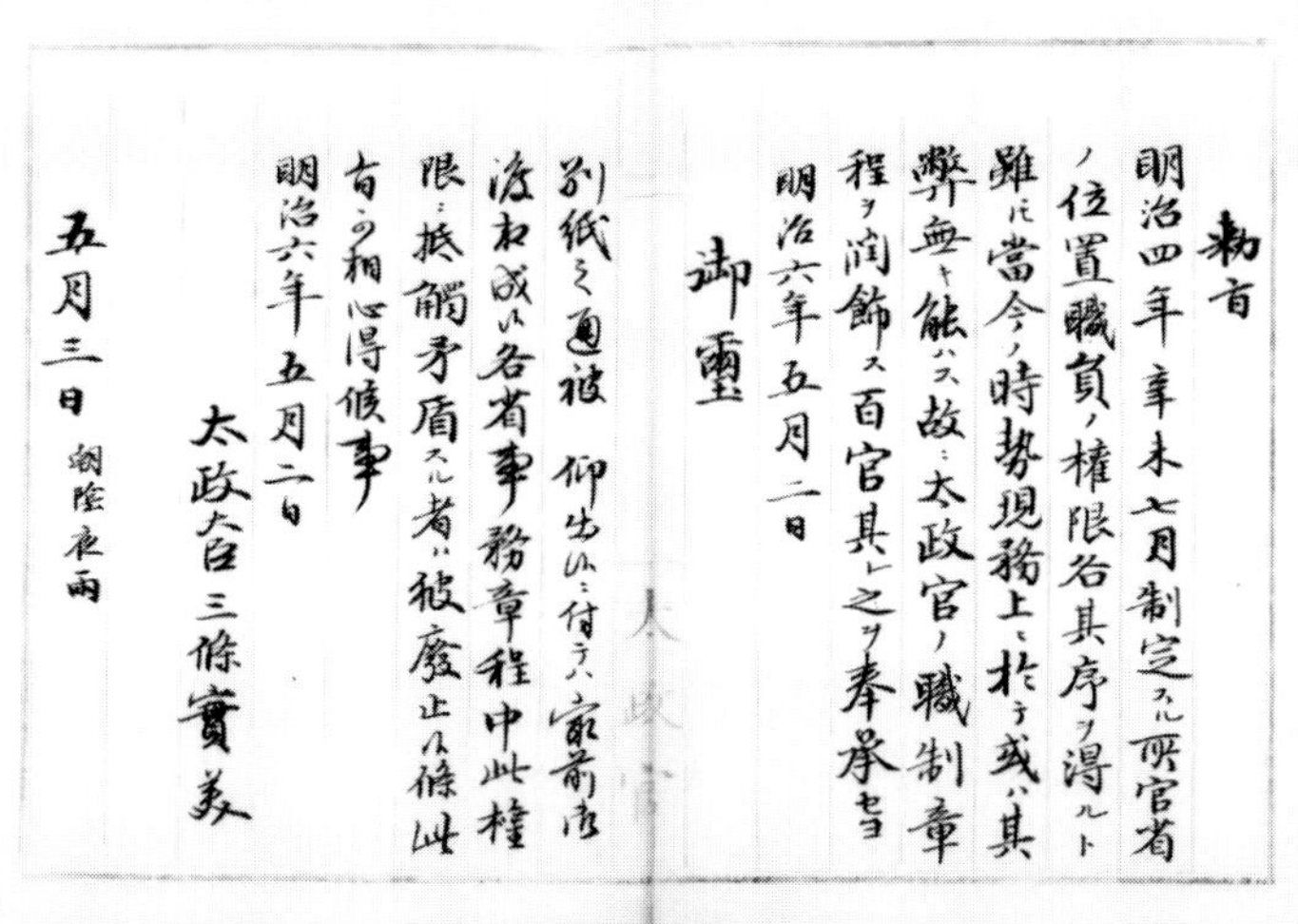

勅旨

明治四年辛未七月制定スル所官省ノ位置職員ノ権限各其序ヲ得ルト雖モ當今ノ時勢現務上ニ於テ或ハ其弊無キ能ハス故ニ太政官ノ職制章程ヲ潤飾シ百官具ニ之ヲ奉承セヨ

明治六年五月二日

御璽

別紙之通被　仰出候ニ付テハ従前相渡相成候各省事務章程中此権限ニ抵觸矛盾スル者ハ被廢止候條此旨可相心得候事

明治六年五月二日

太政大臣三條實美

五月三日　朝陰夜雨

太政官制章程潤飾の勅旨◆太政官制の潤飾（改正）は留守政府が正院主導の制度改革を行うために取り決めた。正院に経理、租税の増減、制度・法令の草案の議決、官省の公費の設定、兵制改革などの権限を拡充させようとした「各種日誌・日記　内史日録」　国立公文書館蔵

## 03

# 左院——制度の審議や調査を行う

明治四年（一八七一）七月二十九日、諸立法を議論する機関として、正院・右院とともに設立された。左院事務章程によれば、左院の役割は新たな制度条例の制定案や現行法令の改正案などを審議し、正院に上申することとされた。左院の議決は議官の過半数で行われ、同数の場合は議長が決裁する。

十二月二十七日の事務章程改正で「一般に布告する諸法律制度は本院之を議するを則とす」とされ、最終決定権は正院が持つものの、立法に関する左院の権限が強化された（『法令全書』）。しかし、明治六年五月二日、太政官制潤飾により正院の権限が強化されると、左院の役割は正院の命による議案の起草などに制限された。なお、建白書受納については、左院の前身ともいえる集議院が担い続けたが、明治六年六月二十四日、左院がこれを引き継ぎ、翌日集議院は閉鎖となった。

左院議長は後藤象二郎、副議長は江藤新平が務めた。議官は秋月種樹・小室信夫・細川潤次郎・宮島誠一郎・松岡時敏など、豊富な知識を持つ者が多かった。

左院では、議案審議のみならず、議会や憲法、選挙制度などの調査も積極的に行われた。たとえば宮島誠一郎は、明治五年四月に憲法制定を主張した「立国憲議」を左院議長の後藤に提出している。江藤に代わり副議長となった伊地知正治は上下両院の議会の重要性を説き、左院が上院と捉えられるため、全国から代議士を集めた下院の設置を訴えた。

明治五年一月には、西岡逾明や高崎正風ら五名の左院議官がイギリスやフランスに向けて日本を発った。彼ら左院使節団は、約一年八ヵ月にわたり議会制度の調査を行った。

明治八年四月十四日、漸次立憲政体樹立の詔で元老

院の創設が謳われたことを受け、左院は廃止された。

後藤象二郎◆土佐藩出身で公議政体論を主張し、徳川慶喜に大政奉還を説いたことで知られる。明治政府では左院議長のほかに、逓信大臣や農商務大臣など要職を担った　『近世名士写真其2』　国立国会図書館デジタルコレクション

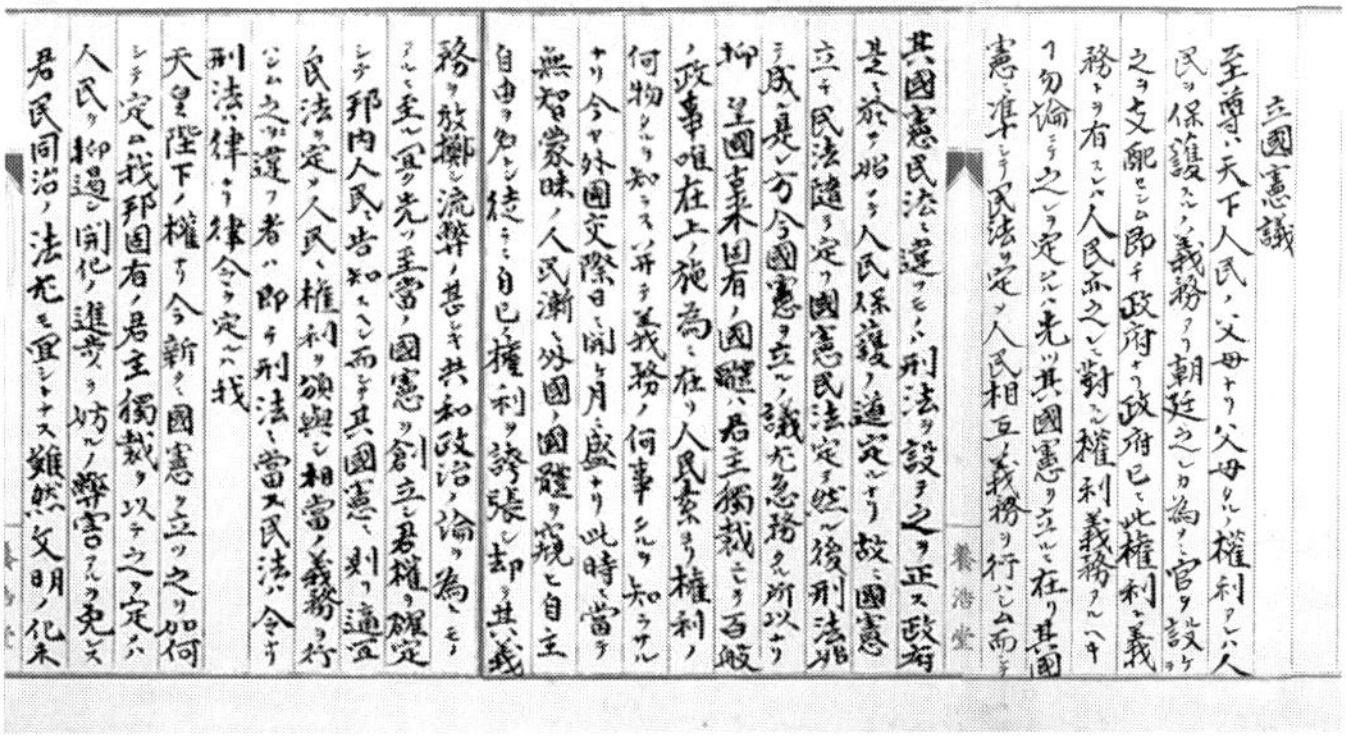

立国憲議◆内容は政府人民間の権利と義務を定める基本法令として国憲を制定することが重要と説いたものである。これを受け、左院では国憲の編纂や議会制度の樹立などを目的に審議が開始されることになる　国立国会図書館蔵

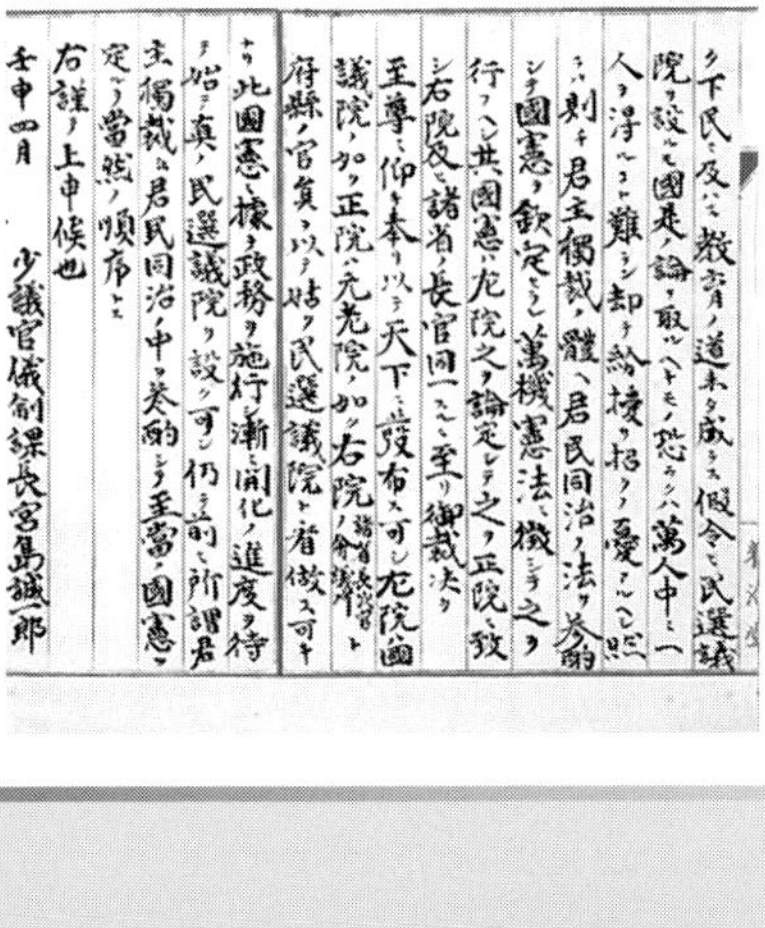

# 04 右院（ういん）――諸省の案件を協議する

明治四年（一八七一）七月二十九日、「当務の法を案し及行政実際の利害を審議する」機関として、正院・左院とともに設立された（『法令全書』）。右院事務章程によれば、右院は各省の卿・大輔などで構成される。制度条例に関する事項は、各省の長官が法案を作成し、他の長官と協議する。協議がまとまらない場合、正院に決裁を仰いだ。また、正院からの下問も、まずは主管する省の長官が検討し、その内容を他の長官と議論する。ただし、諸省長官が正院の意思決定に関与することはできなかった。

九月十五日に制定された右院規則によれば、右院の集会は定日・臨時の休暇を除く隔日（かくじつ）開催とされた。卿輔の出席が原則であり、意見がまとまらない場合は、各自の見込みを記して正院に仰ぐ。一日で結論が出なければ次回に継続し、決着するまでは次の議事に取り掛からないことなどが定められた。

右院については、形骸化（けいがいか）し有名無実化した、という評価がかつて一般的であった。それは、廃藩置県後の政務の多忙さ、各省機構の未確立、岩倉使節団と留守政府が交わした約定書のなかに「右院定日の会議を休め、議すへき事あるに方ては正院より其旨を下し、毎会期日を定むへし」とあることなどが要因であった（「大臣参議及各省卿大輔約定書一点（だいじんさんぎおよびかくしょうきょうたいふやくじょうしょいってん）」）。

しかし、右院が開かれ機能していたことが、近年明らかになってきた。右院規則が制定された九月から十一月にかけて、諸省の案件を審議するために右院が開かれ、実質的に機能していたのである。また、右院規則に定められた隔日開催とはいかなかったにせよ、それに近い形で集会が開かれていたとする指摘もある。

明治四年十一月に岩倉使節団が日本を発つと、約定書にもとづき、右院は諸省長官次官会議となった。しかし、明治五年二月から十一月にかけて、少なくとも陸海軍両省分置、全権委任状下付、改暦の三件について右院が開かれている。右院は正院の意思決定により開催され、各省の卿輔の意思疎通機関として、部分的ではあっても機能していた。

明治六年五月二日の太政官制潤飾により、右院の集会は勅命を受けての臨時開催が原則とされた。右院は、ここにいたり、有名無実化したのである。

明治八年四月十四日、漸次立憲政体樹立の詔を受けて右院は廃止となった。

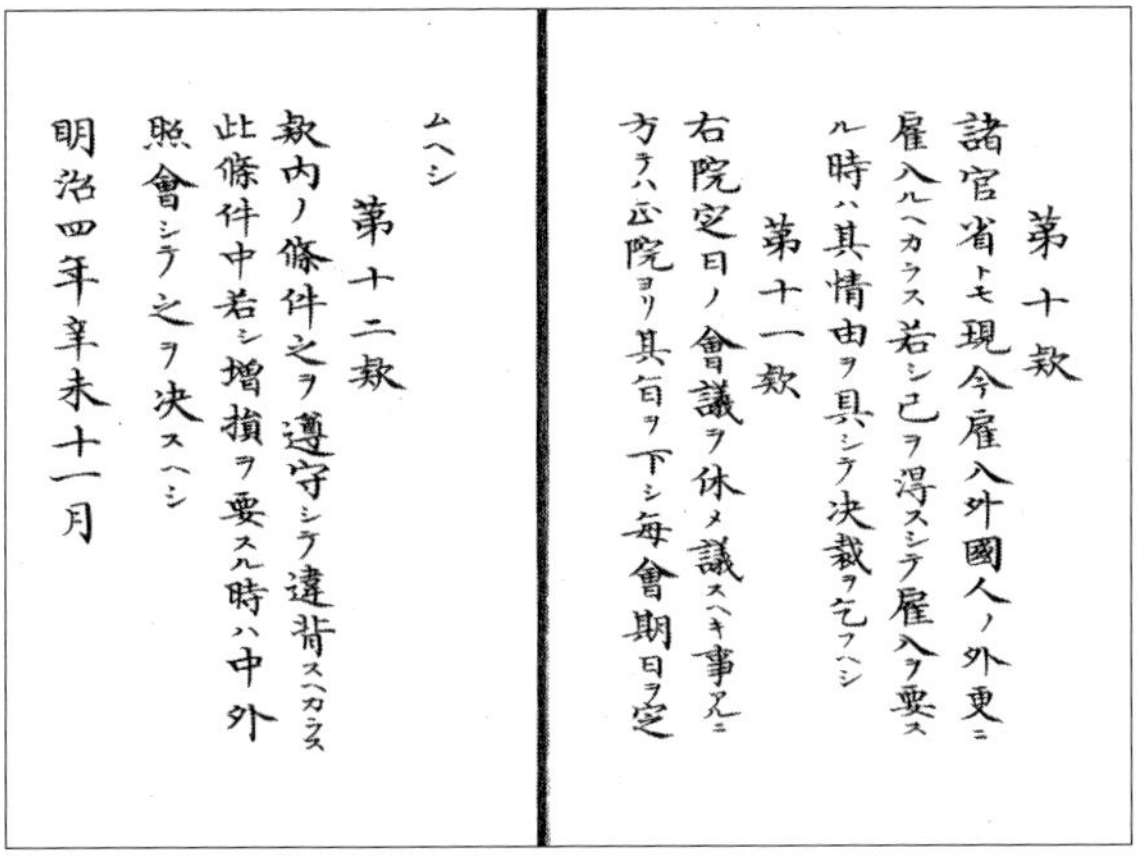

第十款
諸官省トモ現今雇入外國人ノ外更ニ雇入ルヘカラス若シ已ヲ得スシテ雇入ヲ要スル時ハ其情由ヲ具シテ決裁ヲ乞フヘシ
第十一款
右院定日ノ會議ヲ休メ議スヘキ事アルニ方テハ正院ヨリ其旨ヲ下シ毎會期日ヲ定ムヘシ
第十二款
款内ノ條件之ヲ遵守シテ違背スヘカラス此條件中若シ増損ヲ要スル時ハ中外照會シテ之ヲ決スヘシ
明治四年辛未十一月

単行書・大使書類原本大臣参議及各省卿大輔約定書◆本文にある岩倉使節団と留守政府が交わした約定書である　国立公文書館蔵

# 05 教部省——宗教を管轄し、国民教化をめざす

明治五年（一八七二）三月十四日、神祇省の廃止を受けて、宗教行政全般を所管する機関として設立された。教部省には、「諸教法を統管する」卿のほか、大輔・少輔・大教正・権大教正・教正・権教正といった官職が置かれた（『太政類典』）。教部卿は嵯峨実愛・大木喬任が、教部大輔は福羽美静・宍戸璣が歴任した。

明治五年四月、教部省は宣教使を廃止し、国民教化の担い手として神官・僧侶を教導職に任じた。教導職が敬神愛国・天理人道・皇室崇拝からなる三条教則を国民に説き、大教宣布運動を展開した。

彼らは、神道・仏教合同で運動したが、仏教側は教導職育成のため、大教院の設立を建議し、その認可を得た。東京に大教院、地方に中教院が設置され、各神社や寺院は小教院とされた。大教院は当初、元紀州藩邸にあったが、明治六年二月に教部省が「天照大御神の御厨の地」と評価していた増上寺に移転した。神道系の官僚が教部省に多く進出したため、大教院は神仏合同の布教機関として位置づけられた。

もっとも、教導職による国民教化政策は、教部省の狙いどおりには進展しなかった。そもそも三条教則は、僧侶にはなじみが薄い内容である。教部省はすべての神官を教導職にすると通達したが、明治七年末段階で、教導職に補任された神官は約四十三パーセント、僧侶は約二・六パーセントに過ぎなかった。また、木戸孝允や伊藤博文といった長州閥政治家、西本願寺の島地黙雷などが信教の自由や政教分離の観点から大教院の神道化を批判する。結局、明治八年四月に大教院は解散となり、神仏合同の大教宣布運動は終焉を迎えた。明治十年一月には教部省も廃止となり、その事務は内務省社寺局に引き継がれた。

島地黙雷写真◆大教院の神道化を批判した黙雷は、学問・識見・人徳に秀でた人物で、ヨーロッパ視察で先進国の宗教事情を学んだり、学校運営や社会事業にも尽力したことで知られる。明治25年（1892）に写真を所蔵する願教寺の第25世住職となった　岩手県盛岡市・願教寺蔵

芝増上寺古写真◆大教院の本部が置かれた。当時、本来は神社に建てられる鳥居が参道にあったらしい　「写真の中の明治・大正」国立国会図書館

## 06

# 文部省——国民教育の礎を支える

明治四年（一八七一）七月十八日、全国的な教育制度の創出を目指し、教育行政を担う機関として設立された。同日、江藤新平が文部大輔に就任。二十八日には大木喬任が文部卿に就任する。そのほか、加藤弘之・松岡時敏・長与専斎・辻新次ら洋学者も集められた。明治六年六月から十一年末まで、御雇外国人のモルレーを最高顧問として招聘している。

ここでは、文部行政の変遷を中心に追うこととしたい。明治五年八月、文部省は日本初の全国的な学校制度として学制を公布した。これにより全国が約五万三千の小学区に分けられ、小学校制度の整備に重点が置かれた。しかし、文部省はそのための莫大な予算を確保することができず、人民一般に学資金の供出を試みるも難航した。

明治六年四月、大木が参議に転任すると、岩倉使節団の調査から帰国した田中不二麿が、文部省の中心的な役割を果たしていく。田中は明治七年九月に文部少輔から文部大輔に昇格すると、学事における府県の役割を明瞭にするなど、学制の再編を進め、地方の裁量を拡大させていった。その後、田中は再訪したアメリカで自由教育を学び、学制の抜本的改革を図る。

その結果は、明治十二年九月に公布された教育令として表れた。これは自由教育令とも称され、町村の学務委員と教員が地域の状況に応じて教育課程を編成できるなど、かなり自由主義的なものであった。しかし、自らの権限が実質的に縮小された地方官がこれに反発する。また、条文が簡素に過ぎた面もあり、教育現場には混乱が生じた。さらには宮中からも、文部省が自由教育を標榜しているとの批判も起こった。

結局、明治十三年三月に田中は司法卿に転任する形で文部省を去り、河野敏鎌が文部卿に就任した。また、明治五年より文部省に在籍した九鬼隆一が文部大書記官から文部少輔に昇格し、省務を統轄することとなった。十二月には教育令が改正され、町村による教育課程編成などは禁止された。隆盛する自由民権運動への警戒も手伝って、教育令は自由主義的なものから統制的なものへと変貌を遂げ、干渉主義的・儒教主義的であると評されることが多い。

文部省古写真◆文部省は東京神田の湯島聖堂内（昌平坂学問所跡）に設立された。一時期、東京師範学校や東京女子師範学校、国立博物館なども同じ場所にあった　「写真の中の明治・大正」　国立国会図書館

明治十八年八月、文部省は再び教育令を改正し、経費節減の観点から地域の事情を考慮した教育課程の編成、小学校以上の教員の免許制度などを盛り込んだ。しかし、成果がほとんど表れないまま、翌年の帝国大学令などの制定を受けて廃止された。

明治十八年十二月の内閣制度創設にともない、森有礼が初代文部大臣に就任する。文部大臣の職掌は、「教育学問に関する事務を管理す」ることとされた（『法令全書』）。大臣官房のほか、総務局・学務局・編輯局・会計局が置かれた。

森文部大臣下の文部省は、明治十九年三月以降、帝国大学令・小学校令・師範学校令・中学校令を順次制定した。いずれも勅令として公布されており、教育法規の勅令主義は、帝国議会開設後にも引き継がれた。教育行政に対する議会の容喙を防止することが理由であると考えられる。

森有礼◆さまざまな教育制度・学校制度を確立した。明治22年2月11日の大日本憲法発布式典の日、官邸を出たところを国粋主義者に短刀で脇腹を刺され、翌日死去。この事件は森が欧米思想の啓蒙に尽力したことや急進的に改革したことなどが関係している　『近世名士写真其2』　国立国会図書館デジタルコレクション

芳川顕正◆明治3年（1870）に伊藤博文の推薦で大蔵省に出仕。翌年から伊藤に随行して渡米し、貨幣・金融制度を調べた。帰国後は紙幣頭・工部大書記官・外務少輔などを経て、明治15年（1882）7月に東京府知事となり、その後に文部大臣となって教育勅語の制定に関与した　『伯爵芳川顕正小伝』　国立国会図書館デジタルコレクション

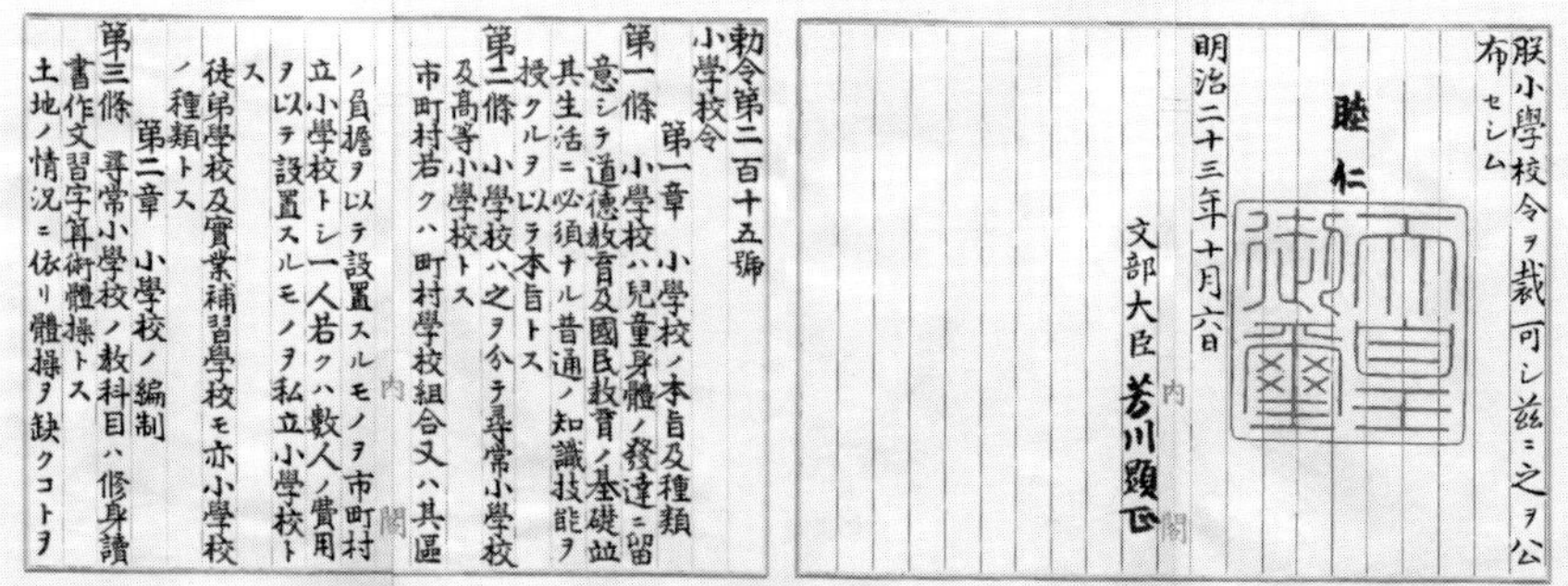

朕小學校令ヲ裁可シ茲ニ之ヲ公
布セシム
睦仁
天皇御璽
明治二十三年十月六日
文部大臣　芳川顯正

勅令第二百十五號
小學校令
第一章　小學校ノ本旨及種類
第一條　小學校ハ兒童身體ノ發達ニ留
意シテ道徳教育及國民教育ノ基礎並
其生活ニ必須ナル普通ノ知識技能ヲ
授クルヲ以テ本旨トス
第二條　小學校ハ之ヲ分テ尋常小學校
及高等小學校トス
市町村若クハ町村學校組合又ハ其區
ノ負擔ヲ以テ設置スルモノヲ市町村
立小學校トシ一人若クハ數人ノ費用
ヲ以テ設置スルモノヲ私立小學校ト
ス
徒弟學校及實業補習學校モ亦小學校
ノ種類トス
第二章　小學校ノ編制
第三條　尋常小學校ノ教科目ハ修身讀
書作文習字算術體操トス
土地ノ情況ニ依リ體操ヲ缺クコトヲ

小学校令に関する勅令◆明治23年の小学校令制定にかかわる御署名原本である。96条からなり、小学校を国民教育の基礎と位置づけている　国立公文書館蔵

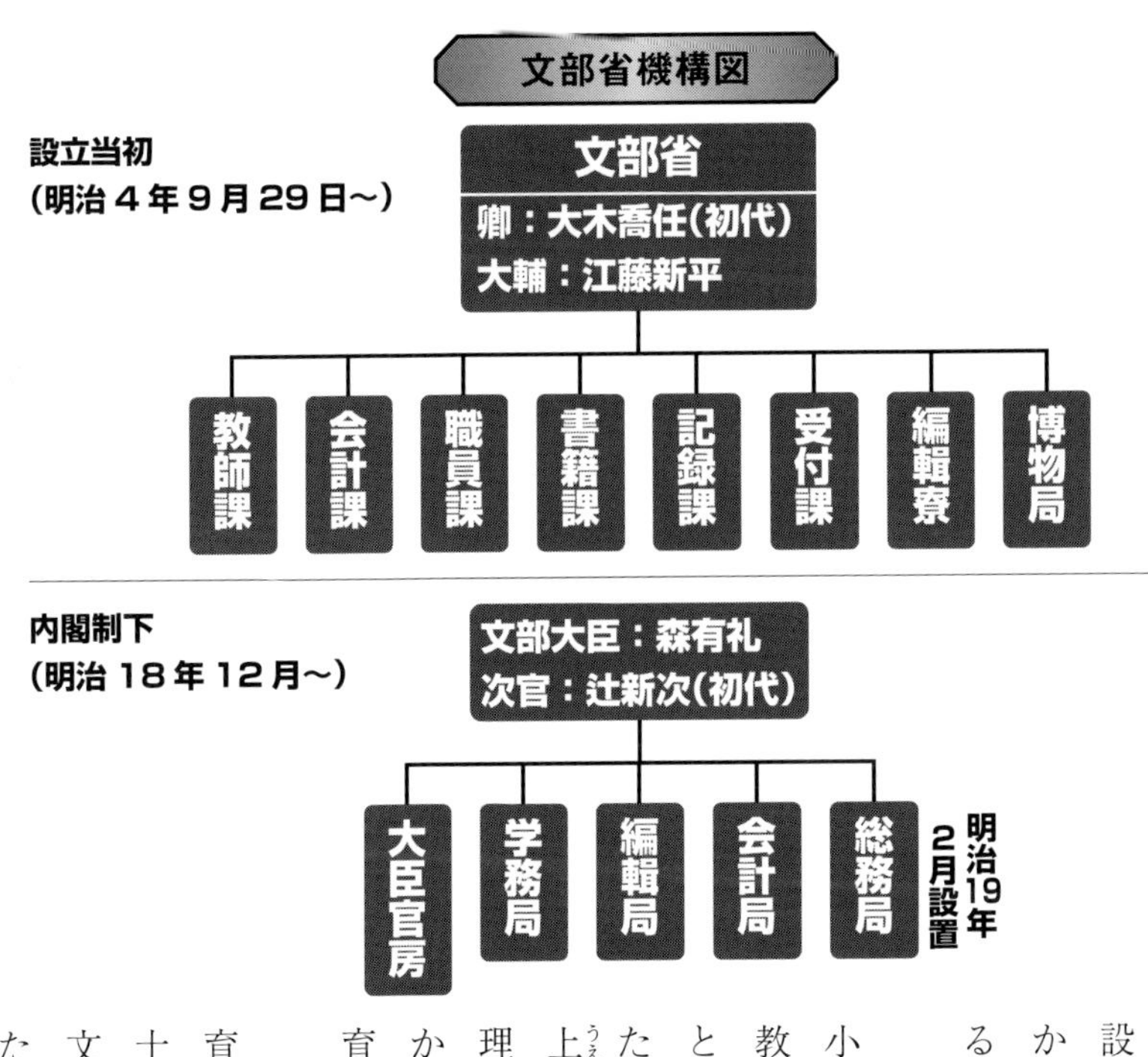


帝国大学令の制定は、官僚の養成を主眼としていた。それまで、司法省の法学校など、各省が官立学校を開設して官僚としての専門性を身につけさせていた。しかし、帝国議会の開設を見据え、国家全体を俯瞰できる人材が求められたのである。

帝国議会開設を翌月に控えた明治二十三年十月、新小学校令が制定された。小学校は、「道徳教育及国民教育の基礎」、生活に必要な「知識技能」を習得するところであると定められた（『法令全書』）。同月にはまた、いわゆる教育勅語も発せられた。法制局長官の井上毅と枢密顧問官の元田永孚の連携のもと、内閣総理大臣の山県有朋、文部大臣の芳川顕正も関与するなかで教育勅語は作成された。以後、国民道徳や国民教育の基本に据えられた。

なお、戦後に文部省廃止の動きもあったものの、教育・学術・文化を奨励する機関として存続した。平成十三年（二〇〇一）一月、中央省庁の再編にともない、文部省は科学技術庁と統合され、文部科学省が誕生した。

# 07 元老院──議会開設前の「立法」を担う

明治八年（一八七五）四月十四日の漸次立憲政体樹立の詔において、「立法の源を広め」るために元老院を設立することが謳われた。同年四月二十五日に定められた元老院職制章程では、元老院は「議法官」であり、「新法の設立」や「旧法の改正を議定」し、「諸建白を受納する所」であると定められた。議官は勅任官で、「国家に功労ある者」や「政治法律の学識ある者」が就任する（『太政類典』）。

そもそも元老院は、木戸孝允の政府復帰を企図した大久保利通らが、木戸の要望を入れて設立された機関である。そのため、元老院章程と同日に任命された元老院議官には、後藤象二郎や陸奥宗光、鳥尾小弥太など、薩摩出身者以外が多かった。七月二日の第二次議官任命では、有栖川宮熾仁親王や柳原前光などの皇族や華族も加わった。なお、明治九年五月十八日に熾仁親王が就任するまで議長は空席であったが、明治八年四月二十八日に互選の結果、副議長には後藤が就任している。

初期の元老院議官は、元老院が本格的に動き出す前から、元老院の可決なくして法令の成立はないとして、自らの権限強化を求めた。他方で、漸進論を掲げる木戸らはこれに反発。結果、十一月二十五日に元老院章程は改正され、以下に述べるように、議事制度は検視制度を盛り込んだものに改められた。

議案は勅命により内閣から元老院に下付され、議定議案と検視議案に分けられる。議定議案は、読会制により審議される。第一読会では書記官による議案の朗読、内閣委員による趣旨説明ののち、議案全体の可否が論ぜられる。第二読会では、逐条審議が行われるほか、議官が修正意見を提出することもある。第三読会

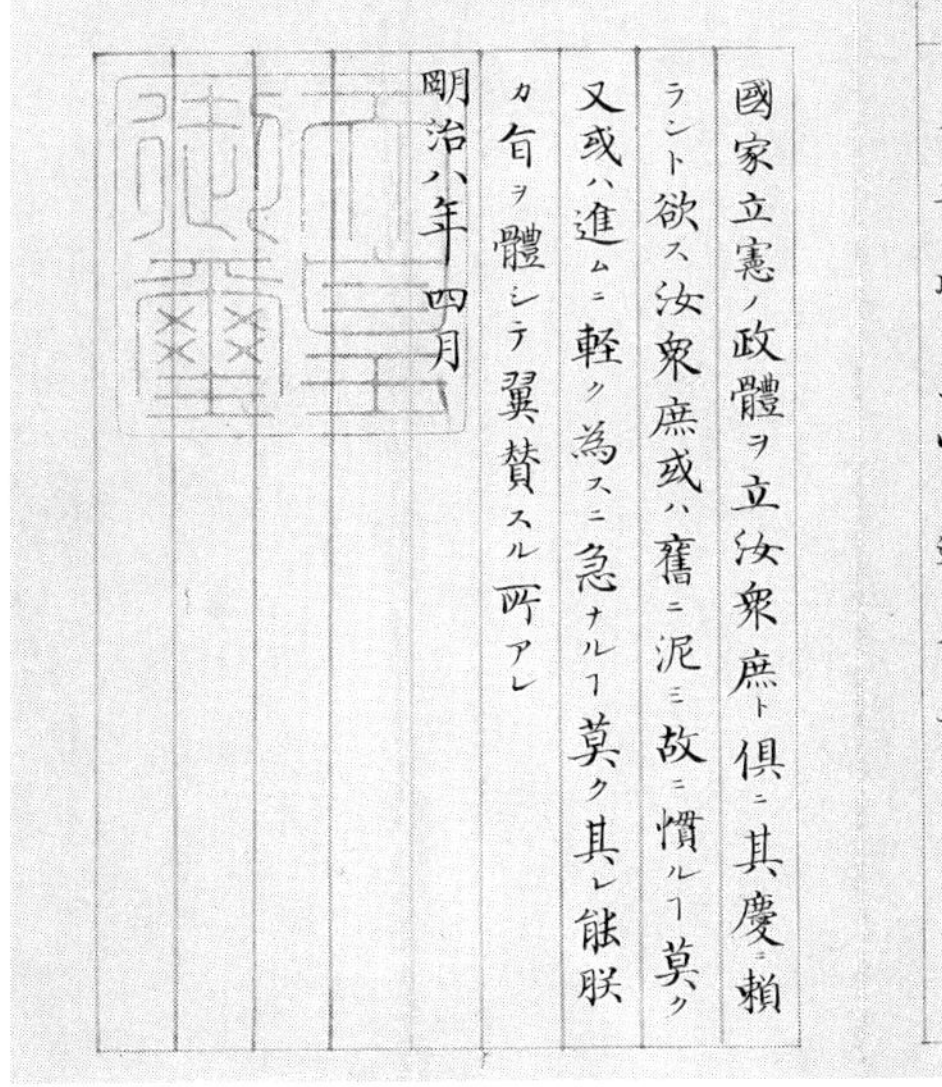
朕即位ノ初首トシテ羣臣ヲ會シ五事ヲ以テ
神明ニ誓ヒ國是ヲ定メ萬民保全ノ道ヲ求ム
幸ニ祖宗ノ靈ト羣臣ノ力トニ頼リ以テ今日ノ
小康ヲ得タリ顧フニ中興日淺ク內治ノ事當
ニ振作更張スヘキ者少シトセス朕今誓文ノ意ヲ擴
充シ茲ニ元老院ヲ設ケ以テ立法ノ源ヲ廣メ大
審院ヲ置キ以テ審判ノ權ヲ鞏クシ又地方官
ヲ召集シ以テ民情ヲ通シ公益ヲ圖リ漸次ニ
國家立憲ノ政體ヲ立テ汝衆庶ト倶ニ其慶ニ頼
ラント欲ス汝衆庶或ハ舊ニ泥ミ故ニ慣ルヽコト莫ク
又或ハ進ムニ輕ク為スニ急ナルコト莫ク其レ能ク朕
カ旨ヲ體シテ翼賛スル所アレ
明治八年四月

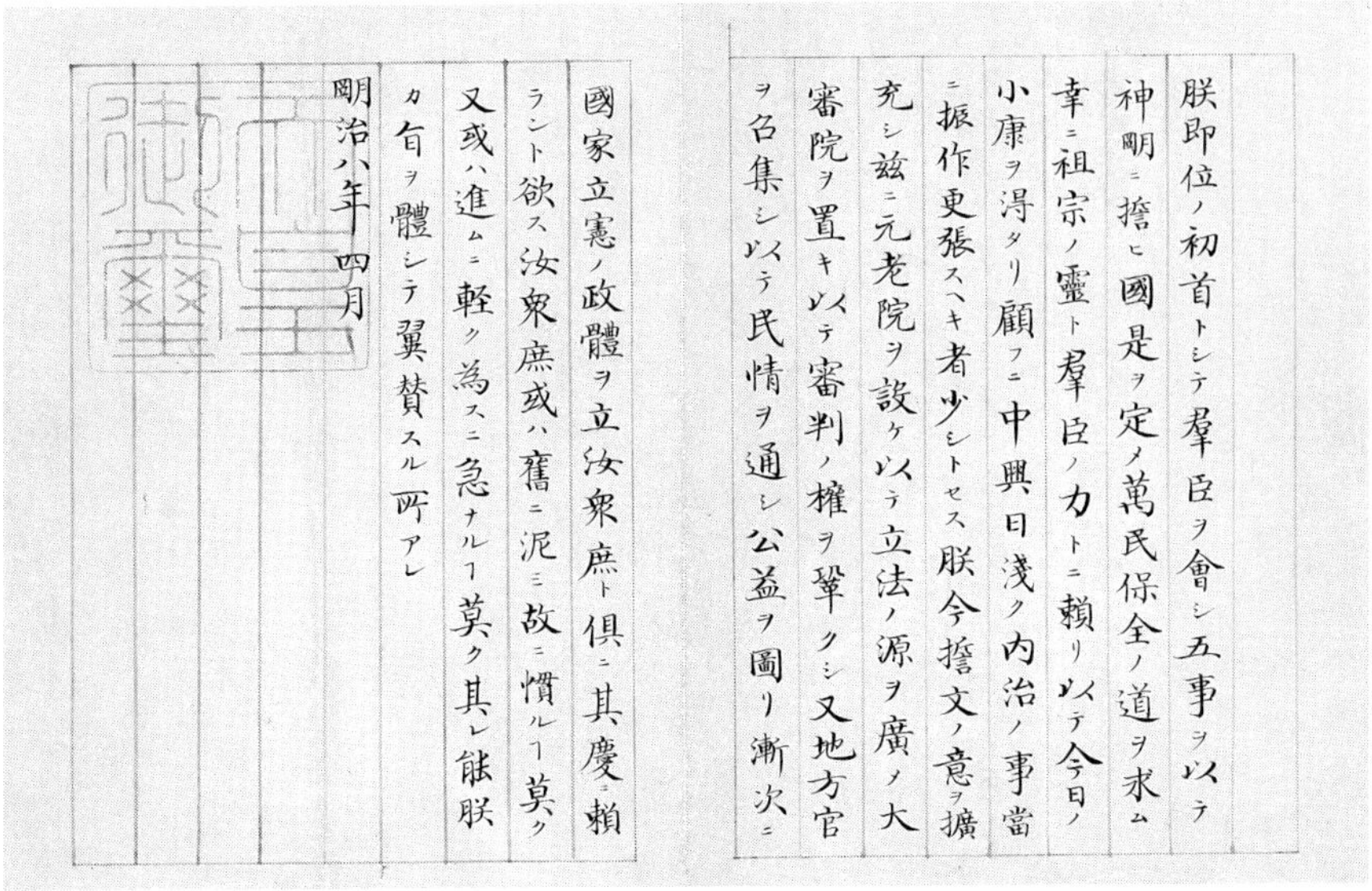

漸時立憲政体樹立ノ詔勅◆立法諮問機関としての元老院の設置、地方官会議の開催、司法機関としての大審院の設置が決められた。また、徐々に立憲政体に向かうという方針が示された　国立公文書館蔵

では、議案の最終的な可否が決せられる。

検視議案に対しては、旧法との抵触や不備不明な点がある場合に改正を求めることのみが元老院に認められた。議案を議定議案とするか検視議案とするかは、大臣・参議の合議体である内閣が判断する。さらに、法令を公布したのちに検視議案として元老院に付されることもあった。そのため元老院は、検視制度によりその権限が大幅に縮小されたと評される。ただし検視議案には、現行法令の改正案や元老院会議で修正され再議に付されたものが多いことも留意すべきであろう。

なお、これらの議案のほか、元老院議官が意見書を作成し、議場に提出することも可能であった。

明治九年九月七日、国憲（憲法）起草の詔勅が元老院に下された。元老院議官の柳原、福羽美静・中島信行・細川潤次郎が国憲取調委員となった。十三年までに複数の国憲案が作成されたが、いずれも不採択となった。

元老院は、断続的に権限拡張を働きかけた。明治

明治九年九月七日午前十時議長有栖川熾仁
召ニヨリテ皇居ニ参朝ス
聖上御學問所代ニ御シ給ヒ右大臣岩倉具視
侍坐ス宮内卿徳大寺實則議長有栖川熾仁ヲ
引テ
玉座ノ前面ニ進ム
聖上左ノ
勅語アリ
朕爰ニ我建國ノ體ニ基キ廣ク海外各國
ノ成憲ヲ斟酌シ以テ國憲ヲ定メントス汝
元老院
等ソレ宜シク之カ草按ヲ起創シ以テ聞セヨ朕將
ニ撰ハントス
右畢テ議長別殿ニ退ク後少時再ヒ御
學問所代ニ
召シテ左ノ
勅語アリ
國憲創定ハ國家ノ重典千載ノ偉業タリ汝
等勵精事ニ從ヒ速ニ竣効ヲ奏セヨ
議長有栖川熾仁謹テ
勅ヲ奉シテ退ク

国憲起草の詔◆明治政府の憲法制定に関する意思を示すものである。ここでは広く海外各国の憲法を調査し、国憲を定めるようにという勅語が下されている　国立公文書館蔵

十四年には、副議長の佐佐木高行が中心となり、中正党を結成する。藩閥政府と自由民権運動の双方を批判し、元老院の権限強化を訴えた。また、明治二十年九月に提出された二つの意見書は特筆される。それは、尾崎三良（おざきさぶろう）による「憲法議案を下附せられんことを奏請するの意見書」と鳥尾小弥太による「元老院章程に関する意見書」である。両意見書が法令化されると、伊藤博文が中心となって作成した憲法草案は元老院で審議され、そこで可決されない限り成立しない。つまり、元老院が憲法の生殺与奪の権を握るのである。伊藤は、意見書反対の多数派工作を行い、これらを退けることに成功した。

明治二十三年十月二十日、帝国議会開設を前に元老院は閉院となった。同年に在籍した元老院議官のうち、四名が衆議院議員、五十六名が貴族院議員となる。元老院議官の人数は三十名前後で推移していたが、中期以降地方官からの転任者が急増し、最終的には百名近くにのぼっていた。なお、元老院は十五年半の存続期間のなかで、七五九の内閣下付議案を審議した。

## 元老院における議案の流れ

元老院

**議案の審議・建白の受納**

議長（初代）：有栖川宮熾仁親王
副議長（初代）：後藤象二郎
議官：陸奥宗光、鳥尾小弥太ら

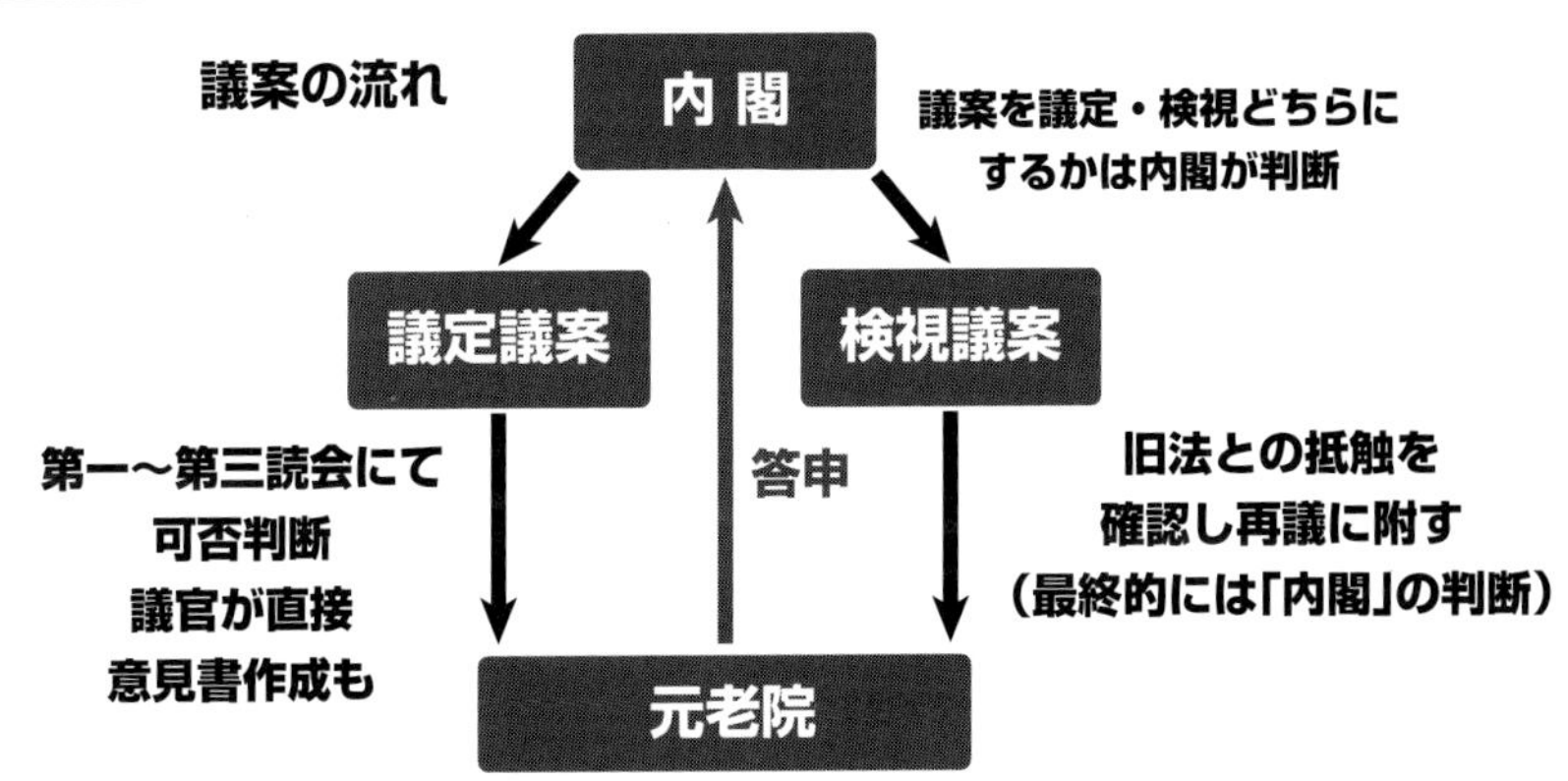


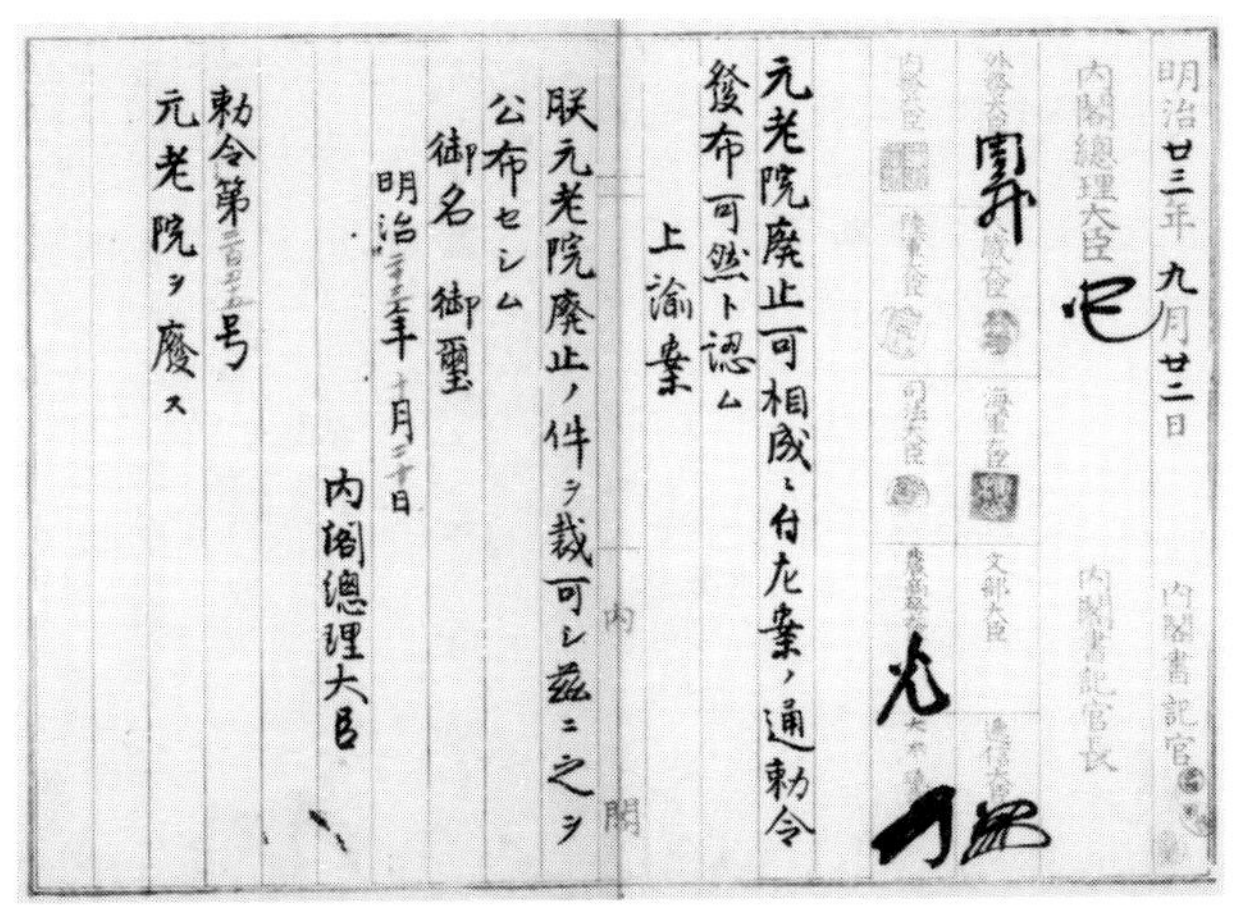

明治廿三年九月廿三日

内閣総理大臣

内閣書記官長

内閣書記官

外務大臣　大蔵大臣　陸軍大臣　海軍大臣　司法大臣　文部大臣　農商務大臣　逓信大臣

元老院廃止可相成ニ付左案ノ通勅令發布可然ト認ム

上諭案

朕元老院廃止ノ件ヲ裁可シ茲ニ之ヲ公布セシム

御名　御璽

明治二十三年十月二十日

内閣総理大臣

勅令第[illegible]号

元老院ヲ廃ス

元老院ヲ廃ス◆明治23年10月20日付けで元老院を廃止することが記されている『公文類聚』国立公文書館蔵

# 08

# 大審院（だいしんいん）――不法な審判を問いただす最上級の裁判所

明治八年（一八七五）四月十四日の漸次立憲政体樹立の詔で、「審判の権を鞏（かた）く」するために大審院を設立することが謳われた。大審院は、当時の裁判所の頂点に位置した。法律審であるフランス破毀院（はきいん）がモデルとなっている。初代大審院長は玉乃世履（たまのせいり）が務めた。

明治八年五月二十四日に定められた大審院諸裁判所職制章程によれば、「民事刑事の上告を受け、上等裁判所以下の審判の不法なるものを破毀して全国法憲の統一を主持するの所」と位置づけられた。同日には控訴上告手続も公布され、上告を許される場合が、「裁判所管理の権限を越ゆ」、「聴断の定規に乖く」、「裁判法律に違ふ」という三つのケースであると定められた（『法令全書』）。

大審院は不法な審判を破毀し、他の裁判所に移送するか、便宜に自判することができた。移送先の裁判所が大審院の判旨に沿わない場合は、大審院判事の合議で自判した。大審院のモデルとなったフランス破毀院には自判が認められていないが、御雇外国人のボアソナードやジョルジュ・ブスケが大審院にこれを認めるよう働きかけた結果である。

なお、大審院には民事課と刑事課が置かれ、判事五名以上の合議で審判が行われた。また、国事犯などの重大事件は大審院が第一審であり、終審の管轄権を有した。

大審院の創設以前、最高裁判所にあたる司法省裁判所の所長を司法卿が務めるなど、司法省が裁判権を有していた。こうしたなかでフランスへの留学経験を持つ井上毅などが、行政官庁である司法省と裁判権を行使する裁判所の区別に向けて、調査を進めていた。大阪会議を契機に大審院が創設されたことで、同院を頂点とする裁判所制度が形成され、行政権と司法権が分離されたのである。

昭和二十二年（一九四七）五月三日、日本国憲法の施行とともに大審院は廃止となった。

玉乃世履写真◆旧岩国藩士。大審院院長を三度にわたって務めた。江戸時代に町奉行として名を馳せた大岡忠相にならって、「今大岡」と呼ばれたともいう　宮内庁三の丸尚蔵館蔵

大審院古写真◆煉瓦造りの建物で、ドイツの建築家ヘルマン・エンデとヴィルヘルム・ベックマンの設計である　「写真の中の明治・大正」 国立国会図書館

# 09 陸軍省――現役将官が率いた軍事機関

明治五年（一八七二）二月二十八日、兵部省の廃止とともに、兵部省内の陸軍部が前身となって設立された。皇居和田倉門外（鳥取藩邸）に位置した。設立当初、卿は欠員で、大輔を山県有朋が、少輔を西郷従道が務めた。明治六年六月に山県が初代陸軍卿に就任した。

明治六年四月に陸軍職制が制定された。陸軍省には、卿官房のほか、庶務を所管する第一局、歩兵・騎兵を所管する第二局、砲兵を所管する第三局、工兵を所管する第四局、会計を所管する第五局、陸軍文庫を所管する第六局、北海道兵備を所管する第七局が置かれた。明治十二年十月に陸軍職制が改正され、総務・人員・砲兵・工兵・会計の五局体制となった。

明治政府の誕生以降、軍令と軍政は分離されておらず、陸軍省の設置後もその例外ではなかった。しかし明治十一年十二月、参謀本部が陸軍省から独立し、ようやく軍令と軍政が分離したのである。

明治十八年十二月の内閣制度創設を受け、翌年二月に陸軍省官制が制定された。初代陸軍大臣は大山巖、初代陸軍次官は桂太郎である。陸軍省には、大臣官房のほか、総務局・騎兵局・砲兵局・工兵局・会計局・医務局が置かれた。

陸軍大臣の帷幄上奏権は慣行化されていたものの、明治二十二年十二月、内閣官制の制定で正式に認められた。明治二十三年三月には陸軍省の大改革が実行され、総務局・騎兵局・砲兵局・工兵局が統合され、軍務局が誕生した。

当初、卿や大臣の任用資格は定めがなかったものの、常に現役の将官が就任してきた。明治三十三年五月の陸軍省官制の改正により、軍部大臣現役武官制が正式に採用された。以降、予備役・後備役の任用が可能となり、その後は再び現役武官制が復活するなど、変遷がみられた。

昭和二十年（一九四五）十一月、陸軍省は廃止された。新設の第一復員省が残務整理を担った。

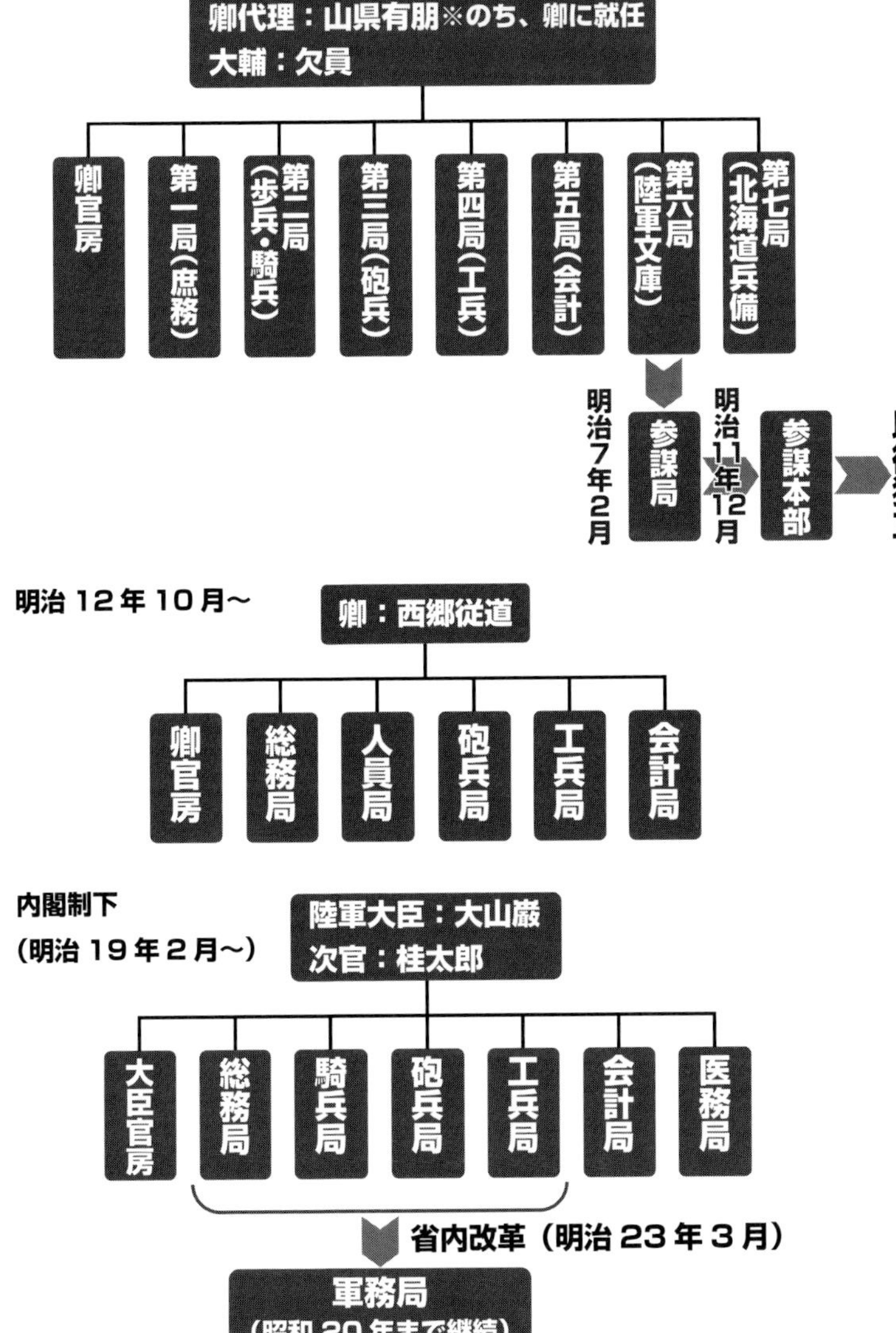

# 10 海軍省（かいぐんしょう）——海軍軍人の監督や軍政を管理する

明治五年（一八七二）二月二十八日、兵部省の廃止を受けて陸軍省とともに設立された。設立当初、秘史・軍務・造船・水路・会計の五局が置かれた。そのほかに、海軍兵学寮・海軍提督府・海軍病院・横須賀造船所などを有した。

兵部省海軍掛であった川村純義（かわむらすみよし）が陸海軍発展のためにも各軍を所管する省の必要性を訴えたことが海軍省設立のきっかけである。設立当初、卿は欠員であり、川村が就任した少輔が最高位であった。明治五年五月に勝安芳が初代海軍大輔、翌年に初代海軍卿に就任した。明治十一年に川村が海軍卿に就任。一時的に榎本武揚が務めたものの、明治十八年の内閣制度創設までの大半の時期、川村が海軍卿の立場にあった。

明治十七年二月、中央軍令組織である軍事部が設けられた。内局に加え、規程・会計・主船・水路・医務・兵器・水雷・調度の九局一部制であった。のち、軍事部と総務・会計・主船・水路・兵器・水雷・調度の七局一部制となる。明治十八年に内閣制度が創設されると、初代海軍大臣には西郷従道が就任した。翌年一月、機構が大臣官房・軍務局・艦政（かんせい）局・会計局・軍事部に改正され、海軍水路部・購買委員・海軍衛生部・海軍兵器製造所・海軍火薬製造所などが省外に置かれた。明治十九年三月二十二日、海軍省軍事部が陸軍参謀本部と合併した。本部長に就任した有栖川宮熾仁親王のもとに陸軍部と海軍部が同等の形式で存立した。海軍部を指揮する本部次長には、仁礼景範（にれかげのり）海軍中将が就任。海軍陸海軍合併の参謀本部は、明治二十二年三月に解体する。海軍参謀部は海軍大臣に隷属した。

昭和二十年（一九四五）十一月、海軍省は廃止された。新設の第二復員省が残務整理を担った。

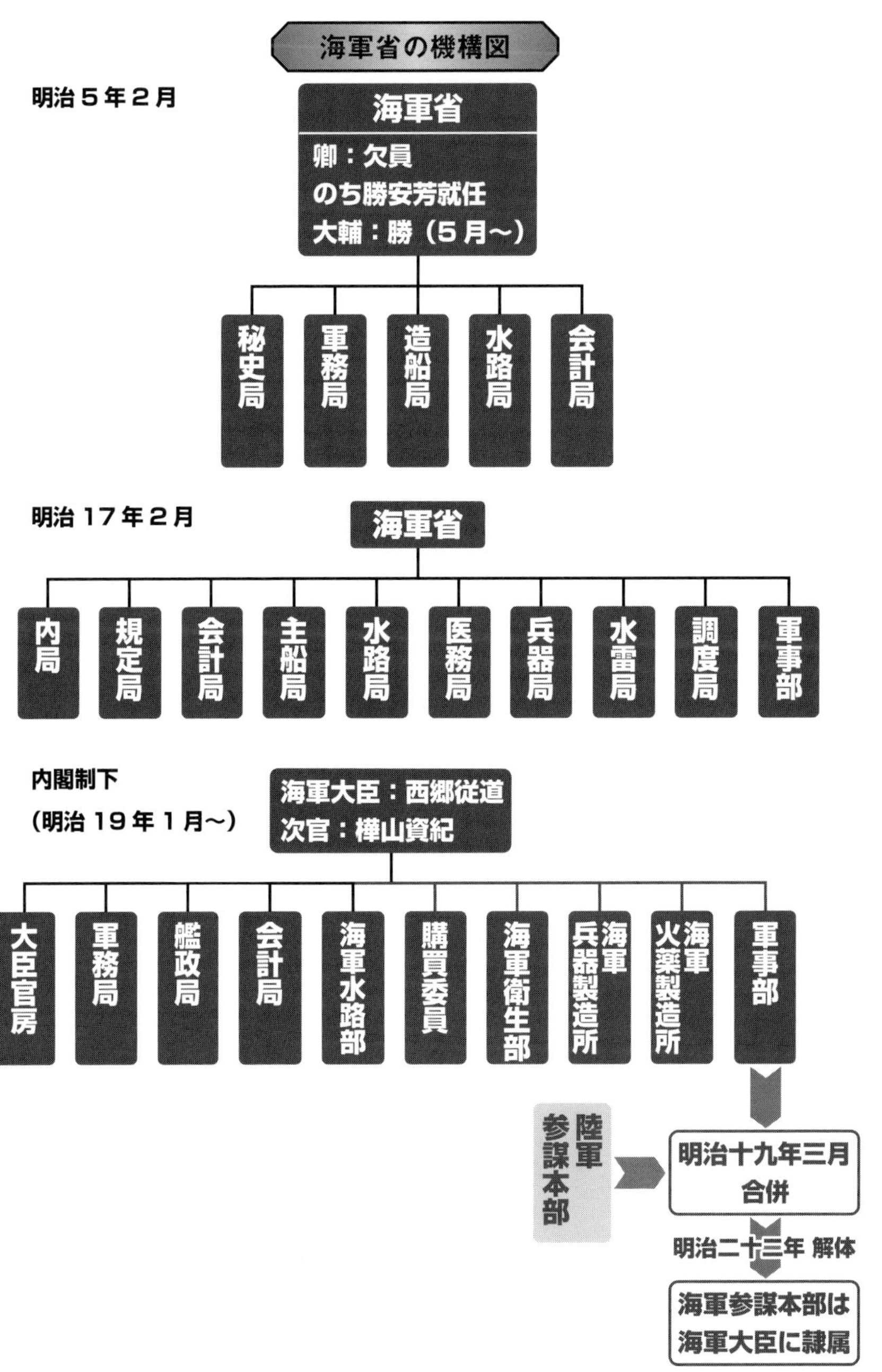
海軍省の機構図
明治５年２月
海軍省
卿：欠員
のち勝安芳就任
大輔：勝（５月〜）
秘史局
軍務局
造船局
水路局
会計局
明治１７年２月
海軍省
内局
規定局
会計局
主船局
水路局
医務局
兵器局
水雷局
調度局
軍事部
内閣制下
（明治１９年１月〜）
海軍大臣：西郷従道
次官：樺山資紀
大臣官房
軍務局
艦政局
会計局
海軍水路部
購買委員
海軍衛生部
海軍兵器製造所
海軍火薬製造所
軍事部
陸軍参謀本部
明治十九年三月
合併
明治二十三年 解体
海軍参謀本部は
海軍大臣に隷属

# 11 内務省(ないむしょう)――内政の基幹となった総合官庁

明治六年政変後の十一月十日、内政全般を担う機関として設立された。内務省には、大蔵省・司法省・工部省の機能の一部が移管され、設立当初は上局のほか勧業・警保・戸籍・駅逓・土木・地理の六寮と測量司が置かれた。

明治四年（一八七一）七月の民部省廃止以後、内政は大蔵省に委ねられた。一躍、巨大官庁となった大蔵省へは批判も少なくなく、左院や地方官などからは、大蔵省の権限を削ぎ、内政を担う省庁の設立を求める声があがった。留守政府の江藤新平は、治安の安定も射程に入れて内務省の設置を構想するも、政情不安などから実現は見送られた。岩倉使節団の一員として日本を離れていた大久保利通もこうした構想をかねてから持っており、さらに留守政府の意向を知ったため、西洋での内務行政の調査も行った。

帰国した大久保は、明治六年政変後、治安維持も見据えて内務省を誕生させ、自らが内務卿に就任した。明治八年五月、大久保は、勧業行政による「実力」の養成と警察行政による「治安の根基」を内務行政の基本目標に据えた。そのため、内務省には藩閥出身者が少なく、実務経験に富んだ旧幕臣や親藩出身者が多く登用された。さらに地方行政機能の整備も考慮され、内務省には地方官からの転任者も多く、再び地方官に戻る者も少なくなかった。地方との密接な連携を通じて、全国統一の地方行政の徹底を図ったのである。

明治九年半ば以降、地租改正などを受けて頻発した新政反対一揆や、明治十年二月に勃発した西南戦争に代表される相次ぐ士族反乱を受け、内務行政も転換を迫られる。すなわち、機構改革のほか、これまで勧業行政に限定されていた民力養成論を、地方行政にも拡大していく。

明治九年四月、内務省の七寮一局四課一掛に博物館を加えた機構が、勧業・駅逓・土木・地理の四寮、内・戸籍・警保・図書・衛生・博物・庶務の七局、会計・翻訳・往復の三課体制に改められた。地租軽減を見据え、機構の簡素化を図ったのである。さらに西南戦争後には、開墾事業を士族授産の中心に位置づけた。

明治十一年三月、大久保は「地方之体制等改正之儀」を上申した。各地で反政府の機運が高まることを恐れ、地方分権の必要性を指摘し、地方政治への住民参加を認めようと考えたのである。五月に大久保は暗殺されてしまうものの、かねてから統一的地方制度の樹立を志向していた内務省は、引き続きその実現に傾注した。その結果、明治十一年七月、郡区町村編制法・府県会規則・地方税規則からなる地方三新法が公布され、町村に自治的要素が与えられたのである。なお、大久保の暗殺後、伊藤博文が内務卿に就いた。

明治十四年四月に農商務省が新設されると、内務省の勧農局は廃止され、駅逓局・博物局・博物局所属博物館・山林局が農商務省に移管された。その結果、内・警保・地理・戸籍・社寺・土木・衛生・図書・会計・庶務・取調・監獄の十二局体制となった。内務省の省務の中心は、勧業行政から警察行政と地方行政に移っ

内務省古写真◆神田橋門内の大蔵省の敷地内にあった。明治初期、中央官庁の営繕を主導した林忠恕による洋風建築の木造庁舎である　「写真の中の明治・大正」　国立国会図書館

た。これには、新たに大蔵卿となった松方正義が従来の積極財政から緊縮財政に舵を切ったことも大きい。折しも在野では自由民権運動が隆盛し、明治十五年以降、集会条例や新聞紙条例の改正、博徒犯処分規則の制定など、内務省は民権派を取り締まる法令を相次いで制定した。また、地方行政では、明治十七年に戸長を官選化するなど、内務省による町村統制を強化した。

明治十七年八月、内務卿の山県有朋は、「内治の本務」が「民業勧奨」から「国内の安寧」へと転換したと訴え、職制改革を訴えた。明治十八年六月、官房のほか、総務・県治・警保・土木・衛生・地理・戸籍・社寺・会計の各局に改められた。県治局が首席の位置を占め、地方行政機関としての内務省が確立したのである。

明治十八年十二月の内閣制度創設でも、地方行政事務が内務省の主管事務の筆頭とされた。初代内務大臣は山県が務めた。

昭和二十二年（一九四七）十二月三十一日、内務省は廃止された。

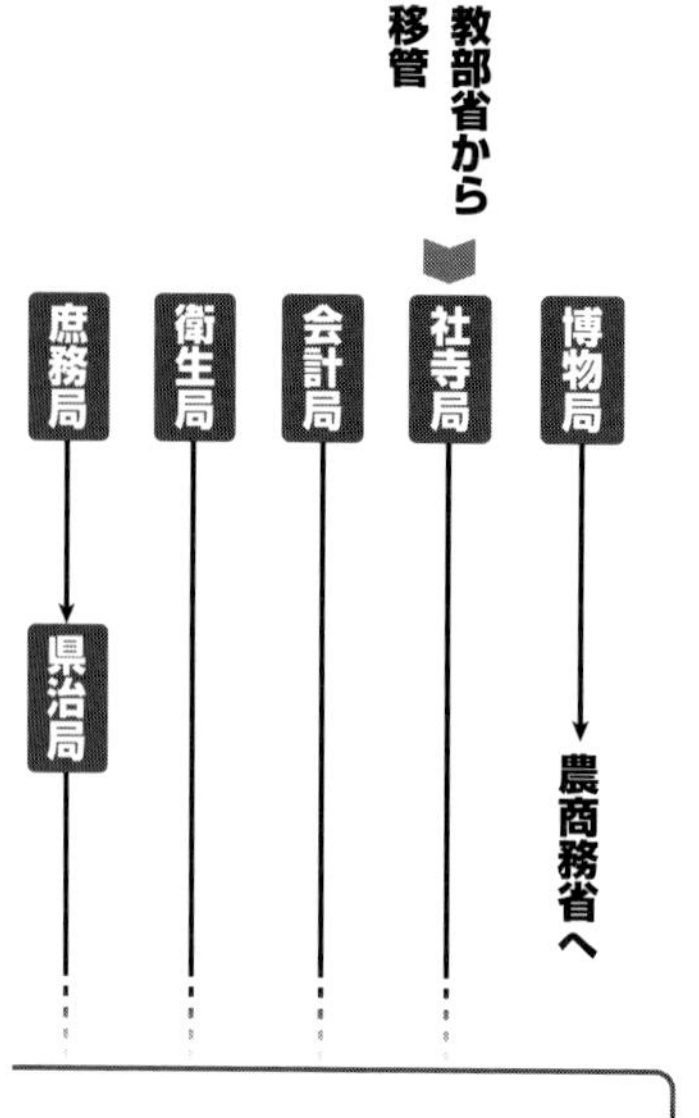

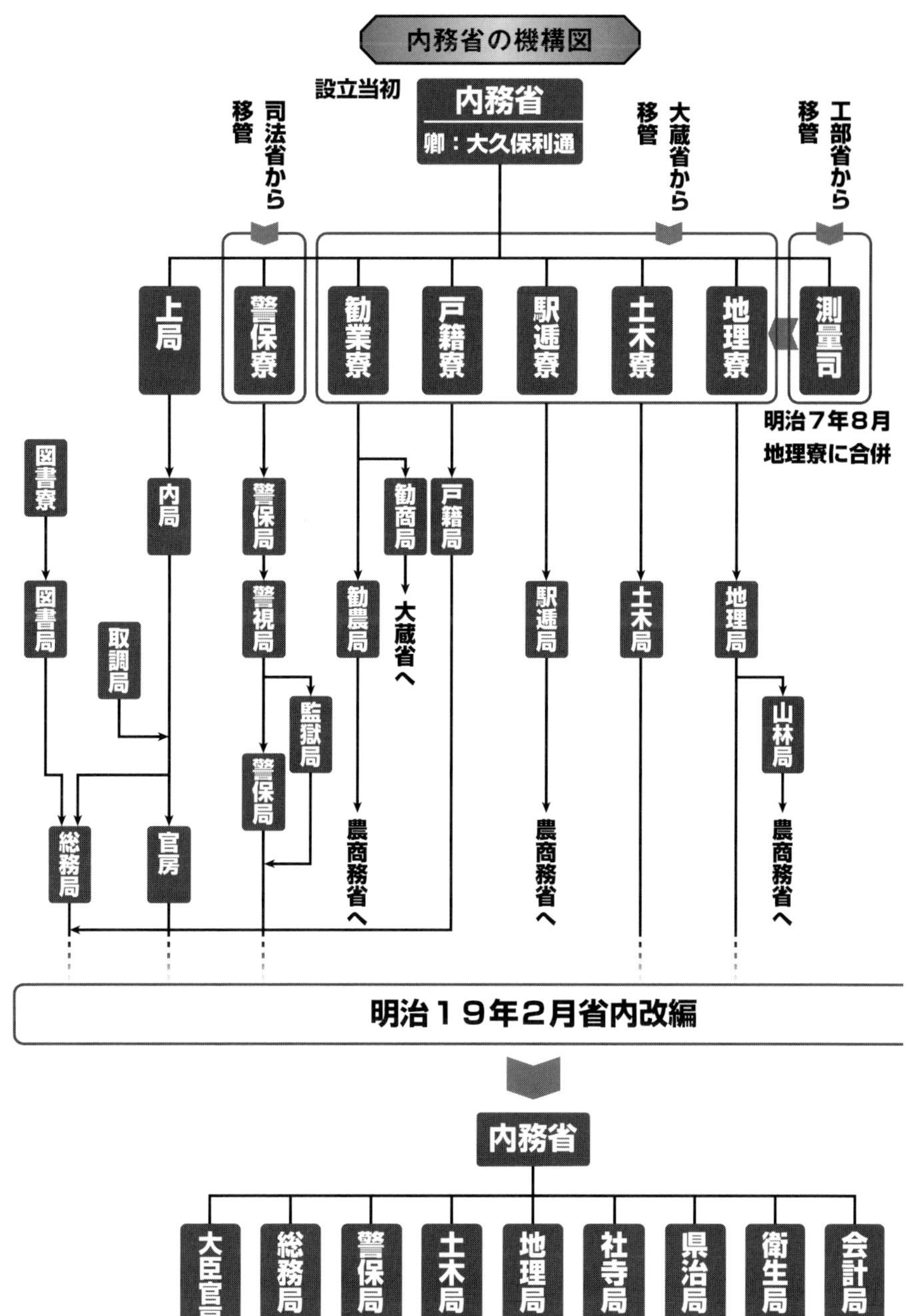
内務省の機構図
設立当初
内務省
卿：大久保利通
司法省から移管
大蔵省から移管
工部省から移管
上局
警保寮
勧業寮
戸籍寮
駅逓寮
土木寮
地理寮
測量司
明治７年８月
地理寮に合併
図書寮
内局
警保局
勧商局
戸籍局
図書局
取調局
警視局
勧農局
大蔵省へ
駅逓局
土木局
地理局
監獄局
山林局
警保局
総務局
官房
農商務省へ
農商務省へ
農商務省へ
明治１９年２月省内改編
内務省
大臣官房
総務局
警保局
土木局
地理局
社寺局
県治局
衛生局
会計局

# 12 農商務省(のうしょうむしょう)——農林・商工の奨励を推し進める

明治十四年（一八八一）四月七日、内務省の勧農局・駅逓局・山林局・博物局などのほか、大蔵省の商務局、工部省の工務局などを統合し、農商工行政全般を担う機関として設立された。設立当初の農商務省には、官房のほか、書記・農務・商務・工務・山林・駅逓・博物・会計の八局が設けられた。農商務卿は河野敏鎌(こうのとがま)、西郷従道が歴任している。

農商務省の設立は、明治十三年十一月に参議の大隈重信と伊藤博文が提出した「農商務省創設の議」にもとづく。西南戦争後のインフレ進行などを受け、財政整理の必要性が高まっていた。そうしたなかで勧業政策を推進するためには、農商に関する事務を一元化する必要がある。さらに商務を担っていた大蔵省の弱体化も見据え、農商務省の設立が建議されたのであった。

農商務省は設立以後、開拓使の事務の一部を移管（のちに北海道庁へ移管）、東京商法講習所(とうきょうしょうほうこうしゅうじょ)（東京商業学校に改称）や神戸商業講習所(こうべしょうぎょうこうしゅうじょ)を直轄（のちに文部省に再移管）とするなど、所掌の増減が繰り返された。

明治十八年の内閣制度創設にともない、谷干城(たにかんじょう)が初代農商務大臣に就任。この際、駅逓局が新設の逓信省に、翌年には博物局が宮内省に移管された。明治十九年二月二十七日の官制では大臣官房に加え、総務・農務・商務・工務・水産・山林・地質・鉱山・専売特許・会計の十局編成となった。明治二十年十二月には専売特許局が廃され、外局として特許局が置かれた。明治二十三年、商務局と工務局が合併して商工局となり、さらに水産局の農務局への吸収、特許局の内局化、地質局の廃止、外局として富岡製糸所が設置された。

大正十四年（一九二五）三月三十一日、農商務省は農林省と商工省に分離された。

## 農商務省機構図

明治19年2月

**農商務省**
大臣：谷干城（初代）

- 大臣官房
- 総務局
- 農務局
- 商務局
- 工務局
- 水産局
- 山林局
- 地質局
- 鉱山局
- 専売特許局 → 明治二十年十二月廃止 → 特許局（外局）
- 会計局

谷干城◆内閣制度創設にともない、初代農商務大臣に就任。大軍監として参軍した戊辰戦争をはじめ、佐賀の乱・台湾出兵・西南戦争など軍事面で活躍したことでも知られる 『近世名士写真其2』 国立国会図書館デジタルコレクション

農商務省古写真◆建物は内務省の隣にあった。設計をしたのは新家孝正という人物で、ほかに華族女学校や旧学習院初等科正堂なども手がけている 「写真の中の明治・大正」 国立国会図書館

# 13 参事院（さんじいん）――広く強い職権で法律規則を審査する

明治十四年（一八八一）十月二十一日、法令審査機関として太政官内に設けられた。議長（一名）・副議長（一名）のほか、定員がない官職として議官・議官補・員外議官補・書記官・書記生が置かれた。

設立と同日に定められた参事院職制章程によれば、参事院は「内閣の命に依り法律規則の草定審査に参預するの所」と位置づけられている（『法令全書』）。主たる職務は、自らの発議または内閣の命による法律規則案の起草、各省から提出された法律規則案の審査・修正、元老院議決議案の審査、諸官庁から提出された文書の審査、各省の年報や報告等の審査、行政官と司法官との間あるいは地方議会と地方官との間の権限争いをめぐる審査、諸官庁からの法律規則に関する質疑への回答である。

太政官は参事院の創設と同時に、参議・省卿の兼任復活にあわせて、参議による法制・会計・軍事・内務・司法・外務という六部の担当制を廃止していた。参事院内には内局に加えてこれら六部が置かれ、議官が部長となって事務にあたった。

以上のように、参事院の職権は広範かつ強大であった。また、参事院は実務的な政策決定レベルにおいて内閣（太政官）の機能を実質的に代行していた、との評価もある。たしかに参事院は、地方行政の円滑化や法的整合性の追求という観点からさまざまな裁定を下した。そのため、参事院には学識の豊富な面々が集められた。議長に伊藤博文、議官に井上毅・伊東巳代治（いとうみよじ）・尾崎三良（おざきさぶろう）・大森鍾一（おおもりしょういち）らが就任した。なお、議長は、伊藤に次いで山県有朋、福岡孝弟が歴任した。

明治十七年四月、参事院章程が改正される。行政官と司法官との間の権限争いをめぐる審査などの職務が削除された。

明治十八年十二月二十二日、内閣制度の創設にともない、参事院は廃止された。

伊東巳代治◆明治18年（1885）に第一次伊藤博文内閣が組閣されると首相秘書官に就任。翌年には大日本帝国憲法起草に関わり、その後も第2次伊藤内閣書記官長、第3次伊藤内閣農商務相、枢密顧問官などを歴任し、伊藤を支え続けた。枢密院の重鎮として昭和初期まで政界に影響力を持っていたという 『近世名士写真其1』 国立国会図書館デジタルコレクション

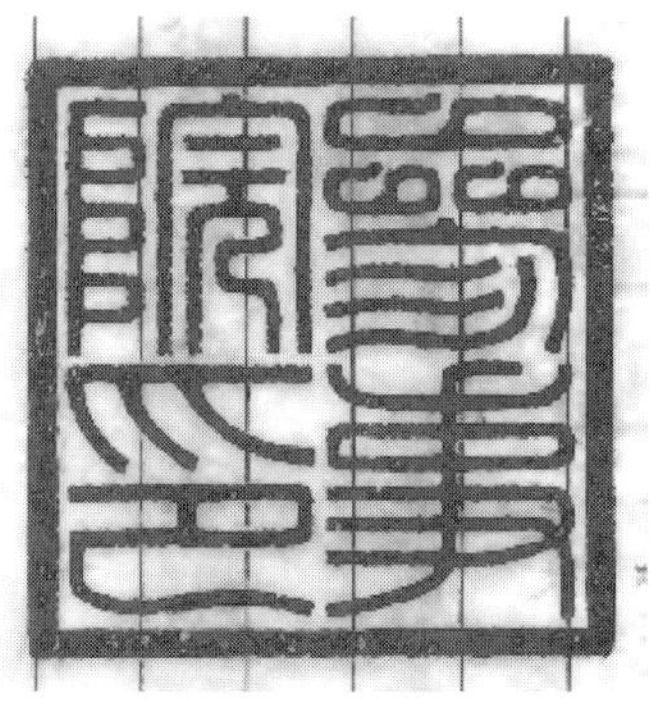

参事院印章◆「参事院印」と彫られ、簿冊に捺されている 国立公文書館蔵

**参事院機構図**

**太政官**

**参事院**

**初代議長**
**伊藤博文**

**法律規則案の審査・改正など**

**法制部**・**会計部**・**軍事部**・**内務部**・**司法部**・**外務部**

**その他の官職**

**議官・議官補・員外議官補**
**書記官・書記生**

# 14 逓信省――郵便・電信の要となる

明治十八年（一八八五）十二月二十二日、内閣制度の創設にともない、駅逓・電信・灯台・営船を所管する機関として設立された。郵便事業のほか、郵便為替や貯金事業も担った。駅逓局と管船局は農商務省から、電信局と灯台局は廃止となった工部省から移管された。これにより、通信と海運業務が統合されることとなった。初代逓信大臣は榎本武揚、同次官は野村靖が務めた。

明治十六年七月、工部大学校の教授であった志田林三郎が駅逓と電信事務の統合を建議した。さらに翌月には、工部卿の佐佐木高行が同様の建議を行っており、これらが逓信省設立の契機となった。

明治二十年三月、大臣官房・総務局・会計局・管船局・灯台局に加え、内信・外信・工務・為替貯金の四局を新設。内信・外信の両局が郵便事務を、外信・為替貯金の両局が為替事務を、為替貯金局が貯金事務を、内信・外信・工務の三局が電信事務を担った。明治二十三年七月には、郵便為替貯金局官制が制定された。これにより、郵便為替貯金局が外局となり逓信省から分離した。また、内信・外信・工務の三局が統廃合され、郵務・電務の二局が設けられた。明治二十四年には電話・電気事業の事務が逓信省の職掌となる。

郵便局は明治二十五年十月から小包郵便を新たに扱うこととなった。また、明治三十三年には貯金を郵便貯金と改称し、大正五年（一九一六）には簡易生命保険を、大正十五年には郵便年金を創業した。

その後、昭和十八年（一九四三）十一月、逓信省は鉄道省と合併し、運輸逓信省となった。敗戦後の昭和二十一年七月に逓信省が復活するものの、昭和二十四年六月には郵政省と電気通信省に分割された。

なお、逓信とは駅逓・電信から一字ずつとったもので、今日でも用いられる「〒」は、逓信省の「テ」を図案化したものといわれる。

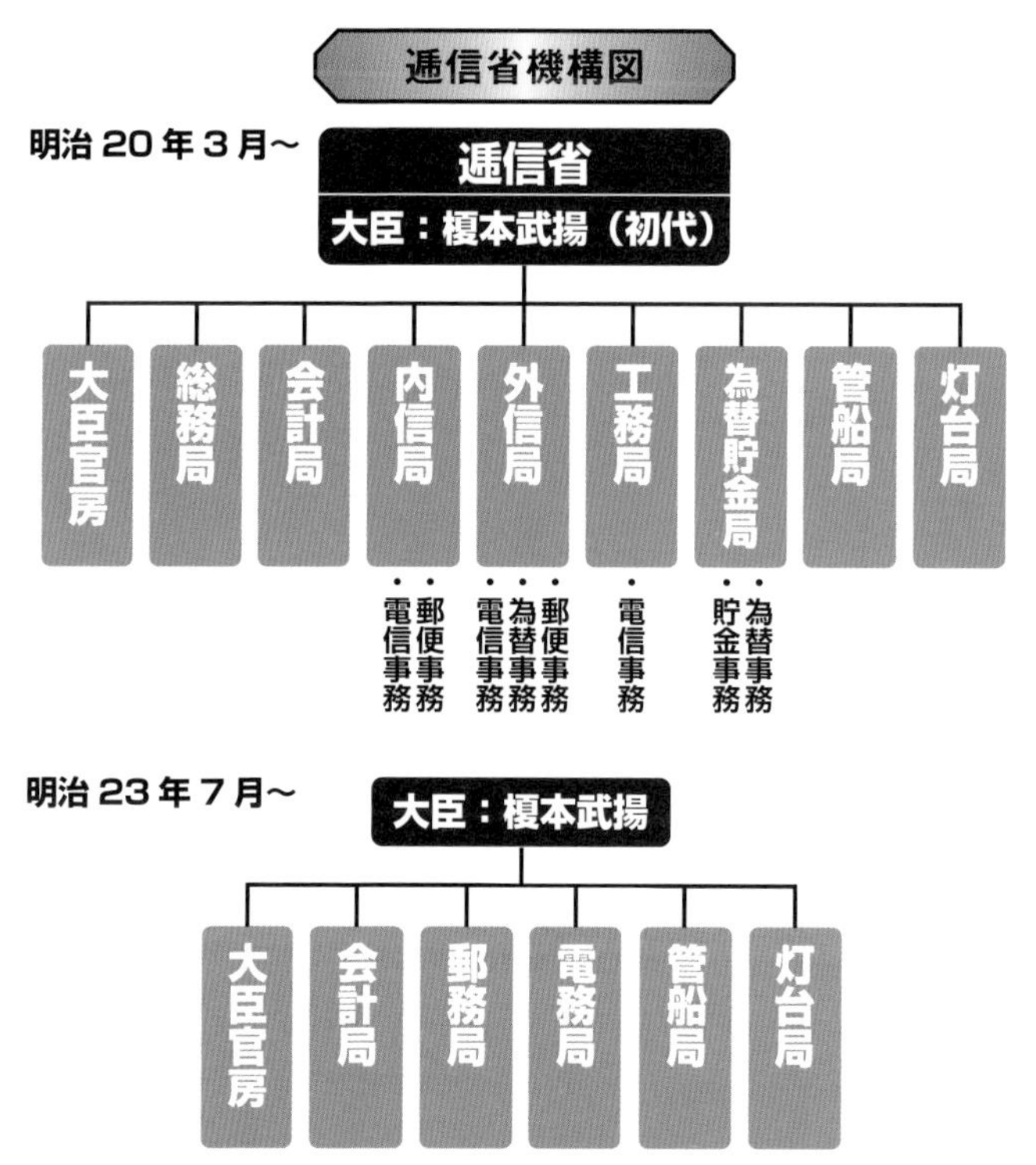

東京第一名所日本橋御模様替繁栄之図◆画像右手の建物が逓信省が管轄した電信局である。馬車に乗る人びとなど文明開化の様子をよく伝える。絵師は開化絵をよく手がけた二代目歌川国輝である　東京都立中央図書館特別文庫室蔵

# 15 内閣制度(ないかくせいど)──責任政治のための統治システム

明治六年（一八七三）五月以降、太政官制下において大臣と参議の合議体を内閣と称した。しかし、明治十六年に右大臣の岩倉具視が死去して以降、太政大臣の三条実美は閣内の調整などを十分にこなせていたとはいえず、参議は自ら天皇に助言できなかった。来るべき議会開設や憲法制定に備え、実力者が首班となる円滑な政策決定過程を構築するため、抜本的な政治改革の必要性に迫られたのである。

さらに明治十八年に入ると、関係する省の間で地方経営をめぐる対立が生じ、省の統廃合や大臣・卿の変更が求められた。また、壬午事変(じんごじへん)や甲申事変(こうしんじへん)が勃発した極東情勢を踏まえ、陸海軍の改革も重要性を増す。一連の改革を実行するためには、太政大臣の三条実美の更迭も見据えられることとなった。

このような背景から明治十八年十二月二十二日、太政官制が廃止となり、内閣制度が創設された。太政大臣・左右大臣・参議・省卿・大輔は廃止され、内閣総理大臣(ないかくそうりだいじん)のほか、各省の長官である国務大臣(こくむだいじん)が設けられ、大輔は次官に改組された。内閣は、総理大臣と各省の長官である国務大臣により構成される。宮内・外務・内務・大蔵・陸軍・海軍・司法・文部・農商務の各省は太政官制から引き継がれ、逓信省が新設された。なお、内閣制度創設により宮中・府中の別が確立し、宮内大臣と内大臣は内閣外となった。

同日に定められた内閣職権は、ドイツをモデルとしており、総理大臣に大きな権限を与える大宰相主義を特徴としている。総理大臣は天皇への奏上を行うほか、「大政の方向を指示し行政各部を統督」する（「公文類聚」）。すべての法律命令に総理大臣の副署が必要であることが規定された。

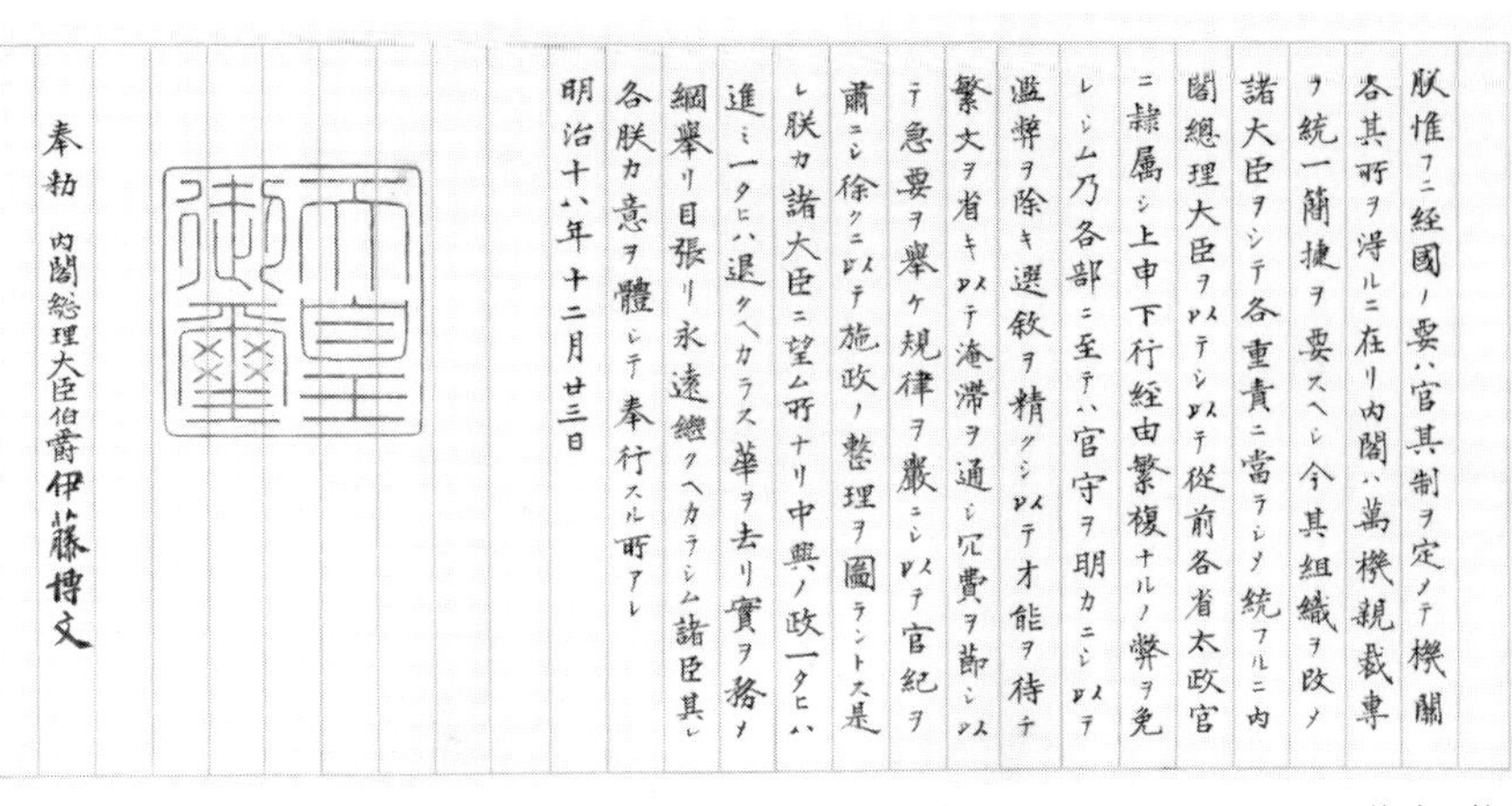
朕惟フニ經國ノ要ハ官其制ヲ定メテ機關各其所ヲ得ルニ在リ内閣ハ萬機親裁專ヲ統一簡捷ヲ要スヘシ今其組織ヲ改メ諸大臣ヲシテ各重責ニ當ラシメ統フルニ内閣總理大臣ヲ以テシ以テ從前各省太政官ニ隷屬シ上申下行経由繁複ナルノ弊ヲ免レシム乃各部ニ至テハ官守ヲ明カニシ以テ濫弊ヲ除キ選敘ヲ精クシ以テ才能ヲ待チ繁文ヲ省キ以テ淹滞ヲ通シ冗費ヲ節シ以テ急要ヲ擧ケ規律ヲ嚴ニシ以テ官紀ヲ肅ニシ徐クニ以テ施政ノ整理ヲ圖ラントス是レ朕カ諸大臣ニ望ム所ナリ中興ノ政一タヒ進ミ一タヒハ退クヘカラス華ヲ去リ實ヲ務メ綱擧リ目張リ永遠繼クヘカラシム諸臣其レ各朕カ意ヲ體シテ奉行スル所アレ

明治十八年十二月廿三日

天皇御璽

奉勅　内閣総理大臣伯爵伊藤博文

内閣制度創始に関する詔勅◆内閣制度の導入にあたり、明治天皇が発せられたものである。施政の整理を図り、この制度を永遠に継ぐべきと示されている　国立公文書館蔵

内閣制度創設直後の人事は、総理大臣を伊藤博文、内務大臣を山県有朋、外務大臣を井上馨、大蔵大臣を松方正義、陸軍大臣を大山巌、海軍大臣を西郷従道、司法大臣を山田顕義、文部大臣を森有礼、農商務大臣を谷干城、逓信大臣を榎本武揚が務めた。内閣のもとには新設の法制局が置かれ、法案審査のほか、重要政策の調査・立案も担った。

明治十九年二月二十七日には各省官制が制定された。初代長官は山尾庸三（やまおようぞう）である。各省の次官が大臣と官僚を結ぶ存在となり、省内事務を総括する総務局長を兼任した。行政組織の整備は、一応の完成をみたのである。

明治二十二年二月十一日に公布された大日本帝国憲法第五十五条は、国務大臣が単独で輔弼責任を持ち、法律や勅令に国務大臣の副署を必要とすると定めていた。これと、総理大臣の各大臣に対する優越的権限を定める内閣職権が矛盾するのではないかと考えられた。また、当時の総理大臣である黒田清隆（くろだきよたか）が大隈重信外務大臣の条約改正交渉を強行したものの、テロで大隈が負傷するなど、条約改正は失敗に終わり、黒田内

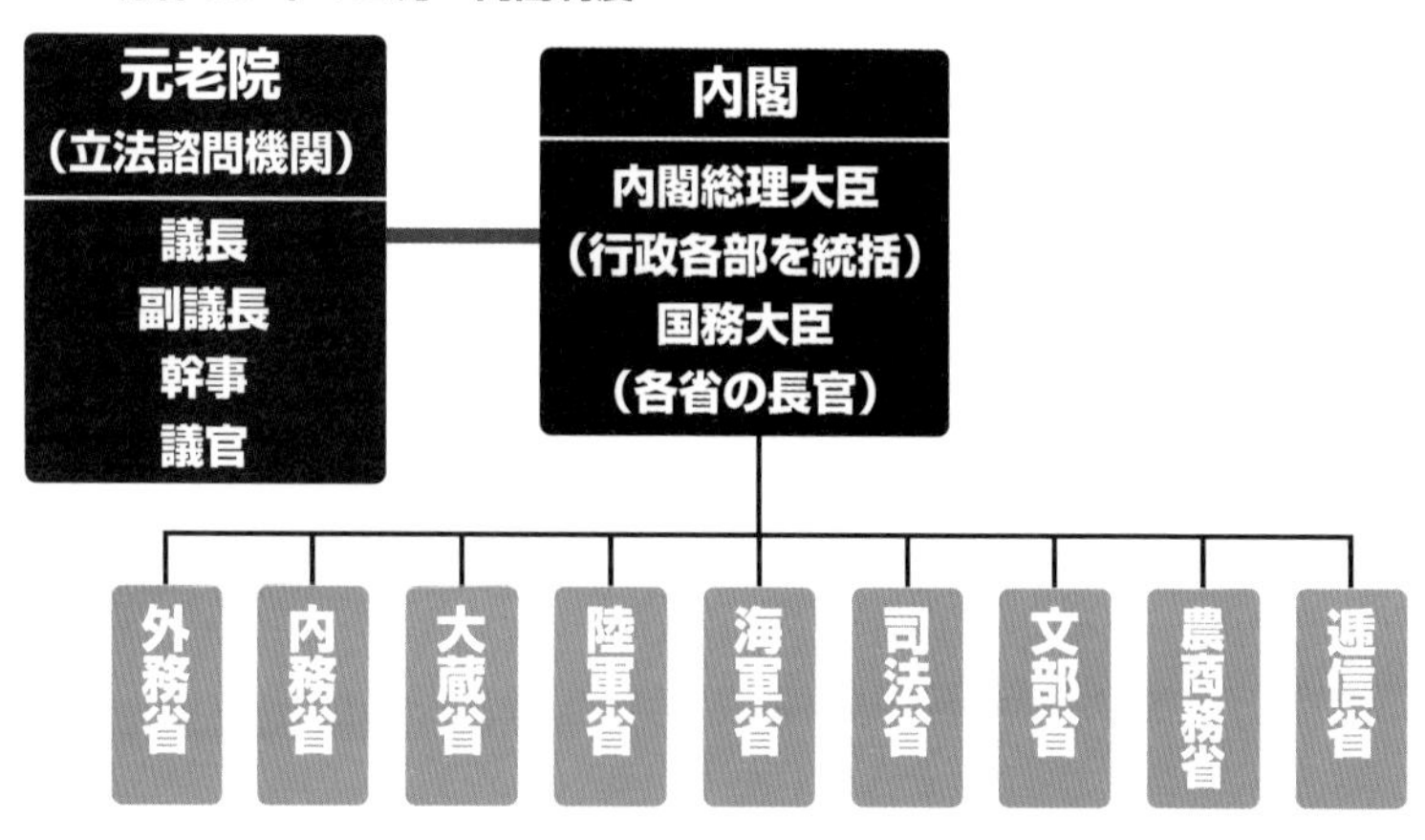


閣は総辞職した。ここで総理大臣の権限が現状でいいのか、という疑問が生じた。また、議会開設を控え、閣内の合議がままならない状況への危機感が生まれた。そこで、法制局長官の井上毅が官制調査委員長となり、内閣制度の見直しに取り掛かった。

かくして十二月二十四日、内閣官制が定められ、内閣制度は内閣職権から改められた。総理大臣は同輩中の首席に過ぎないとされ、一部勅令への総理の副署が廃止されたのである。

従来、内閣官制により総理大臣の権限は大幅に制限され、リーダーシップが欠如したといわれてきた。しかしながら、総理大臣はあくまで内閣の首班であり、行政上の機務を天皇に奏上する点に変化はなかった。なにより、組閣の権限は、実質的に総理大臣の掌中にあった。また、行政各部の処分や命令を中止できる総理権限も維持された。

以上から内閣官制は、総理大臣の指導力に配慮しつつ、憲法に適合させるため、国務大臣の自律性を高めたものであるといえよう。

朕茲ニ内閣官制ヲ裁可ス

睦仁 天皇御璽

明治二十二年十二月二十四日

内閣總理大臣公爵三條實美
内務大臣伯爵山縣有朋
海軍大臣伯爵西郷從道
司法大臣伯爵山田顯義
大藏大臣伯爵松方正義
陸軍大臣伯爵大山巖
文部大臣子爵榎本武揚
遞信大臣伯爵後藤象二郎

勅令第百三十五號

内閣官制

第一條 内閣ハ國務各大臣ヲ以テ組織ス

第二條 内閣總理大臣ハ各大臣ノ首班トシテ機務ヲ奏宣シ旨ヲ承ケテ行政各部ノ統一ヲ保持ス

第三條 内閣總理大臣ハ須要ト認ムルトキハ行政各部ノ處分又ハ命令ヲ中止セシメ勅裁ヲ待ツコトヲ得

第四條 凡ソ法律及一般ノ行政ニ係ル勅令ハ内閣總理大臣及主任大臣之ニ副署スヘシ勅令ノ各省專任ノ行政事務ニ屬スル者ハ主任ノ各省大臣之ニ副署スヘシ

第五條 左ノ各件ハ閣議ヲ經ヘシ
一 法律案及豫算決算案
二 外國條約及重要ナル國際條件
三 官制又ハ規則及法律施行ニ係ル勅令

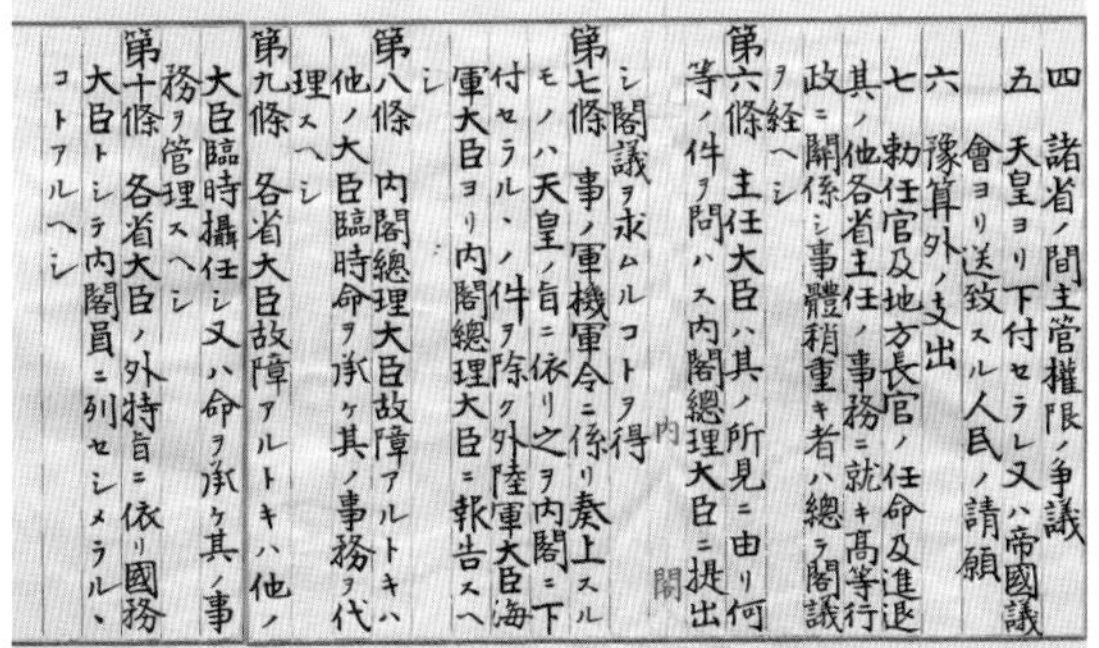

四 諸省ノ間主管權限ノ爭議
五 天皇ヨリ下付セラレ又ハ帝國議會ヨリ送致スル人民ノ請願
六 豫算外ノ支出
七 勅任官及地方長官ノ任命及進退
其ノ他各省主任ノ事務ニ就キ高等行政ニ關係シ事體稍重キ者ハ總テ閣議ヲ經ヘシ

第六條 主任大臣ハ其ノ所見ニ由リ何等ノ件ヲ問ハス内閣總理大臣ニ提出シ閣議ヲ求ムルコトヲ得

第七條 事ノ軍機軍令ニ係リ奏上スルモノハ天皇ノ旨ニ依リ之ヲ内閣ニ下付セラル、ノ件ヲ除ク外陸軍大臣海軍大臣ヨリ内閣總理大臣ニ報告スヘシ

第八條 内閣總理大臣故障アルトキハ他ノ大臣臨時命ヲ承ケ其ノ事務ヲ代理スヘシ

第九條 各省大臣故障アルトキハ他ノ大臣臨時攝任シ又ハ命ヲ承ケ其ノ事務ヲ管理スヘシ

第十條 各省大臣ノ外特旨ニ依リ國務大臣トシテ内閣員ニ列セシメラル、コトアルヘシ

内閣官制に関する勅令◆御名（天皇の署名）・御璽（天皇の印）を付した文書の原本で、内閣官制について10箇条にわたり、取り決めがなされている。昭和22年（1947）、日本国憲法および内閣法にともない、内閣官制は廃止された　国立公文書館蔵

皇国高官鑑◆第一次伊藤博文内閣の閣僚らが描かれている。描いたのは浮世絵師の石斎（歌川）国保である　衆議院憲政記念館蔵

# 16 内閣総理大臣（ないかくそうりだいじん）——日本をまとめる〝リーダー〟

明治十八年（一八八五）十二月二十二日、内閣制度の創設にともない、内閣の首班・首長として設けられた。同日、内閣総理大臣の職責を定めた内閣職権も制定された。全七条からなる内閣職権は、「内閣総理大臣は各大臣の首班として機務を奏宣し旨を承て大政の方向を指示し行政各部を統督す」（第一条）、「内閣総理大臣は行政各部の成績を考へ其説明を求め及ひ之を検明することを得」（第二条）とあり、各省大臣と比べて内閣総理大臣の権限を大きく認めるものであった（「公文類聚」）。そのため、内閣職権は大宰相主義と呼ばれる。ドイツのハルデンベルク官制がモデルとなっている。

明治二十二年二月十一日に大日本帝国憲法が発布されると、内閣職権との矛盾が指摘される。それは、憲法で国務大臣が単独で輔弼責任を持つと定める点が、内閣総理大臣に強力な権限を認める内閣職権と矛盾するのではないか、というものである。また、黒田清隆内閣で、条約改正交渉をめぐり閣内が分裂してしまう。

これらを受けて十二月二十四日、内閣官制が新たに制定された。内閣総理大臣の国務大臣に対する指揮監督権などが削除され、その地位と権限は大幅に縮小された。一般的に、内閣官制により内閣総理大臣は同輩中の首席に過ぎず、小宰相主義が採られたと評される。ただし、天皇の大命を受けて組閣するのは内閣総理大臣のみであり、閣内統制力は決して小さくなかったとの指摘もある。

なお、本書が主としてカバーする期間の内閣総理大臣は、伊藤博文、黒田清隆、三条実美、山県有朋である。ただし、三条は内大臣との兼任で暫定的なものであった。

明治期の歴代内閣総理大臣の一覧表（名前　在職年　出身地など。『日本内閣史録』などをもとに作成）

| 次数・氏名 | 就任（就任時年齢） | 退任（在職日数） | 生年 | 没年 | 出身地 | 藩閥・政党 |
|---|---|---|---|---|---|---|
| 第１次 伊藤博文 | １８８５年（明治18年）12月22日（44歳） | １８８８年（明治21年）４月30日（８６１日） | １８４１年（天保12年）９月２日 | １９０９年（明治42年）10月26日暗殺（68歳） | 山口県 | 長州藩閥 |
| 黒田清隆 | １８８８年（明治21年）４月30日（47歳） | １８８９年（明治22年）10月25日（５４４日） | １８４０年（天保11年）10月16日 | １９００年（明治33年）８月25日（59歳） | 鹿児島県 | 薩摩藩閥・陸軍 |
| 三条実美（臨時兼任） | １８８９年（明治22年）10月25日（52歳） | １８８９年（明治22年）12月24日（61日） | １８３７年（天保８年）２月７日 | １８９１年（明治24年）２月18日（歳） | 京都府 | |
| 第１次 山県有朋 | １８８９年（明治22年）12月24日（51歳） | １８９１年（明治24年）５月６日（４９９日） | １８３８年（天保９年）４月22日 | １９２０年（大正９年）４月22日（83歳） | 山口県 | 長州藩閥・陸軍 |
| 第１次 松方正義 | １８９１年（明治24年）５月６日（56歳） | １８９２年（明治25年）８月８日（４６１日） | １８３５年（天保６年）２月25日 | １９２４年（大正13年）７月２日（89歳） | 鹿児島県 | 薩摩藩閥 |
| 第２次 伊藤博文 | １８９２年（明治25年）８月８日（50歳） | １８９６年（明治29年）８月31日（１４８５日） | | | | |
| 黒田清隆（臨時兼任） | １８９６年（明治29年）８月31日（55歳） | １８９６年（明治29年）９月18日（19日） | | | | |
| 第２次 松方正義 | １８９６年（明治29年）９月18日（61歳） | １８９８年（明治31年）１月12日（４８２日） | | | | |
| 第３次 伊藤博文 | １８９８年（明治31年）１月12日（56歳） | １８９８年（明治31年）６月30日（１７０日） | | | | |
| 第１次 大隈重信 | １８９８年（明治31年）６月30日（60歳） | １８９８年（明治31年）11月８日（１３２日） | １８３８年（天保９年）２月16日 | １９２２年（大正11年）１月10日（83歳） | 佐賀県 | 憲政党 |
| 第２次 山県有朋 | １８９８年（明治31年）11月８日（60歳） | １９００年（明治33年）10月19日（７１１日） | | | | |
| 第４次 伊藤博文 | １９００年（明治33年）10月19日（59歳） | １９０１年（明治34年）５月10日（２０４日） | | | | 立憲政友会 |
| 西園寺公望（臨時兼任） | １９０１年（明治34年）５月10日（52歳） | １９０１年（明治34年）６月２日（24日） | １８４９年（嘉永２年）10月23日 | １９４０年（昭和15年）11月24日（91歳） | 京都府 | 立憲政友会 |
| 第１次 桂太郎 | １９０１年（明治34年）６月２日（53歳） | １９０６年（明治39年）１月７日（１６８１日） | １８４７年（弘化４年）11月28日 | １９１３年（大正２年）10月10日（65歳） | 山口県 | 陸軍 |
| 第１次 西園寺公望 | １９０６年（明治39年）１月７日（56歳） | １９０８年（明治41年）７月14日（９２０日） | | | | |
| 第２次 桂太郎 | １９０８年（明治41年）７月14日（60歳） | １９１１年（明治44年）８月30日（１１４３日） | | | | |
| 第２次 西園寺公望 | １９１１年（明治44年）８月30日（61歳） | １９１２年（大正元年）12月21日（４８０日） | | | | |

# 17 内大臣——天皇を常に補弼する

明治十八年（一八八五）十二月二十二日、内閣制度の創設にともない、「御璽国璽を尚蔵」すること、また天皇に「常侍補弼し及宮中顧問官の議事を総提」することを担う官職として設置された。宮中には、内大臣とともに宮中顧問官、内大臣秘書官も置かれた。宮中顧問官は十五名以内で、「帝室の典範儀式に係る事件に付諮詢に奉対し意見を具状」し、内大臣秘書官は二名以内の奏任官で、内大臣専属となる（『法令全書』）。初代内大臣は三条実美が務めた。宮中顧問官には、佐佐木高行・福岡孝弟・川村純義などが就任した。

内大臣については、太政大臣の三条実美を処遇するために設けられた名誉職的なものである、との評価が主流となっている。事実、内大臣は内閣に属さず宮内大臣からも独立している。宮中席次は内閣総理大臣の上に位置づけられたが、政治への現実的な影響力はほとんど持ちえなかった。

しかし、近年の研究では、従来とは異なる評価が生まれてきている。宮中・府中の別により、政治的権能の多くが内閣総理大臣に集中したが、それは宮中への影響力を持ちえないことを意味する。「常侍補弼」を謳われた内大臣が、天皇親政を掲げて内閣に対抗する可能性も否定できない。明治二十年から翌年にかけて井上馨の条約改正交渉が政府内外から痛烈な批判を浴びせられた際、宮中勢力がこれにのっていれば、伊藤博文内閣は大きな打撃を受けたであろう。

しかし、内大臣の三条はそのような選択をしなかった。三条のこのような姿勢が無為であるのか、はたまた意図的であるのかを示す史料は残されていない。ただし、佐佐木や福岡など、伊藤と距離のあった保守派が宮中顧問官にいたことに鑑みるに、三条が重しの役割を果たしたとみることも不可能ではない。

昭和二十年（一九四五）十一月二十四日、内大臣の職は廃止となった。

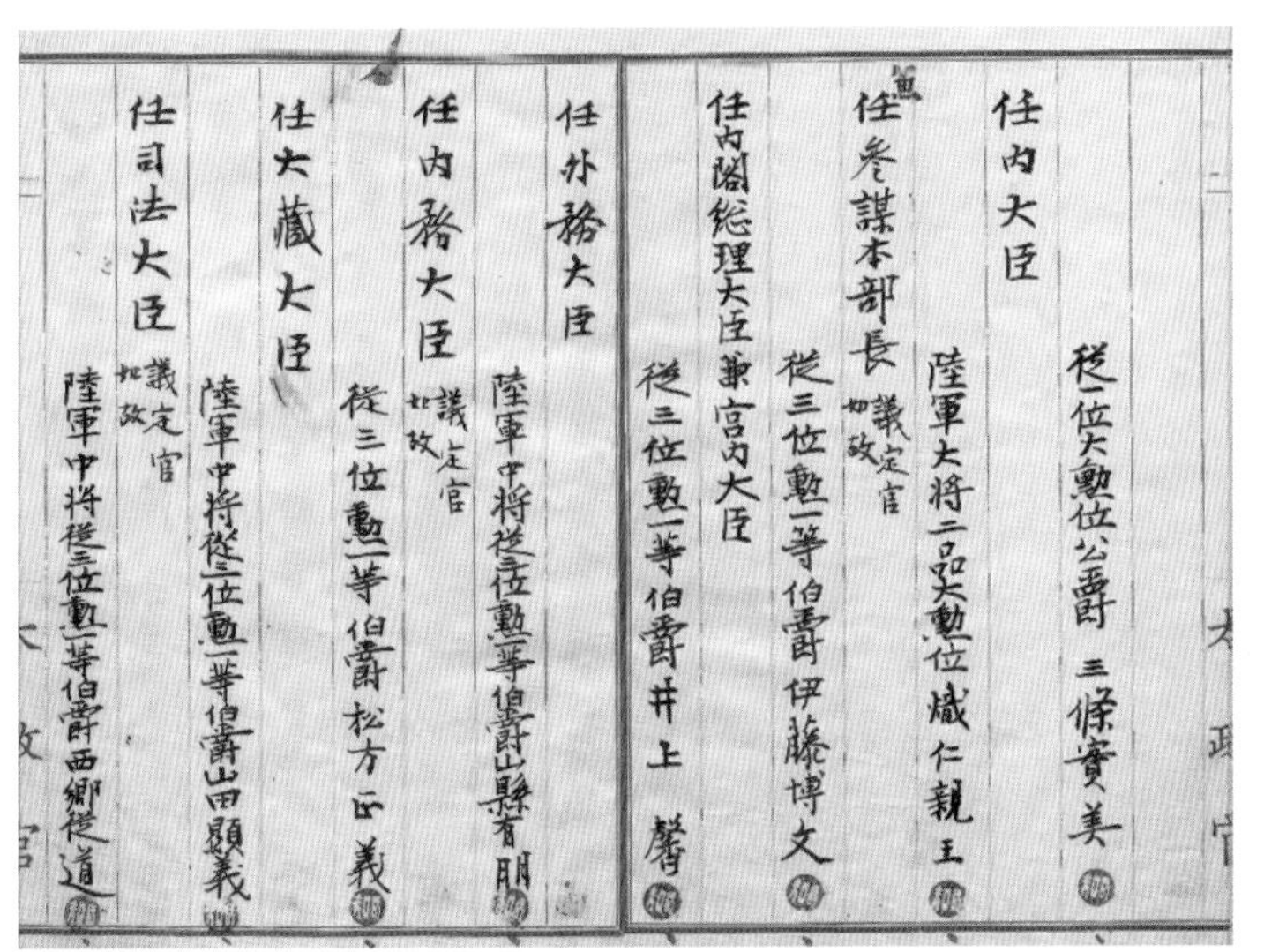
従一位大勲位公爵 三條實美
任内大臣
陸軍大将二品大勲位 熾仁親王
任参謀本部長 議定官如故
従三位勲一等伯爵 伊藤博文
任内閣総理大臣兼宮内大臣
従三位勲一等伯爵 井上馨
任外務大臣
陸軍中将従三位勲一等伯爵 山縣有朋
任内務大臣 議定官如故
従三位勲一等伯爵 松方正義
任大蔵大臣
陸軍中将従三位勲一等伯爵 山田顕義
任司法大臣 議定官如故
陸軍中将従三位勲一等伯爵 西郷従道

三条実美外三十三名任官ノ件◆内閣制度創設にあたって各大臣等の任官を記したもの。従一位大勲位公爵三条実美を内大臣に任じると書かれている　国立公文書館蔵

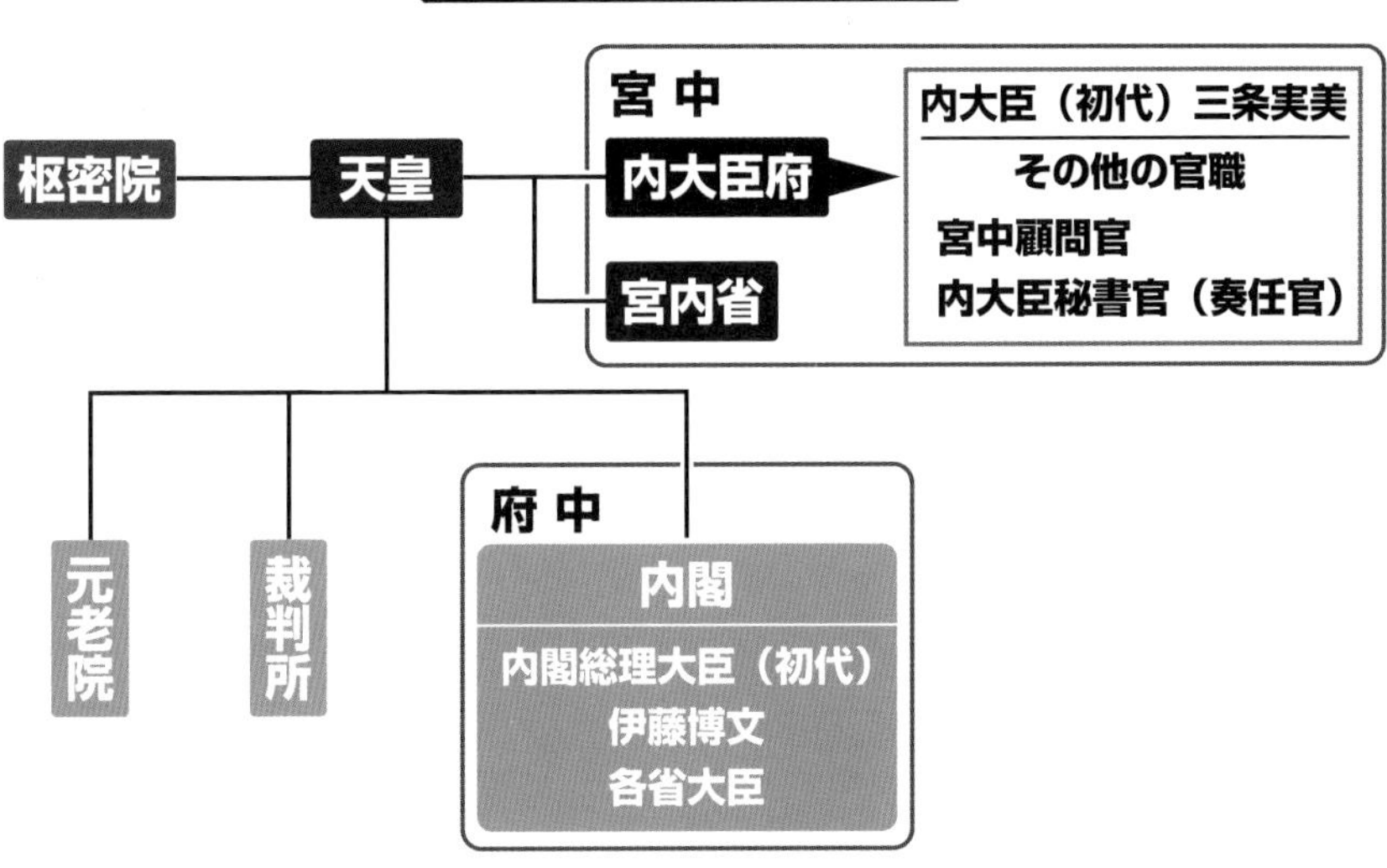

# 18 法制局――学識豊かな人びとで法案を調査する

明治期に法制局と呼ばれる機関は、二つ存在する。明治八年（一八七五）七月に太政官正院のもとに置かれた法制局と、明治十八年十二月の内閣制度創設にともない内閣のもとに置かれた法制局である。

前者の法制局は、明治六年五月の太政官制潤飾の際に正院の内史に設けられた法制課が改称したものである。法制課は、正院への権限集中を企図して左院への監視を強めたが、翌年には左院への配慮から左院へ移管となった。明治八年四月に左院が廃止され元老院が創設されると、七月三日、太政官内閣に法制局が設けられたのである。初代長官は参議の伊藤博文、初代主事は井上毅である。

法制局は、正院における法の制定や改正にあたって草案の作成を担うとともに、元老院や各省の建議の審査も行うなど、強力な権限を有した。明治十三年三月、太政官制の改革にともない法制局は廃止された。その所管事項は新設の法制部に移管され、翌年には参事院に引き継がれた。

後者の法制局は、参事院と制度取調局を統合したもので、各省提出の法案に対して法的整合性を図るべく審査にあたる機関である。また、内閣主体の重要政策についても、法制局が調査と立案を担当した。

法制局は内閣総理大臣の管轄下であり、外交や内務などに関する法律命令の起草審査を行う行政部、民法や刑法などに関する命令の起草審査を担う法制部、裁判所官制や行政裁判などを担う司法部が設置された。長官一名、参事官二十名、書記官二名、属で構成される。初代長官には山尾庸三が就任。明治二十一年二月には、井上毅が山尾を継いだ。参事官には平田東助や曾禰荒助、牧野伸顕など、学識の豊富な面々が顔を揃えた。

昭和二十三年（一九四八）二月、法務庁が設置されたことを受け、法制局は廃止された。

**法制局機構図**

明治18年

内閣総理大臣

法制局
初代長官：山尾庸三
各省提出の法案審査
（参事院＋制度取調局を統合）

行政部　法制部　司法部

井上毅写真◆国会開設の勅諭・大日本帝国憲法・教育勅語などの起草に携わったことで知られる　憲政五十年史：画譜　国立国会図書館デジタルコレクション

勅令第九十一號
法制局官制
第一條　法制局ハ内閣ニ屬シ左ノ事務ヲ掌ル
一　内閣總理大臣ノ命ニ依リ法律命令案ヲ起草シ理由ヲ具ヘテ上申ス
二　法律命令ノ新定廢止改正ニ付意見アルトキハ案ヲ具ヘテ内閣ニ上申ス
三　各省大臣ヨリ閣議ニ提出スル所ノ法律命令案ヲ審査シ意見ヲ具ヘ又ハ修正ヲ加ヘテ内閣ニ上申ス
四　前項ニ揭クルモノヽ外内閣總理大臣ヨリ諮詢アルトキハ意見ヲ具ヘテ上申ス
第二條　法制局ニ左ノ職員ヲ置ク
長官　一人　勅任
部長　三人　勅任又ハ奏任一等
參事官　十五人　奏任
書記官　二人　參事官ヨリ兼任セシム
試補　六人
屬　三十人　判任
第三條　奏任官ノ進退ハ長官之ヲ内閣總理大臣ニ具狀シ判任官ハ之ヲ專行ス
第四條　法制局ニ三部ヲ置キ其事務ヲ分掌セシムルコト左ノ如シ
第一部　内務外務軍制及教育ニ關スル事項
第二部　財務勸業運輸及通信ニ關スル事項
第三部　民法商法訴訟法刑法治罪法恩赦其他司法ニ關スル事項
第五條　長官ハ法制局ニ屬スル一切ノ事務ヲ總管シ部長參事官ヲ統督ス
第六條　長官ハ各部ノ分掌ニ拘ラス臨時ニ調査委員ヲ命シ又ハ書記官ヲシテ議案ヲ調製セシムルコトヲ得
第七條　長官故障アルトキハ席次ニ依リ部長ヲ指定シテ長官ノ事務ヲ代理セシムヘシ
第八條　部長ハ各部ノ事務ヲ提掌シ部會議ヲ整理ス
第九條　法制局ニ於テ要用アルトキハ總會議ヲ開キ部長參事官合同會議シ長官議事ヲ整理シ主査ノ參事官又ハ書記官議案ヲ辯明ス
長官ハ臨時ニ部長ノ一人ヲ指定シテ議事整理ノ任ヲ代理セシムルコトヲ得
第十條　各省大臣ハ其ノ主務ニ係ル事件ニ關リ主任官ヲ差シテ法制局ノ總會議ニ參席シ辯明ヲ為サシムヘシ但表決ノ數ニ預ラス
各省大臣ハ自ラ參席スルコト隨意タルヘシ
第十一條　法制局ニ於テ要用アルトキハ各省ノ主任官ヲ呼出スコトヲ得

法制局官制に関する勅令◆法制局の役割、構成職員、長官の職務などについて定められている　国立公文書館蔵

# 19 枢密院（すうみついん）——強大な権限を持った天皇の諮問機関

明治二十一年（一八八八）四月二十八日、「天皇親臨（しんりん）して重要の国務を諮詢（しじゅん）する所」、すなわち天皇の諮問機関として枢密院が設立された（『法令全書』）。翌年に発布された大日本帝国憲法にも、「天皇の諮問に応へ重要の国務を審議」するところであると位置づけられ（第五十六条）、天皇の最高諮問機関となった。

枢密院は、議長一名・副議長一名・顧問官十二名以上・書記官長一名・書記官複数名で構成される。顧問官は、四十歳以上で「元勲」および「練達の人」から天皇が任命する。また、国務大臣も顧問官として会議への出席が認められ、議決権も有した。

枢密院の具体的な諮詢事項としては、憲法や皇室典範、憲法附属法の原案や改正案、戒厳宣告や緊急勅令などの制定や改正、列国との条約や約束などである。枢密院は、徐々に政治的地位を高め、昭和に入り政党の力が弱まると、内閣と対立することもあった。

このように強大な権限を与えられた枢密院であったが、設立には伊藤博文の政治的思惑があったと考えられる。明治二十年八月以降、憲法草案に一定の目処がついた伊藤は、いかなる方法でこれを制定するかを思案するようになる。元老院に諮ることや全国的な憲法制定会議を開催することが考えられた。

しかし、当時の元老院には伊藤に批判的な勢力も存在し、全国的な会議を開催しても参加者の学識が保証されない。憲法草案を確実に制定させたいと考えた伊藤は、枢密院を新設し、自らが議長となり、自らの憲法草案を制定へと主導したのである。伊藤としても、このような目的で枢密院を設立するとはいえず、権限の強大な永続的機関として枢密院を位置づけたのであった。

昭和二十二年（一九四七）五月二日、日本国憲法の施行に先立って、枢密院は廃止となった。

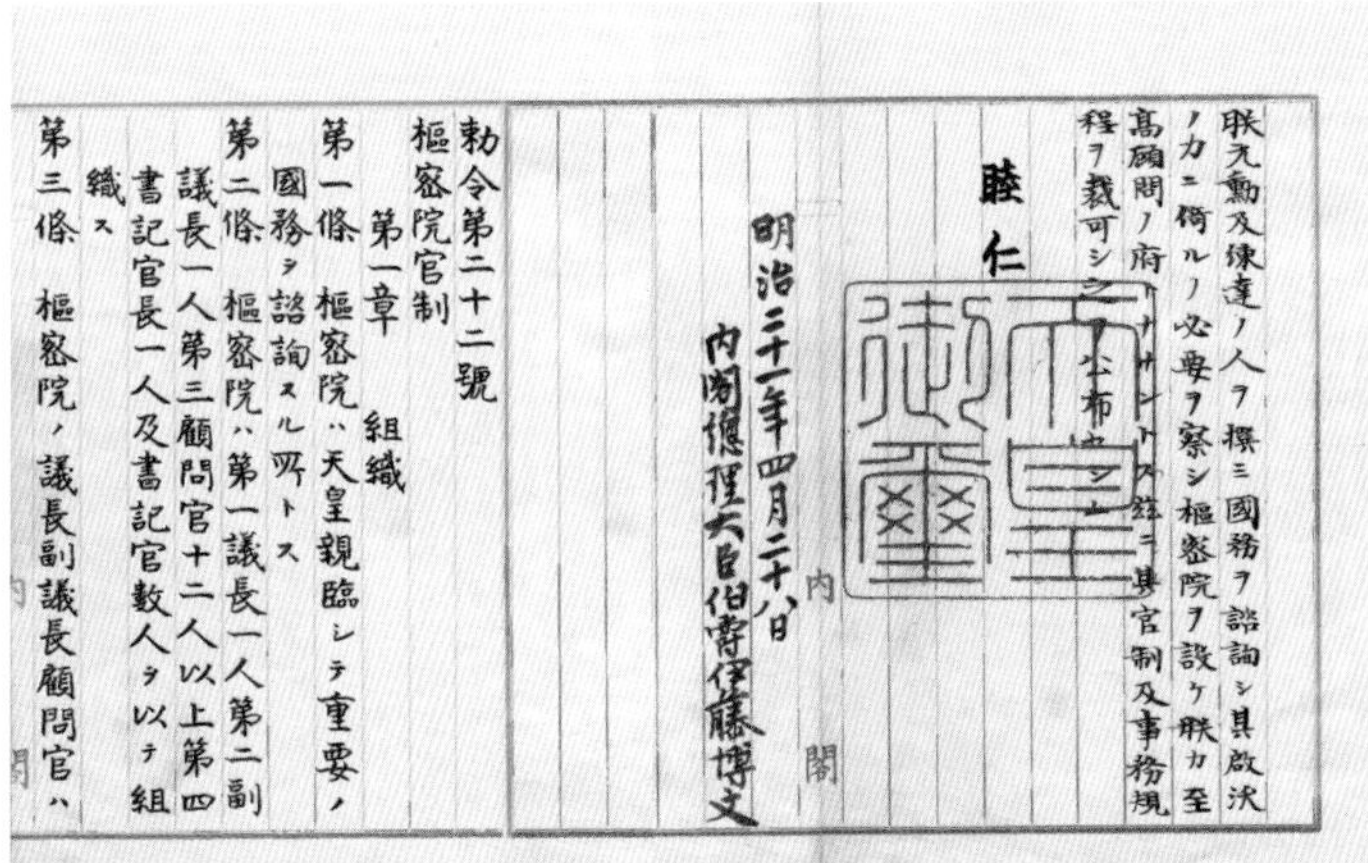

朕元勲及練達ノ人ヲ撰ミ國務ヲ諮詢シ其啓沃ノ力ニ倚ルノ必要ヲ察シ樞密院ヲ設ケ朕カ至高顧問ノ府トナサントス茲ニ其官制及事務規程ヲ裁可シ之ヲ公布セシム

睦仁

天皇御璽

明治二十一年四月二十八日
内閣總理大臣伯爵伊藤博文

勅令第二十二號
樞密院官制
第一章　組織
第一條　樞密院ハ天皇親臨シテ重要ノ國務ヲ諮詢スル所トス
第二條　樞密院ハ第一議長一人第二副議長一人第三顧問官十二人以上第四書記官長一人及書記官數人ヲ以テ組織ス
第三條　樞密院ノ議長副議長顧問官ハ

枢密院官制及事務規程・御署名原本・明治二十一年・勅令第二十二号（部分）◆ここでは枢密院が天皇の諮問機関であることや人数構成などを提示している　国立公文書館蔵

枢密院会議之図◆憲法草案を審議する枢密院の様子で、議長の伊藤博文をはじめ、列席した人物たちを描いている。画は井上探景（安治）であり、井上は26歳という若さで死去したが、この図のほかに東京の風景などいくつもの名作を残した　郵政博物館蔵

# 20 帝国議会——日本で初めて開設された近代的な議会

明治二十三年（一八九〇）十一月二十九日に第一議会が開会し、昭和二十二年（一九四七）三月三十一日の第九十二議会の閉会まで存続した日本初の近代的議会。帝国議会以前にオスマン帝国で開設した議会は一年も経たず閉鎖されており、非西洋諸国では初めて実質的に機能した議会である。以下、開設時の帝国議会について記述する。

帝国議会は貴族院と衆議院の二院で構成される。衆議院に予算先議権が認められたものの、その他の点について両院は同等の権限を持つ。貴族院の議員数は二五一。貴族院議員は、①皇族議員（満十八歳以上の皇太子と皇太孫、満二十歳以上のその他皇族）、②二十五歳以上の公・侯爵議員、③二十五歳以上の伯・子・男爵の互選議員、④国家の功労者や学識者からの勅選議員、⑤多額納税者の互選による勅任議員。①②④は終身であり、③⑤の任期は七年である。一方の衆議院議員は国民の公選であり、定数三〇〇、任期四年である。

法律案の成立には、天皇の裁可が必要であることから、帝国議会の権限は制限され、外見的な立憲政体に過ぎなかった、との評価がかつて一般的であった。しかし、天皇の裁可には議会の「協賛」が不可欠であり、事実上、議会には法案の生殺与奪の権が与えられていた。両院が可決することで「協賛」とみなされる。不一致の場合、各院十名以下の同数で構成される両院協議会に諮られる。勅令も次の議会で承諾されなければ、効力を失った。各議院で、議員三十人以上の賛成があれば、上奏が可能であり、法の制定や改廃の建議も認められた。以上から、帝国議会は実質的な立法権を持っていたといえる。

官制・俸給令といった既定費の削減や削除などを除

き、予算案の決定にも議会の「協賛」が必要であった。議会が「協賛」しない場合、前年度の予算が施行された。なお、議会は予算の発案権を持たない。

帝国議会には、毎年一回召集され会期三カ月の常会、緊急時に召集される臨時会、総選挙後に召集される特別会の三種がある。いずれも、会期の延長が認められた。各院の定足数は総議員の三分の一以上であり、出席議員の過半数で議決される。可否同数であれば議長が決裁する。なお、天皇が議会を召集し、開会・閉会・停会も命ずる。

帝国議会では、委員会制度がとられた。議案は本会議に付される前に委員会の審査を経る。委員会には、全議員を委員とする全院委員会、予算委員会や決算委員会などの常任委員会のほか、特別委員会や継続委員会がある。

法律案の審議には、読会制がとられた。法案の趣旨説明と委員会への付託を決する第一読会、逐条審議を行う第二読会、法律案の可否を決する第三読会である。貴衆のいずれの先議に付すかは政府が決定する。ただし、予算案の審議は読会制がとられていない。予算委員会の後に本会議で扱われる。

なお、帝国議会には、行政の監督に関する権限が認められなかった。また、陸海軍の統帥(とうすい)権も天皇の専権であり、議会は関与できない。憲法改正は勅命により議会が審議するとされた。

初の衆議院議員総選挙は、明治二十三年七月一日に実施された。当時は、立候補制度がとられなかったも

| 帝国議会 | | | |
|---|---|---|---|
| 貴族院 | | 衆議院 | |
| 皇族 | 10名 | 弥生倶楽部 | 131名 |
| 公爵 | 10名 | | |
| 侯爵 | 21名 | 大成会 | 85名 |
| 伯爵 | 14名 | | |
| 子爵 | 70名 | 議員集会所 | 43名 |
| 男爵 | 20名 | | |
| 勅撰 | 61名 | 無所属 | 41名 |
| 多額納税 | 45名 | | |
| | 計：251名 | | 計：300名 |

帝国議会開院式当日の貴族院と衆議院の人員◆弥生倶楽部は立憲自由党の、議員集会所は立憲改進党の院内会派である

衆議院議員之證
和歌山縣和歌山市屋形町三丁目五番地
東京府東京市麹町區富士見丁壹丁目壹番地寄留
陸奥　宗光
右者成規ノ資格ヲ有シ正當ノ手續ヲ經テ第一選擧區ニ於テ當選シタルコトヲ證明ス
明治二十三年七月十二日
和歌山縣知事石井忠亮

衆議院議員之証　和歌山県陸奥宗光◆当時、農商務大臣であった陸奥宗光が第１回衆議院総選挙で和歌山県第一区から出馬し、当選した際の証書である。閣僚のなかで唯一の衆議院議員となり、第１回帝国議会の円滑な進行などが期待された　国立国会図書館蔵

のの、当選を目指す者たちは演説会や戸別訪問といった選挙運動を展開した。一年以上その府県内に居住し、直接国税十五円以上を納める二十五歳以上の男子が選挙権を持つ。

投票結果は、旧自由党系の大同倶楽部・愛国公党・再興自由党が約五十名・約三十名・約二十名、立憲改進党が約五十名であった。旧自由系の三党は、約二十名が当選した九州同志会とともに立憲自由党を結成し、議会に臨んだ。

なお、第一回衆議院議員総選挙の投票率九三・九パーセントは、日本の総選挙史上の最高値である。最多得票は、佐賀県第一区の松田正久の四五四八票であった。一方、最低得票の当選者は京都府第一区の浜岡光哲で、わずか二十七票であった。

帝国議会議事堂については、明治二十年四月の閣議で永田町に建築することが決定した。しかし、財政負担の大きさや地盤の問題もあり、議会開設に間に合わなかった。そのため第一議会は、内幸町に設けられた仮議事堂で行われた。ところが会期中、仮議事堂は火災により焼失してしまう。休会を挟み、貴族院は旧鹿鳴館の華族会館、のちに帝国ホテル食堂に、衆議院は虎ノ門の旧工部大学校に仮移転し、議事が行われた。

初代貴族院議長は伊藤博文、初代衆議院議長は中島信行が務めた。貴族院では、皇族が宮中席次に、有爵議員が爵位順に、そのほかの議員が年齢順に配された。対して衆議院では、すべて抽選により議席が決められた。予算審議などで紛糾した第一議会は、明治二十四年三月七日に閉会した。

大日本帝国国会仮議事堂之図◆井上探景の画で明治21年（1888）2月に出版された。議会開会が同23年のため、本図は想像図となるが、当時の雰囲気をよく伝えている　東京都立中央図書館特別文庫室蔵

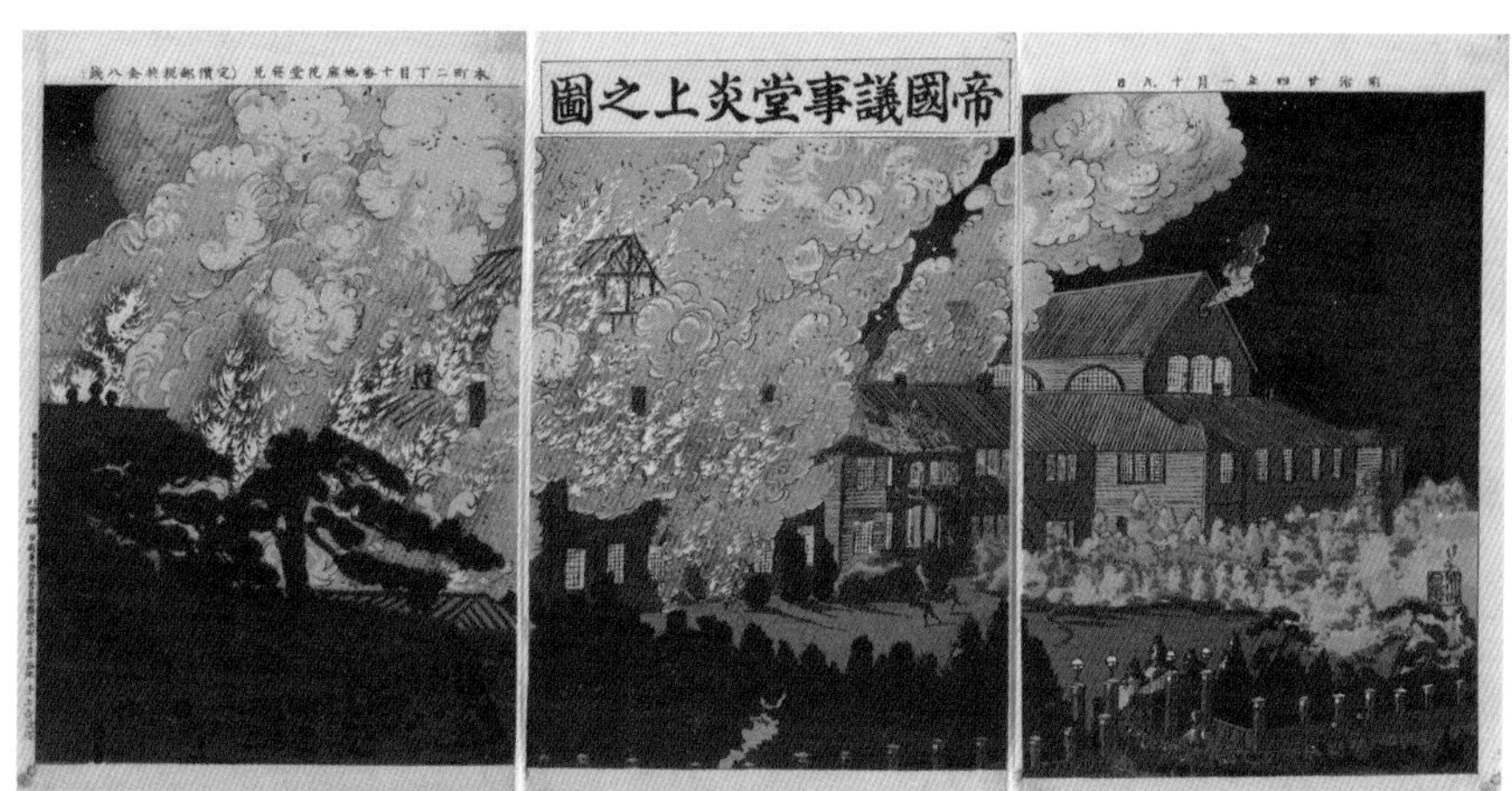


帝国議事堂炎上之図◆仮議事堂は第1回帝国議会召集の前日にようやく竣工した。場所は現在の東京都千代田区霞ヶ関1丁目であり、木造洋風2階建ての建物であったという。しかし、竣工から2か月足らずで火災で焼失。第二次の議事堂は突貫工事で明治24年（1891）10月に完成し、外観は焼失した仮議事堂と大差なかったらしい　国立国会図書館蔵

# 21 地方官会議――地方の問題解決をめざす

現在の都道府県知事にあたり、太政官が任命権を持つ地方官が集まり、地方行政上の諸問題を議論するための会議。明治八年（一八七五）・十一年・十三年の三度開催された。

明治六年四月、大蔵大輔井上馨の主導で地方官会同が開催された。地租改正などを議論したものの、井上の失脚からさしたる成果を上げられぬまま中断となった。その際に翌年の地方官会議開催が宣言されたが、台湾出兵の影響などがあり延期となった。

明治八年四月の漸次立憲政体樹立の詔により地方官会議の開催が謳われ、六月二十日に実現した。木戸孝允が議長となった会議には、各府県から約六十名の地方官が出席した。「道路堤防橋梁の事、附り民費の事」、「地方警察の事」、「地方民会の事」、「貧民救助方法の事」、「小学校設立及保護方法の事」の五つが議題として提示された。会議では、現在の県議会や市議会にあたる地方民会について、公選民会か官選民会か、という点がもっとも紛糾した。三十九対二十一で官選案が可決された。なお、地方官会議での決議内容の多くは、現実に反映されなかった。内務省などが財源の問題から消極的であったためである。

第二回の地方官会議は、伊藤博文が議長となり明治十一年四月に開催された。郡区町村編制法・府県会規則・地方税規則からなる地方三新法を審議した。

第三回の地方官会議は、河野敏鎌が議長となり明治十三年二月に開催された。地方三新法の修正案や区長村会法案、備荒貯蓄法案を審議した。

以降、地方官諮問会や地方長官会議は定期的に行われたものの、政策決定に関わる地方官会議は開催されなかった。

大阪府庁古写真◆現在の大阪市西区江之子島にあった洋風建築の府庁である。このような府庁のトップである地方官が集まったのが地方官会議であった　「写真の中の明治・大正」 国立国会図書館

地方官会議之図◆明治 13 年の地方官会議の様子である。議長の河野敏鎌を中心に各地方官や大臣らが描かれている　東京都立中央図書館特別文庫室蔵

コラム

# 自由民権運動

明治七年（一八七四）一月十七日、明治六年政変で下野した板垣退助や後藤象二郎らは、民撰議院設立建白書を提出した。現政府を有司専制であると批判し、民選議院の設立を訴えるこの建白書が自由民権運動の原点となった。

その後、高知の立志社をはじめ、各地で多数の政治結社が誕生する。明治八年、結社の連合を標榜して愛国社が創立され、その活動は徐々に全国に広がっていく。明治十三年、国会期成同盟へと発展し、議会開設や憲法制定を求める声が高まった。

明治政府は、それまでも新聞紙条例や讒謗律などの言論取締法規により自由民権運動に対抗していた。国会期成同盟に対しては、集会や結社を認可制とし、結社同士の連結通信を禁じた集会条例を制定して取締を強化した。

明治十四年、北海道開拓使の官有物払下げをめぐる報道を受け、民権派の議会開設要求はさらに高まる。十月、政府は九年後の議会開設を宣言すると、これを受けて自由党や立憲改進党などの政党が誕生した。

しかし両党は、相互批判や党内対立を繰り返す。とりわけ自由党は、福島事件などの激化事件が相次ぎ、党内のコントロールが困難な状況に陥った。自由党総理の板垣は、党員の奮起を促すために十万円の党資金募集を呼びかけたが、計画倒れとなり、明治十七年十月、自由党は解党した。立憲改進党は存続するものの、同年十二月に総理の大隈重信が脱党するなど、影響力は低下した。

板垣君遭難之図◆板垣退助が自由党総理として岐阜で演説中に保守派の相原尚褧（なおぶみ）に襲われた場面。短刀で刺された板垣は「板垣死すとも自由は死せず」と言ったというが、諸説ある　岐阜県博物館蔵

# 第三部　明治政府の政策

岩倉大使欧米派遣◆不平等条約の改正と諸国視察のため、欧米へ派遣された視察団を描く。明治政府が正統な政府と認められるには、不平等条約を引き継ぐことが不可欠であった　画家・山口蓬春　聖徳記念絵画館蔵

## 01 五箇条の御誓文――新政府の指針を示す

戊辰戦争で国内に混乱が生じるなか、明治新政府には根幹となる政治方針を打ち出すことが求められた。

かねてより横井小楠の開明思想の影響を受けていた参与の由利公正（三岡八郎）は、慶応四年（一八六八）正月七日の参与会議でその旨を提案したが、この時点では多くの賛同を得られなかった。そこで由利は、次の案を自ら作成したのである（『子爵由利公正伝』）。

一　庶民志を遂げ、人心をして倦まざらしむるを欲す
一　士民心を一つにし、盛に経綸を行うを要す
一　知識を世界に求め、広く皇基を振起すべし
一　貢士期限を以て、賢才に譲るべし
一　万機公論に決し、私に論ずるなかれ

由利案は、同じく参与で制度取調を担当する福岡孝弟により次のように手が加えられた（『子爵由利公正伝』）。

一　列侯会議を興し、万機公論に決すべし
一　官武一途庶民に至る迄、各其志を遂げ、人心をして倦まざらしむるを欲す
一　上下心を一にし、盛に経綸を行うべし
一　智識を世界に求め、大に皇基を振起すべし
一　徴士期限を以て、賢才に譲るべし

福岡は、由利案の第五条を第一条に移し、「列侯会議」の開催を謳った。明治新政府には宮廷勢力や公議政体派の諸侯もいて、彼らを一つにまとめる必要があったためである。また、土佐の山内豊信がかねてから列侯会議開催を主張しており、土佐藩は公議政体論が主流であった。土佐出身の福岡案には、こうしたバックボーンがあった。もっとも、戊辰戦争の進展により、福岡案はしばし棚上げとなる。

三月になり、参与で総裁局顧問の木戸孝允が福岡案

議事之体大意◆福井藩出身の由利公正が作成した政治方針案。これに加筆等がなされ、五箇条の御誓文が作られた。この文書でもいくつか修正箇所が書かれている　福井県立図書館蔵

福岡孝弟◆土佐藩出身で、後藤象二郎とともに大政奉還を実現させたことで知られる。明治政府では文部大輔・司法大輔・参議・宮中顧問官などを歴任した『近世名士写真其 1』国立国会図書館デジタルコレクション

一 廣ク會議ヲ興シ萬機公論ニ決スヘシ
一 上下心ヲ一ニシテ盛ニ經綸ヲ行フヘシ
一 官武一途庶民ニ至ル迄各其志ヲ遂ケ人心ヲシテ倦サラシメン事ヲ要ス
一 舊來ノ陋習ヲ破リ天地ノ公道ニ基クヘシ
一 智識ヲ世界ニ求メ大ニ皇基ヲ振起スヘシ
我國未曾有ノ變革ヲ爲ントシ朕躬ヲ以テ衆ニ先ンシ天地神明ニ誓ヒ大ニ斯國是ヲ定メ萬民保全ノ道ヲ立ントス衆亦此旨趣ニ基キ協心努力セヨ

五箇条御誓文◆慶応 4 年（1868）3 月 14 日に公布された五箇条の御誓文は、明治天皇が天地神明に誓うかたちで発表された政府の基本方針である。この文書は有栖川幟仁親王の御筆で、有栖川宮に控えとして残されたものである　宮内庁書陵部蔵

に着目する。木戸自身、新政権の国是を明瞭にする必要性を感じていたのである。木戸は、「列侯会議」を用いると土佐の意向が反映されすぎると考え、修正を試みた。結果、三月十四日に五箇条の御誓文が公布された。

一　広く会議を興し、万機公論に決すべし
一　上下心を一にして、盛に経綸を行うべし
一　官武一途庶民に至る迄、各其志を遂げ、人心をして倦ざらしめん事を要す
一　旧来の陋習を破り、天地の公道に基くべし
一　智識を世界に求め、大に皇基を振起すべし

この五箇条の御誓文は、天皇が京都御所の紫宸殿で群臣を率いて天神地祇をまつり、国是五箇条を誓う形がとられた。

第一条は、「諸侯会議」から「広く会議」に改められ、間口の広い会議を標榜し、公議を導き出す政府の姿勢を重視したものである。第二条は、従来の身分制度にとらわれず、すべての国民が一致団結して国家経営にあたるべきである、という意味を持つ。第三条は、国民すべての諸要求を実現し、人心の収攬を企図する。第四条は、江戸時代の価値観や慣習にひきづられることなく、いわばグローバルスタンダードを意識させる内容である。第五条は、その具体的な手本として西洋諸国を挙げており、西洋化を進めるなかで日本を発展させようという。

五箇条の御誓文の公布と同日、宸翰が出された。西洋諸国と対峙しつつ日本の独立を守るために天皇自らが先頭に立って旧習を打破していく、という決意が述べられている。天皇が自らの言葉で五箇条の御誓文を解説するとともに、人心を落ち着かせ国内をまとめていきたい新政府の意向が表れたものであった。

明治新政府は、五箇条の御誓文の趣旨に則って藩内を改革するよう諸侯に命じていく。以後、五箇条の御誓文は折に触れて顧みられ、政府の理念として政府内外に意識づけられていった。

御即位図◆明治天皇の紫宸殿での即位の様子を描いている。五箇条の御誓文によって天皇を中心に国内を治めていく指針が出された　国立公文書館蔵

東京築地波止場ホテル館之景◆築地ホテル館は築地の外国人居留地に建てられた日本最初の洋風ホテルである。五箇条の御誓文で示された、西洋化をはかるなかで日本を発展させる、という方針を象徴する一つの事例で、新しい時代の到来を感じさせる　東京都公文書館蔵

## 02 政体書の制定——統治機構を形作る

王政復古のクーデターにより発足した新政権は、総裁・議定・参与の三職を中心とした政治制度を採用した。しかしこれは仮のものであり、太政官の復興が予告されていた。五箇条の御誓文で公議による政治の実現が謳われると、政体改革の必要性はさらに高まった。

遅くとも慶応四年（一八六八）四月には、制度寮の参与である副島種臣と福岡孝弟を中心に、政体改革の調査が進められる。ブリジメンの『連邦志略』、ホイートンの『万国公法』、福沢諭吉の『西洋事情』、律令の注釈書である『令義解』などが参照された。

さらに、副総裁の岩倉具視、総裁局顧問の大久保利通や後藤象二郎も議論に加わる。彼らは中山忠能ら宮廷勢力へも配慮しつつ、一つの妥協点を見出した。かくして閏四月二十一日、政体書が制定されるにいたったのである。

政体書の冒頭には、五箇条の御誓文を実現すべく、新たな政体を定めると述べられる。新政府全体が太政官と称され、その権力を立法・行法（行政）・司法の三権に分類した。その結果、「立法の権」を司る議政官、「行法の権」を司る行政官、「司法の権」を司る刑法官が設けられた。さらに、「分執行法の権」を司る神祇官・会計官・軍務官・外国官が置かれた。

政体書ではまた、各職に官等を設けた。一等官は親王・公卿・諸侯に限定されたが、藩士や庶人でも二等官までは昇進できる。そのために徴士制度が定められ、広くから人材を登用することが示唆された。また、各府藩県から貢士を選出することも記されており、公議輿論に基づく政治の実現が標榜された。官吏の任期も定められた。各員四年であり、「公選入札」で交代する。ただし、この公選は、明治二年（一八六九）五月に一

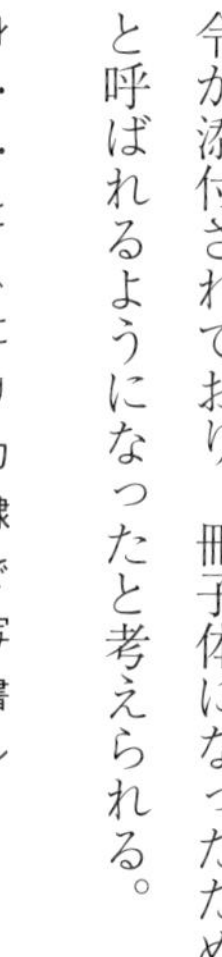
度実施されただけであった。
なお、法令自体には「政体」と記されている。諸法令が添付されており、冊子体になったため、「政体書」と呼ばれるようになったと考えられる。

副島種臣◆佐賀藩出身で、明治政府では参議・内務大臣・枢密院副議長・外務卿などを務めた。とくに、明治5年（1872）、外務卿として、横浜港に停泊中のペルー船籍マリア・ルス号の清国人苦力（出稼ぎ労働者）を奴隷だとして解放したことで知られる『近世名士写真其1』 国立国会図書館デジタルコレクション

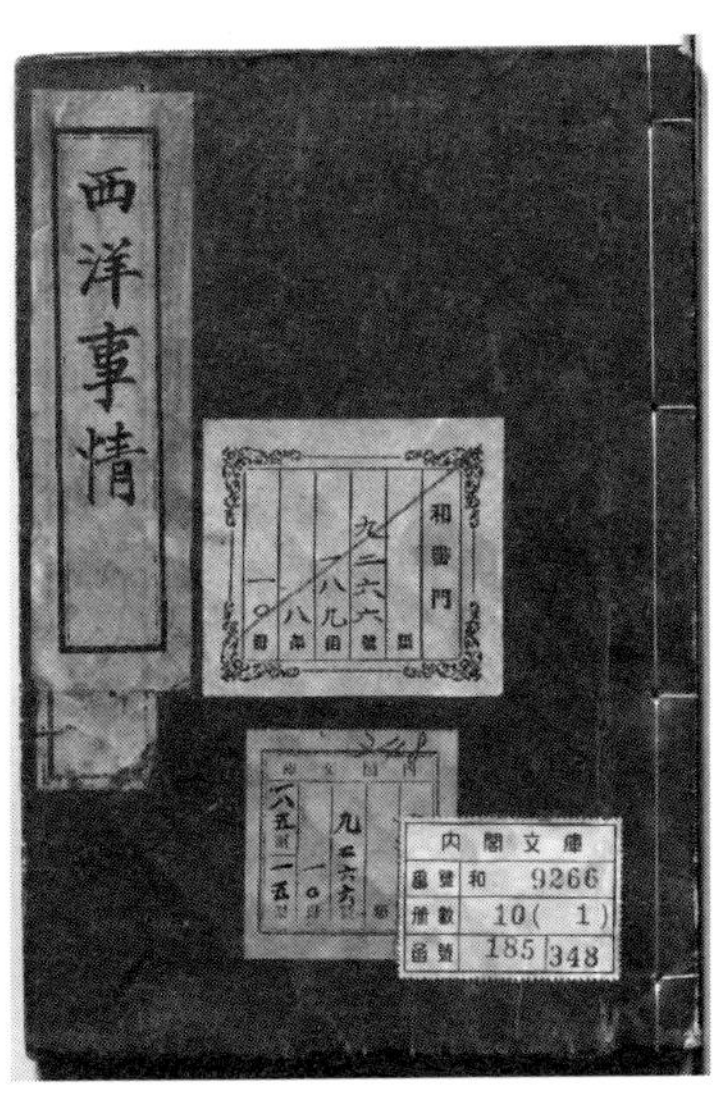

『西洋事情』表紙◆幕末から明治にかけて福沢諭吉が著したもので、欧米の政治・外交・軍事・科学技術・学校・病院などさまざまな事柄を紹介している　国立国会図書館蔵

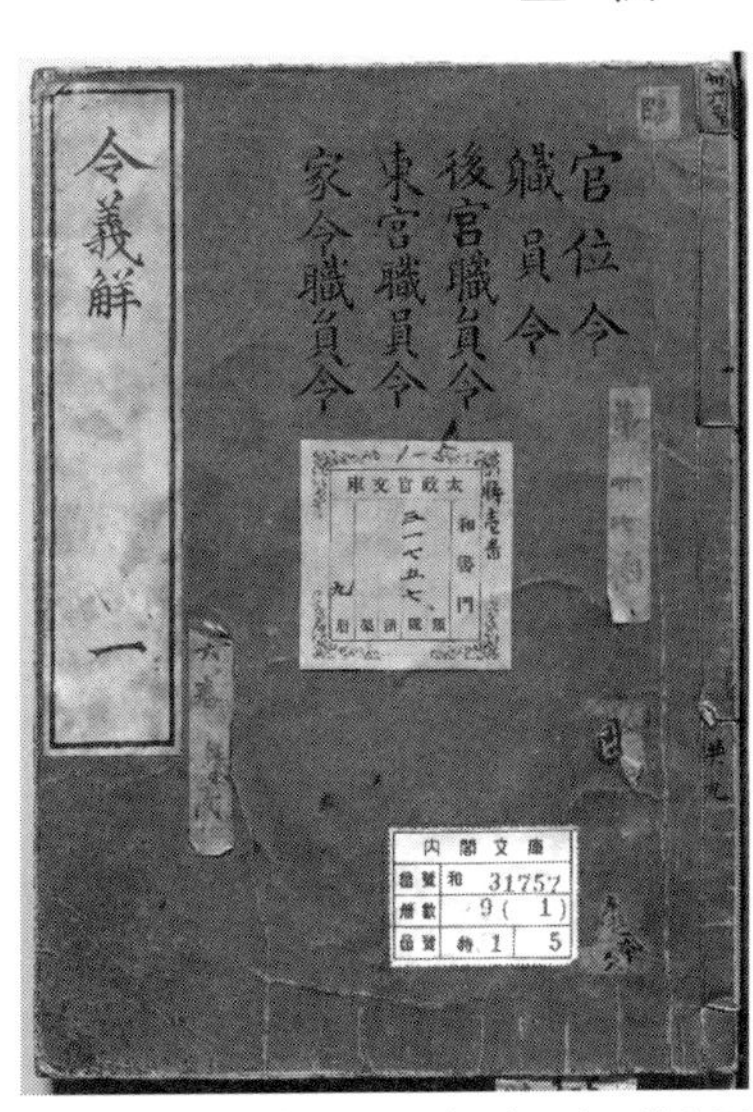

『令義解』表紙◆天長10年（833）、淳和天皇の勅で右大臣清原夏野を総裁として、文章博士菅原清公ら12人によって撰集された律令の解説書である　国立国会図書館蔵

# 03 版籍奉還――土地と人民を天皇へ返す

明治新政府は、公議輿論に基づく政治の実現だけでなく、天皇を中心とした国家作りも志向した。王土王民の考えに立脚すれば、まずは封土を天皇に返上することが求められる。早くも王政復古以前から、木戸孝允や寺島宗則は諸侯の領有する土地と人民を天皇に還納する版籍奉還の必要性を訴えている。

薩長両藩以外にも、版籍奉還は検討される。明治元年（一八六八）十一月、戊辰戦争により朝敵とされた姫路藩が汚名返上のために版籍奉還を建議した。十二月には再び建議を提出し、藩の名称を府県に改めるよう進言する。

これを受けた兵庫県知事の伊藤博文は、姫路藩の建議を許可し、全国で版籍奉還を実施するよう建白した。伊藤は、政治のみでなく兵権も奉還させ、中央集権化のもとで国力を強化する必要性も説く。藩から郡県制の移行を求めたのである。

一連の動きを経て明治二年一月二十日、薩摩・長州・土佐・肥前の（前）四藩主が連名で版籍奉還の上表を提出するにいたる。版籍を朝廷に収め、改めて封土を定めようという願い出である。太政官はこの上表を公表し、本件に関する意見を広く求めた。

これを受けて諸藩は、版籍奉還に前向きな建白を行った。この背景には、戊辰戦争により藩の財政が悪化し、混乱が生じたため、藩主層の多くが王臣として改めて地位を保障されたいと考えたところがある。さらにいえば、版籍奉還後も政府から改めて版籍が再交付されると、安易に理解していた節もあった。

五月に入ると、明治政府は版籍奉還の実施にあたって具体的な議論を重ねていく。当初、藩を州に改め（大藩は一藩で一州となり、小藩は複数で一州となる）、藩主を知州事として当地を治めさせせつつ（複数の藩で形成された州には正・副複数の知事を置く）、王土王民を徹底する原案が練られた。ただし、州や正・副の知事は取りやめられ、藩の名称も残されることとなった。

最大の論点は、藩主の処遇であった。大久保利通や副島種臣は藩主を知藩事に任用し、世襲とすることを考えた。対して木戸や伊藤は、知藩事の世襲制に反対であった。その結果、藩主を知藩事に任用するが世襲制はとられないこととなった。また、公卿や諸侯を廃止し、新たに華族とした。

寺島宗則写真◆慶応３年（1867）、薩摩藩士であった寺島は藩主の島津忠義に大政奉還から王政復古というなかで版籍奉還を主張し、実現のために薩摩藩が率先して一部領地を返上することを提案していた　「榎本武揚関係文書」　国立国会図書館蔵

幕末山口市街図◆慶応元年（1865）から明治元年（1868）頃に描かれたもので、藩主が政務を執っていた長州藩の藩庁（絵図の「御屋形」）や街のようすを描く　山口県文書館蔵

長薩肥土四藩上表

臣某等頓首再拝謹テ案スルニ朝廷一日モ失フ可ラサル者ハ大體也一日モ假ス可ラサル者ハ大權ナリ天祖肇テ國ヲ開キ基ヲ建玉ヒシヨリ皇統一系萬世無窮普天率土其有ニ非サルハナク其臣ニ非サルハナシ是大體トス且與ヘ且奪ヒ爵祿以テ下ヲ維持シ尺土モ私ニ有スル事能ハス一民モ私ニ攘ム事能ハス是大權トス在昔朝廷海内ヲ統馭スル一ニ之レニヨリ聖躬之ヲ親ラス故ニ名實並立テ天下無事ナリ中葉以降綱維一タヒ弛ヒ柄ヲ弄シ柄ヲ爭フ者踵ヲ朝廷ニ接シ其民ヲ私シ其土ヲ攘ム者天下ニ半シ遂ニ搏噬攘奪ノ勢成リ朝廷守ル所ノ體ナク秉ル所ノ權ナクシテ是ヲ制馭スル事能ハス姦雄迭ニ乗シ弱ノ肉ハ強ノ食トナリ其大ナル者ハ十數州ヲ并セ其小ナル者猶士ヲ養フ數千所謂幕府ナル者ノ如キハ土地人民ヲ擅ニ其私スル所ニ頒ナ以テ其勢權ヲ扶植ス是ニ於テカ朝廷徒ニ虚器ヲ擁シ其視息ヲ窺テ喜戚ヲナスニ至ル横流ノ極滔天回ラサルモノ茲ニ六百有餘年然レ共其間往々天子ノ名爵ヲ假テ其土地人民ヲ私スルノ跡ヲ蔽フ是固ヨリ君臣ノ大義上下ノ名分萬古不拔ノモノ有ニ由ナリ方今大政新ニ復シ萬機之ヲ親ラス實ニ千載ノ一機其名アツテ其實ナカル可カラス其實ヲ擧ルハ大義ヲ明ニシ名分ヲ正スヨリ先ナルハナシ嚮ニ徳川氏ノ起ル古家舊族天下ニ半ス依テ家ヲ興スモノ亦多シ而テ其土地人民之レヲ朝廷ニ受ルト否トヲ問ハ

太政官公文

六月十七日以降、明治政府は諸藩の版籍奉還の建白を順次聴許（ちょうきょ）していった。同月中に二六二藩の版籍奉還がなされた。残る藩にも版籍奉還を命じた。翌年八月までに藩主二七四名が知藩事に任ぜられた。版籍奉還の断行により、各地は明治政府の地方統治機関である藩の管轄地となった。なお、原則として藩名には藩庁が置かれた地名を用いた。

明治二年六月二十五日、諸藩は諸務変革を命ぜられた。諸藩の石高は従来の表高から現米総高に改められた。そのうえで、諸税や歳出額、職制、職員、藩士・兵卒、人口・戸数などの報告が求められたのである。さらに、藩知事の家禄は現米総高の十分の一となった。こうしてかつての諸侯である知藩事は、法定の家禄（かろく）を給与される地方官となった。

なお、諸務変革のなかで、諸藩の一門から平士（へいし）にいたるまで、すべて士族（しぞく）と称されることとなった。さらに知藩事と家臣との君臣関係は、制度的に否定された。従来、藩士を政府に登用する場合、政府は藩に問い合わせていたが、以後問い合わせのあった記録は残され固襲ノ久シキヲ以テ今日ニ至ル世或ハ謂ラク是祖先鋒鏑ノ經始スル所ト吁何ゾ兵ヲ擁シテ官庫ニ入リ其貨ヲ奪ヒ是死ヲ犯シテ獲ル所ノモノト云ニ異ナランヤ庫ニ入ルモノハ人其賊タルヲ知ル土地人民ヲ攘奪スルニ至ツテハ天下コレヲ怪マス甚哉名義ノ紊壞スルヿ今也丕新ノ治ヲ求ム宜シク大體ノ在ル所大權ノ繫ル所毫モ假スヘカラス抑臣等居ル所ハ即チ 天子ノ土臣等牧スル所ハ即チ 天子ノ民ナリ安ゾ私ニ有スヘケンヤ今謹テ其版籍ヲ收メテ之ヲ上ル願クハ朝廷其宜ニ所シ其與フヘキハ之ヲ與ヘ其奪フ可キハコレヲ奪ヒ凡列藩ノ封土更ニ宜シク詔命ヲ下シコレヲ改メ定ムヘシ而シテ制度典型軍旅ノ政ヨリ戎服器械ノ制ニ至ルマテ悉ク朝廷ヨリ出テ天下ノ事大小

太政官公文

トナク皆一ニ歸セシムヘシ然后ニ名實相得始テ海外各國ト並立ヘシ是 朝廷今日ノ急務ニシテ又臣子ノ責ナリ故ニ臣某等不肖謭劣ヲ顧ミス敢テ鄙衷ヲ献ス天日ノ明幸ニ照臨ヲ賜ヘ臣某等誠惶誠懼頓首再拝以表

正月廿三日　毛利宰相中将
嶌津少将
鍋島少将
山内少将

長薩肥土四藩上表◆版籍奉還の上表である。長州の毛利敬親、薩摩の島津忠義、肥前の鍋島直大、土佐の山内豊範の４名の連署で出された　国立公文書館蔵

ていない。ただし、流罪以上を科す場合、藩は政府へ伺いをたてた。

　これらは、版籍奉還があくまで王土王民をロジックとして断行されたため、速やかに実行された。明治政府は、版籍奉還を通じて、諸藩への統制を強めていったのである。

京都旧御所◆東京遷都まで使用された天皇の住まいで、ここで版籍奉還の上表が出された。写真は明治時代の頃のものである「写真の中の明治・大正」国立国会図書館

# 04 戸籍法——四民平等のもと、国民を把握する

明治二年（一八六九）に入ると、木戸孝允は戸籍制度を設けるための機関を設置しようと試みる。幕末に長州藩で用いられた戸籍法をもとに、京都府で戸籍制度を定め、戸籍の編製が検討された。さらに民部官は、直轄府県を対象に戸籍の編製を指示した。しかし、これらは容易に進まなかった。

版籍奉還以降、公卿と諸侯は華族と改称され、武士以下の身分であった平民にも苗字の使用が許可されるなど、従来の身分秩序の解体が進み、いわゆる四民平等が実現されていく。こうしたなかで、明治政府は国民を把握するため、明治四年四月に戸籍法を制定した。翌年二月から施行され、壬申戸籍と呼ばれる。

戸籍は戸主を筆頭とし、尊卑・男女・長幼という儒教思想に基づく順に記載された。数町村を合わせた戸籍区が設けられ、これまでの名主・年寄を廃止し、戸長・副戸長が置かれた。府県にも戸籍吏が置かれ、政府から戸主に連なるラインが成立した。なお、明治四年末の国内人口は三一七九万四八九〇人、総戸数は七〇五万八九六〇戸であった。

戸籍には、生死等の身分事項も登録された。もっとも、実際は徴兵や徴税、治安警察、教育などの目的に用いられ、行政的性格が強かった。徴兵忌避に戸籍が利用されるなど、徐々にその不備が顕著になる。明治十五年には戸籍規則案が審議され、戸主届出義務を盛り込んだ戸籍法改正への動きがあった。元老院はこれを可決したものの、財政上の理由から廃案となる。

明治十九年九月、内務省令の戸籍中出生死去出入及寄留等届出方、同じく戸籍取扱手続、内務省訓令の戸籍登記書式が施行された。これらのいわゆる明治十九年戸籍法により、戸籍書式が統一されたほか、

生死などの身分行為の登記事項を定め、戸主にその届出を義務づけた。

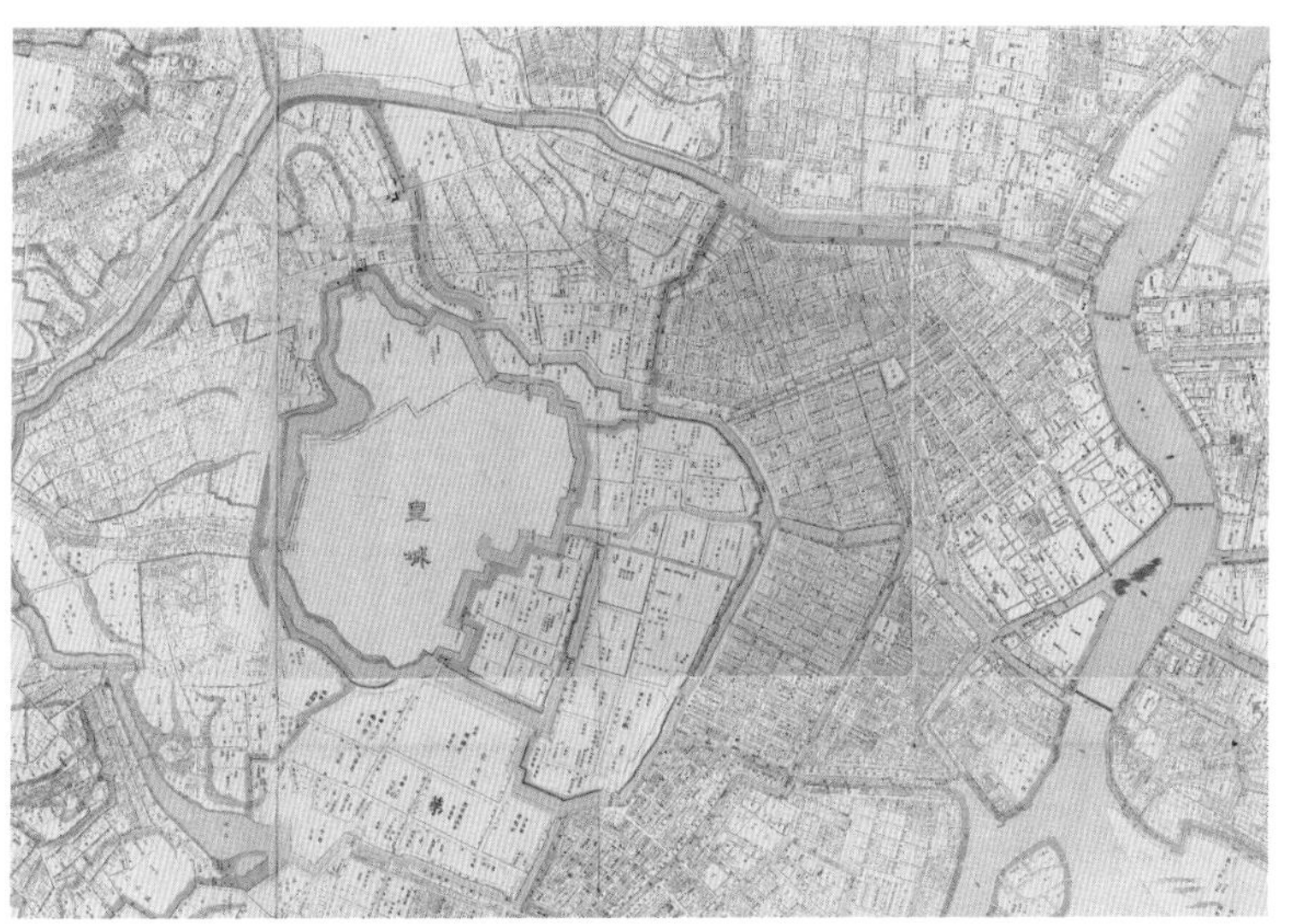


明治東京全図（部分）◆明治９（1876）年の刊行で、大区・小区が置かれていた当時の東京の様子がわかる。大区小区制は、戸籍法で定めた区を始まりとする制度であった　国立公文書館蔵

○○国○○郡○○村

△番地○○屋敷居住

実父誰々長男
平民農

○○年△月生
誰々
壬申　×歳

○○年△月生
母　誰々
壬申　×歳

○○年△月生
父　誰々
壬申　×歳

氏神○○神社

寺號　○○寺

壬申戸籍記入見本図

# 05 廃藩置県――国家統一のための〝新体制〟

　戊辰戦争後、多くの藩の財政は逼迫していた。版籍奉還後に禄制を削減するよう改革を求められるも、容易には進まない。こうした状況のなか、明治二年（一八六九）十二月、吉井藩と狭山藩が廃藩を政府に申し出、政府の許可を得た。同様の申し出が中小藩から相次ぎ、明治四年七月十四日に断行される廃藩置県を前に、実に十四の藩が廃藩となった。さらに明治四年に入ると徳島や鳥取、熊本、名古屋といった有力藩からも藩の廃止や知藩事の辞職の建言が出されるにいたった。

　他方で政府にとっても、中央集権化や近代化を推し進めるために財政基盤の拡大は肝要であり、そのためには廃藩が欠かせない。こうした理解は、岩倉具視が明治三年八月頃に提出した「建国策」で廃藩を訴えたこともあり、徐々に広がっていった。

　もっとも、廃藩の断行に対しては、全国から批判があがる恐れがある。それに対応するためには政府が直属軍を持ち、軍事面での優位性を保つことが求められた。明治三年十一月の徴兵規則制定などを経て、明治四年二月、鹿児島・山口・高知の各藩兵を親兵とした。六月末までに東京に集結した新兵は、約八千にのぼった。

　さらに、政府内の人選も改められた。六月二十五日、西郷隆盛・木戸孝允が参議に、大久保利通が大蔵卿にそれぞれ就任した。実力者が政府の重要ポストを占めたことで、いよいよ廃藩の条件は整ったのである。

　その後、野村靖・鳥尾小弥太といった少壮官僚が廃藩置県の速やかな断行を訴える。山県有朋や井上馨もこれに賛同し、彼らは大久保・西郷・木戸に説得を試みた。木戸や大久保とすれば、廃藩置県は大いに

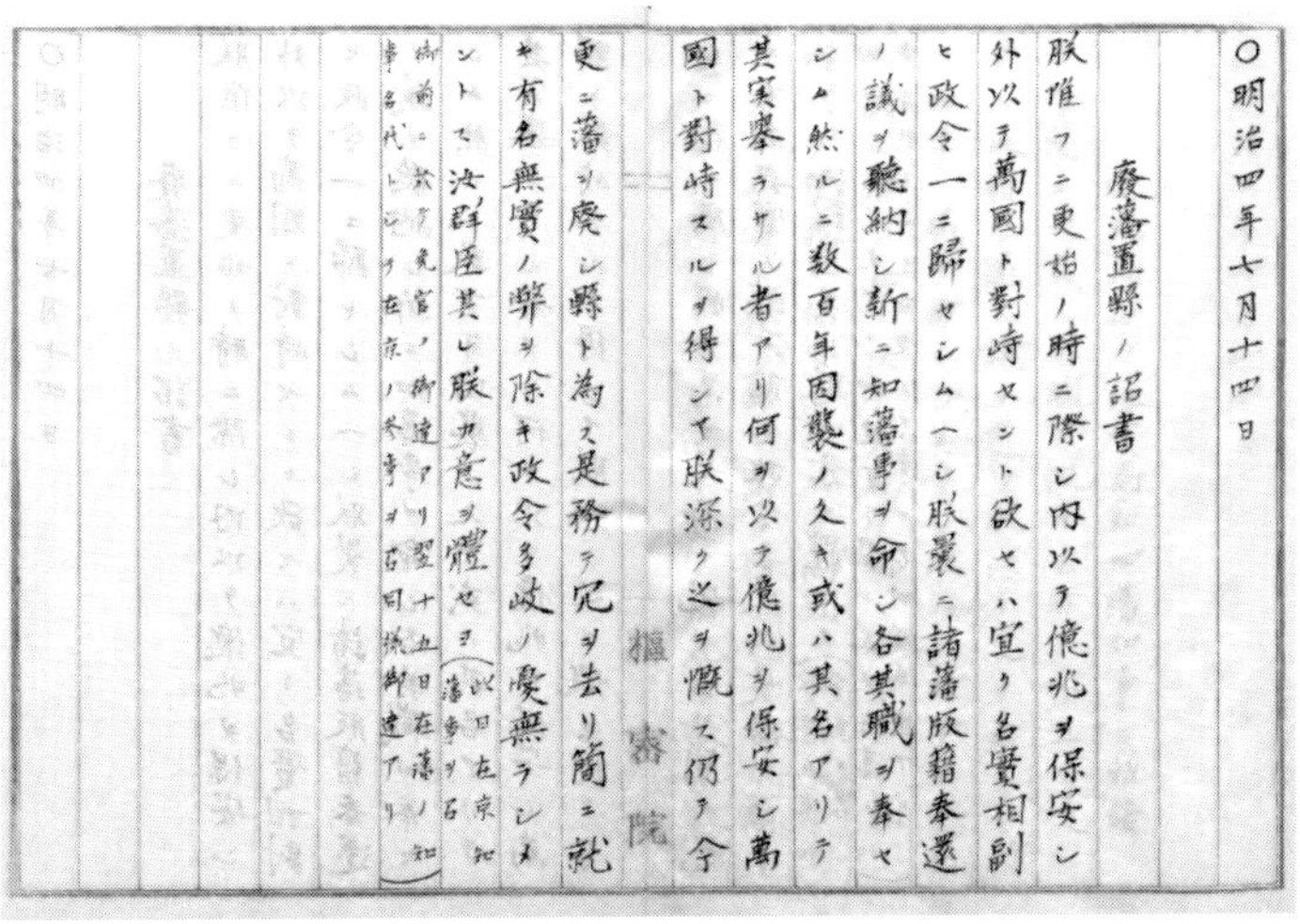
○明治四年七月十四日

廢藩置縣ノ詔書

朕惟フニ更始ノ時ニ際シ内以テ億兆ヲ保安シ外以テ萬國ト對峙セント欲セハ宜ク名實相副ヒ政令一ニ歸セシムヘシ朕曩ニ諸藩版籍奉還ノ議ヲ聽納シ新ニ知藩事ヲ命シ各其職ヲ奉セシム然ルニ數百年因襲ノ久キ或ハ其名アリテ其實擧ラサル者アリ何ヲ以テ億兆ヲ保安シ萬國ト對峙スルヲ得ンヤ朕深ク之ヲ慨ス仍テ今更ニ藩ヲ廢シ縣ト爲ス是務テ冗ヲ去リ簡ニ就キ有名無實ノ弊ヲ除キ政令多岐ノ憂無ラシメントス汝群臣其レ朕カ意ヲ體セヨ

（此日在京知藩事ヲ召御前ニ於テ右宣旨ノ御達アリ翌十五日在藩ノ知事名代ヒ在京ノ参事ヲ召同様御達アリ）

廃藩置県の詔書◆藩を廃して県を置くのは、万国と対峙するためだという廃藩置県を行う目的が書かれている　国立公文書館蔵

支持するが、鹿児島の不平士族の動向が気がかりであった。

西郷の説得には山県が向かった。難色を示すかと思われた西郷は、意外にも二つ返事で廃藩に賛同した。西郷としては、藩の財政では士族の生活を支えることはできず、また版籍奉還を率先した鹿児島が廃藩を渋っては筋が通らないと考えた。

七月九日、木戸邸に大久保・西郷隆盛・西郷従道・大山巌・井上・山県が集結した。この場で廃藩置県の大枠が決められた。彼らの協議は十二日まで続く。廃藩置県に際して各地から反発が起こった場合は、軍事力の行使も辞さないことが確認された。三条実美と岩倉のもとに廃藩置県断行の意思が伝えられたのは、十二日のことであった。彼らは事態の急変に狼狽するも、その断固たるところを知り、これを了解する。廃藩置県は、薩摩・長州の実力者たちが極秘の内に主導したのである。

十四日午前、まずは版籍奉還を先導した鹿児島・山口・佐賀・高知の四藩に、続いて廃藩の建白をしてい

| | 藩名 | 石高 | 廃藩年月日 | 合併藩県 | 現在府県名 |
|---|---|---|---|---|---|
| 県への合併 | 吉井藩 | 10,000 | 明2.12.26 → | 岩鼻県 | 埼玉県 |
| | 狭山藩 | 10,000 | 明2.12.26 → | 堺県 | 大阪府 |
| | 盛岡藩 | 130,000 | 明3. 7.10 → | 盛岡県 | 岩手県 |
| | 喜連川藩 | 5,000 | 明3. 7.17 → | 日光県 | 栃木県 |
| | 長岡藩 | 24,000 | 明3.10.22 → | 柏崎県 | 新潟県 |
| | 多度津藩 | 10,000 | 明4. 2. 5 → | 倉敷県 | 香川県 |
| | 丸亀藩 | 51,512 | 明4. 4.10 → | 丸亀県 | 香川県 |
| | 竜岡藩 | 16,000 | 明4. 6. 2 → | 中野県 | 長野県 |
| | | | → | 伊那県 | 長野県 |
| | 大溝藩 | 20,000 | 明4. 6.23 → | 大津県 | 滋賀県 |
| | 津和野藩 | 43,000 | 明4. 6.25 → | 浜田県 | 島根県 |
| 藩への合併 | 鞠山藩 | 10,000 | 明3. 9.17 → | 小浜藩 | 福井県 |
| | 福本藩 | 10,573 | 明3.11.23 → | 鳥取藩 | 兵庫県 |
| | 高須藩 | 30,000 | 明3.12.23 → | 名古屋藩 | 愛知県 |
| | 徳山藩 | 40,010 | 明4. 6.19 → | 山口藩 | 山口県 |

廃藩置県以前の廃藩一覧◆廃藩は廃藩置県の断行される以前にも行われていた。その理由は、財政破綻による自主的な廃藩が占める。藩主は財政が逼迫したことで、政府に辞表を提出するが、一度で認められず、辞意が却下され再度の願いを出すこともよくみられた　勝田政治『江戸三百藩の崩壊――版籍奉還と廃藩置県』（戎光祥出版、2019年）より転載

た熊本・名古屋・徳島・鳥取の四藩に、廃藩置県への協力を求める勅語が下された。同日午後には、在京中のすべての藩知事に廃藩置県の断行が告げられた。翌日にはすべての藩に廃藩置県が宣せられた。

十四日にはまた、諸藩の藩札（はんさつ）を政府の金札（きんさつ）と引き替えることも発表された。さらに、藩知事に対しては、皇室の藩屏（はんぺい）である華族としての身分と家禄を保障した。

鹿児島の島津久光は、廃藩置県を事前に知らされなかった怒りから屋敷内で花火を打ち上げさせた。また、議論の場に参加できなかった板垣ら高知藩の面々には不満も残った。しかし、彼らとて廃藩置県そのものに反対したわけではない。廃藩置県が天下の趨勢である、という認識は、多くが認めるところであった。また、財政悪化という現状や藩知事への手厚い保障などのため、全国的にも表立った反対運動は起こらなかった。

かくして、三府三百二県が成立した。明治四年十一月までに、三府七十二県に統廃合された。

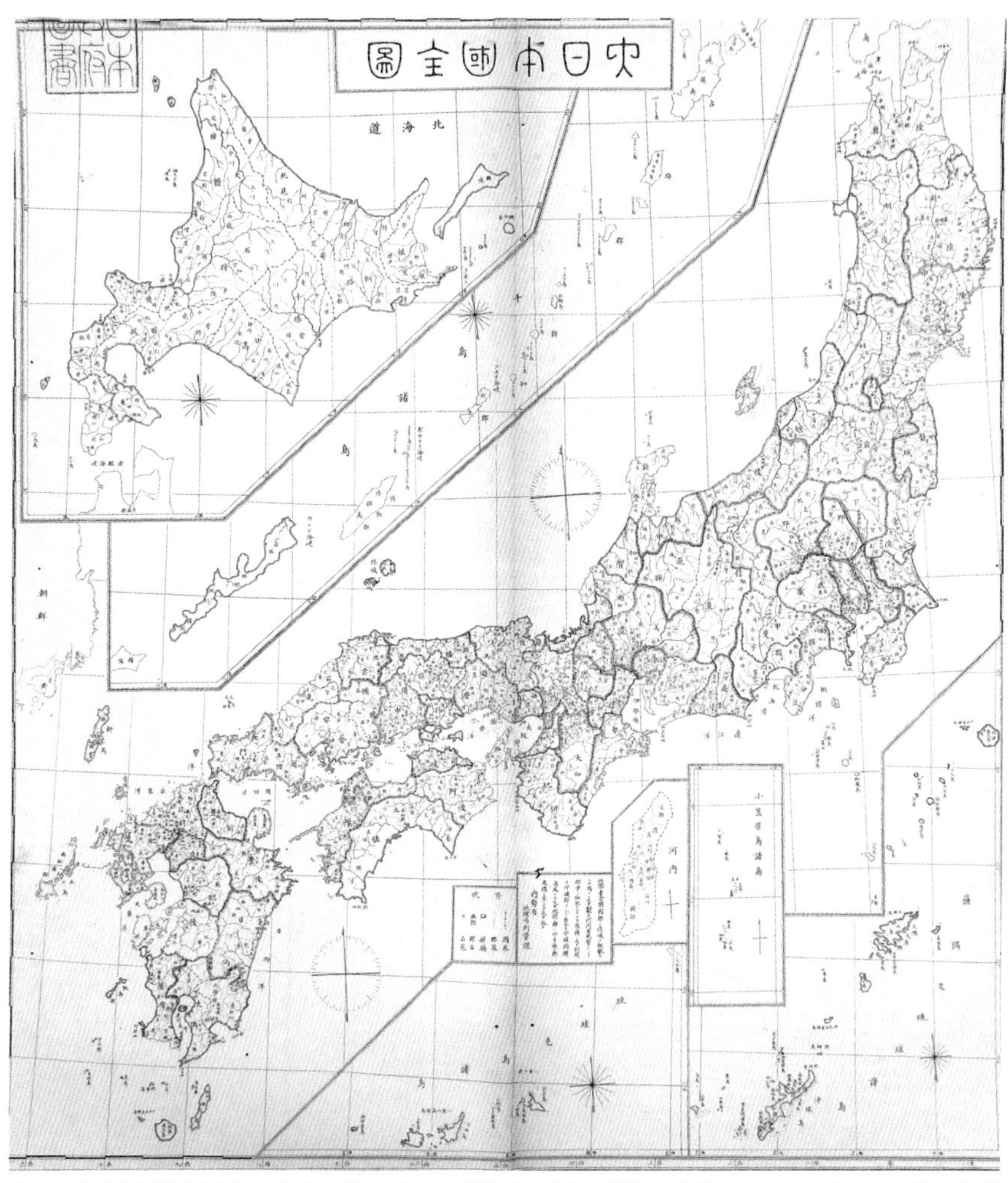


大日本全図◆旧幕府時代の地図に明治４年 11 月時点の府県の配置を記入したものである。廃藩置県後は地図も変化した　国立公文書館蔵

## 06

# 岩倉使節団と留守政府——新潮流と混乱

明治二年（一八六九）五月、御雇外国人のフルベッキは外国官副知事の大隈重信に、遣外使節派遣を提案する書簡を送った。政府の実力者が直接に西洋文明を学ぶ必要性を説いたのである。もっとも、明治政府は国内情勢への対応で手一杯になっており、この時点でこれが俎上に載ることはなかった。

廃藩置県を終えた明治四年八月、大隈は自らを使節として西洋に派遣するよう提言する。この提言は閣議決定され、翌年に迫った条約の見直し期限の延期や西洋文明の吸収を目的とする大隈使節団が派遣されることとなった。

しかし、大隈使節団は挫折する。明治政府の最重要課題の一つである条約改正に関与することで政府内における大隈の発言力が拡大することを警戒した岩倉具視や大久保利通が三条実美や木戸孝允に周旋し、大隈使節団を取り消させた。そればかりか、大隈使節団を岩倉使節団へ衣替えさせたのである。

岩倉や大久保に加え、木戸や伊藤博文らの派遣が決まり、岩倉使節団は大規模なものとなる。他方で、使節団派遣中の政府（いわゆる留守政府）のあり方が関心を集めた。その結果、遣外使節側と留守政府側の間で、大きな改革を行わないことを謳う十二箇条の約定が交わされた。

かつてこの約定書については、留守政府の足かせにしようと遣外使節側が主導したとみられていた。しかし現在では、留守政府側が発案したとする見方が主流である。もっとも、その内実には諸説ある。板垣退助ら武断派の動きを牽制しようとした三条実美や大隈が主体的に動いたとする説、大久保の不在により大蔵省を任せられた井上馨が自身の孤立化を防ぐために周旋したとする説などである。

約定の第六款は、使節団の派遣中に留守政府は「成丈け新規の改正」を行わないとする。しかし、続く第七款では、廃藩置県により「内地政務の統一」が進むため、「改正の地歩をなさしむ」とある（「大臣参議及各省卿大輔約定書一点」）。さまざまな解釈を生んだ約定書は、結局形骸化することとなる。

方法ハ酌定ノ上順次之ヲ實地ニ施行シ
習學了ラサルモノアレハ代理事官之ヲ引
請完備ナラシムヘシ
第六款
内地ノ事務ハ大使歸國ノ上大ニ改正
スル目的ナレハ其間可成丈ケ新規ノ
改正ヲ要スヘカラス萬一已ヲ得スシテ改
正スル事アラハ派出ノ大使ニ照會ヲナス
ヘシ
第七款
廢藩置縣ノ處置ハ内地政務ノ純一ニ
歸セシムヘキ基ナレハ條理ヲ逐テ順次其實
效ヲ擧ケ改正ノ地歩ヲナサシムヘシ
第八款

単行書・大使書類原本大臣参議及各省卿大輔約定書◆本文で示した約定の第六款の部分である。内地の事務は大使が帰国のうえでおおいに改正することを目的とするとある　国立公文書館蔵

さて、条約改正の予備交渉や西洋文明の調査などを目的とする岩倉使節団は、明治四年十一月、日本を発った。岩倉具視を特命全権大使、大久保・木戸・伊藤・山口尚芳を副使とし、留学生を含め総勢百名を超える規模であった。

明治五年一月にワシントンに入った使節団であったが、日本の代表であることを証明する全権委任状を持ち合わせていなかった。早速、条約改正交渉は暗礁に乗り上げた。大久保と伊藤が急遽帰国して委任状を持参したが、交渉はままならない。岩倉使節団はその後イギリスなどでも条約改正交渉を試みるも、いずれも思うような進展はみられなかった。その結果、西洋文明の調査が優先されることとなった。こうしたなかで大久保や木戸らは、殖産興業や憲法、議会の重要性を実感していく。

特命全権岩倉使節一行◆写真左から木戸孝允（参議）、山口尚芳（外務少輔）、岩倉具視、伊藤博文（工部大輔）、大久保利通（大蔵卿）である。写真は明治4年（1871）12月、サンフランシスコで撮影された　山口県文書館蔵

また、各省は、優秀な若手官僚を使節団に随行させた。安場保和、長与専斎、新島襄、井上毅、川路利良などである。彼らは西洋文明を吸収し、帰国後の開化政策の推進に大きく貢献した。

岩倉使節団の帰国時期は団員により異なるが、全権大使の岩倉の帰国は明治六年九月十三日であった。約一年十カ月に及ぶ派遣となった。

なお、岩倉使節団に随行した久米邦武（くめくにたけ）がその記録を『特命全権大使　米欧回覧実記（べいおうかいらんじっき）』としてまとめている。

他方で留守政府は、明治五年後半頃から混乱をきたした。とりわけ、財源不足を理由に緊縮財政路線をとる大蔵省と近代化推進のために予算増額を訴える諸省との対立は、深刻であった。改革を行わないとする約定書にもかかわらず、太政官制潤飾と呼ばれる正院の権限を拡大する改革が断行された。

岩倉使節団の帰国後も政府内の混乱は続く。留守政府を中心とする征韓派と遣外使節を中心とする内地派が激論を交わし、明治六年政変へといたる。

コラム

# 明治六年政変

朝鮮との国交樹立を志向する明治政府にとって、武力行使も一つの選択肢であった。明治六年（一八七三）五月、朝鮮の東萊府が日本を侮蔑したことが留守政府に伝えられると、参議として留守政府を支えていた西郷隆盛は、居留民保護のため自らを使節として朝鮮に派遣することを企図した。朝鮮で殺害される可能性があり、そうなれば武力行使の大義名分が立つと考えたのであろう。

西郷としては、次々と特権が失われていく士族の不満を武力行使で和らげようという思いがあった。近年ではまた、当時の西郷が体調不良により心身のバランスを欠いていたとの指摘もされている。

八月十七日の段階で西郷の使節派遣は内定したが、帰国した岩倉具視や大久保利通・木戸孝允らは内治優先を掲げて、反対する。十月十五日、太政大臣の三条実美は西郷の使節派遣を決定したが、心労により倒れる。太政大臣代理となった岩倉は、明治天皇に派遣決定を伝えるとともに、派遣反対の上奏文も提出した。その結果、西郷の使節派遣は延期となった。

これに抗議した西郷は、十月二十三日に辞表を提出して下野する。翌日には、同じく参議の板垣退助・副島種臣・江藤新平・後藤象二郎がこれに続いた。明治六年政変は、明治政府内における大久保の地位を高めたとともに、士族反乱や自由民権運動という新たな潮流を生み出していく。

征韓論之図◆征韓派と非征韓派の対立を描く。争いに敗れた征韓派の西郷隆盛・江藤新平・板垣退助・後藤象二郎・副島種臣らは下野することになった　国立国会図書館デジタルコレクション

# 07 三新法――本格化する地方の自治制度

明治政府は戊辰戦争を経て、幕府領を接収し、政府の直轄地として府や県を置いた。他方で大名が統治する藩は存続していた。いわゆる府藩県三治制である。

明治四年（一八七一）七月の廃藩置県で藩が廃止され、同年十一月までに統廃合が進み、全国三府七十二県となった。翌年には大区小区制が採用される。府県を複数の大区に分割し、さらにそれを複数の小区に分けた。府県の知事に加え、大区小区にはそれぞれ官選の区長・戸長などが派遣され、統治を担った。

こうしたなかで、全国の地方制度を統一的に規定する新たな地方制度が設けられる。明治十一年七月二十二日に公布された郡区町村編制法・府県会規則・地方税規則からなる、いわゆる地方三新法である。

明治十一年三月、内務卿の大久保利通は、各地で自由民権運動が隆盛する状況を踏まえ、地方分権の必要性を説く「地方之体制等改正之儀」を提出した。四月には地方官会議が開催され、法制局の井上毅や内務省の松田道之が作成した「地方ノ体制」、「地方会議法」、「地方公費賦課法」の各案が審議された。さらに元老院会議でも扱われ、上記三つの法令として七月二十二日の公布にいたる。

三新法で大区小区制は否定され、府県には郡区と町村が置かれた。また、地方税の予算を審議する府県会の設置が定められ、二十歳以上の男子で地租五円以上の納税者に選挙権が、二十五歳以上の男子で地租十円以上の納税者に被選挙権が与えられた。一方で、府県会を監督するため、府知事県令に議決認可権や解散権など、府県会に対する強い権限を与えた。そのほか、府県レベルで一括徴収、一括支出される地方税が創出された。

## 三新法の図

| 郡区町村編制法 | 府県会規則 | 地方税規則 |
|---|---|---|
| 戸籍法により定められた大区・小区の廃止 | 各地の地方民会の制度化 | 従来の府県税・民費の地方税化 |
| 府県<br>府知事・県令<br>区（都市部）→区長（官選）→町 区長の戸長兼任も可<br>郡（農村部）→郡長（官選）→町村 戸長 | ●府県会の設置<br>〔選挙権〕<br>地租５円以上納付の満20歳以上の男子<br>〔被選挙権〕<br>地租10円以上納付の満25歳以上の男子 | 明治初期<br>雑税（府県経費のみ）<br>＋<br>民費（府県、大、小区、町村） |
| | | 1875年<br>雑税→府県税 |
| | 〔権限〕<br>地方税の審議、予算案の議定（議決には府知事・県令の認可必要） | 地方税規則<br>府県税・雑税→地方税 |

戸長役場印◆写真であげた印が使われることになる、宇都宮県（現在の栃木県北を管轄）では大区小区制は明治12年（1879）には廃され、原則的に宿・町・村ごとに戸長を公選した。明治16年になると、数ヵ村から二十数ヵ村で１つの役場をもつ連合戸長役場となった。写真であげた戸長役場印のうち、一番左、中央、中央の右隣の３点は明治12年～16年の間に使われたものである　画像提供：那須塩原市教育部生涯学習課

初代県令松田道之写真◆地方三新法制定の中心になったほか、初代大津県令、初代滋賀県令、第７代東京府知事など要職を歴任し、琉球処分でも重要な役割を担った人物である　画像提供：滋賀県立公文書館

# 08 琉球処分——日本への統合と、新たなる船出

琉球王国を解体して日本に統合させた、いわゆる琉球処分については、いくつかの段階に分けられる。明治五年（一八七二）の琉球藩の設置、明治十二年の沖縄県の設置などである。

明治四年七月の廃藩置県を受けて鹿児島県が設置されると、琉球は同県の管下に置かれた。しかし琉球は、清国との朝貢関係を維持しており、両属体制をとっていた。明治四年十一月、遭難した琉球人が台湾に漂着し、現地人に殺害される事件が起きた。これを受けて明治政府内では、台湾への出兵が議論となる。そのなかで翌年五月、大蔵大輔の井上馨が琉球の日本への帰属を建言する。九月、琉球の国王尚泰を華族に列する。さらに琉球の外交権が外務省に移され、琉球の抱えていた負債を明治政府が肩代わりすることとなった。琉球藩が設置された。

明治七年の台湾出兵の折には、清国が日本に賠償することとなった。これは琉球の日本帰属を意味する。翌年には内務大丞の松田道之が琉球へ渡り、清国との朝貢関係の廃止などを訴える。琉球はこれに反発するものの、最終的には明治十二年四月、琉球藩の廃止と沖縄県の設置が決定した。初代沖縄県令には鍋島直彬が就任している。

ただし、沖縄県内では反発が容易に消えなかった。沖縄県の設置と同じ明治十二年には、宮古島で、政府方針に賛成する島民を反対する島民が殺害するサンシー事件も起こった。

なお、琉球処分の「処分」という表現に対しては、適切ではない、との指摘がある。そもそも「処分」という語は、先述した明治五年五月の井上の建言に用いられたことが始まりである。

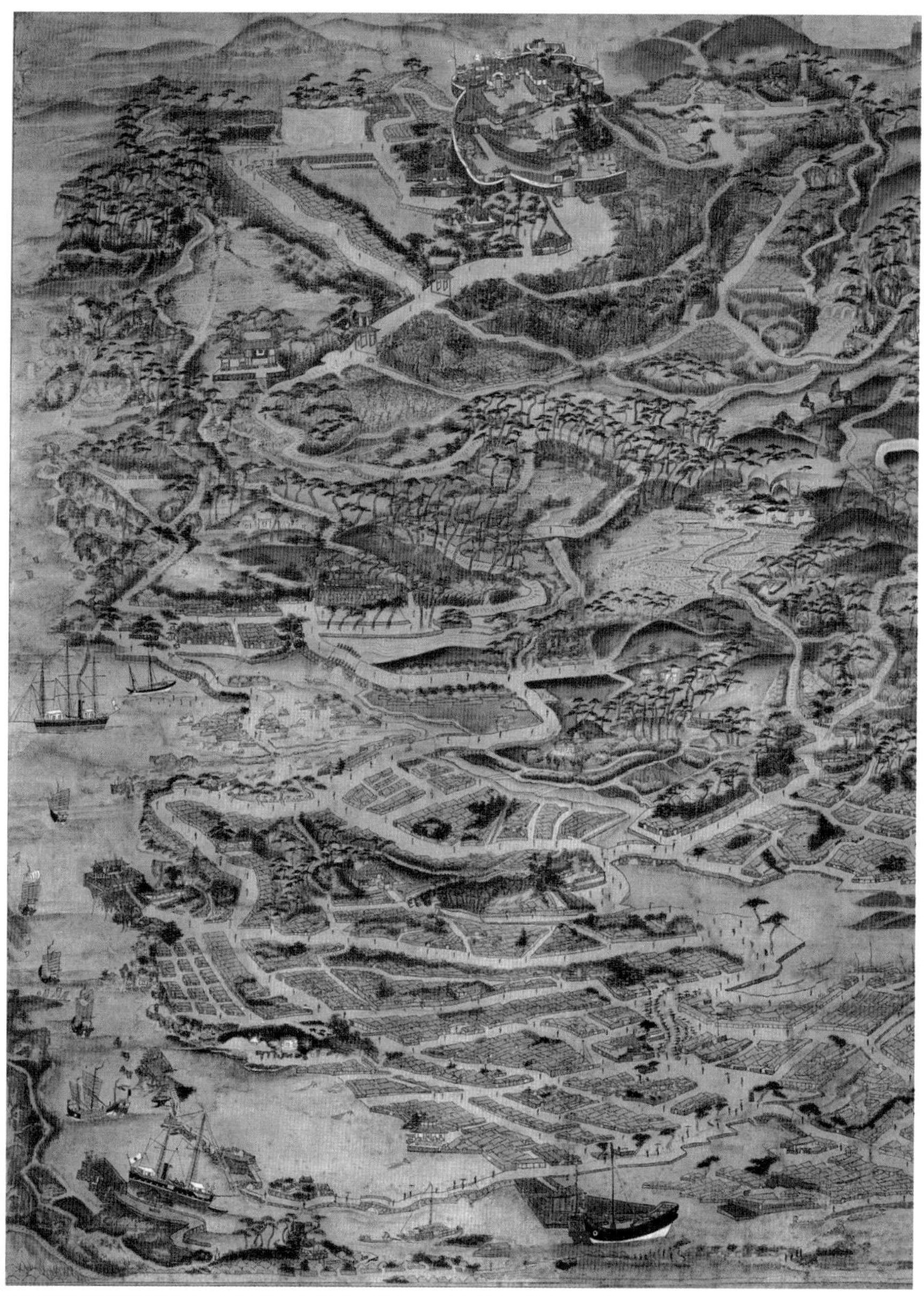

首里那覇鳥瞰図屏風◆19世紀末の那覇の様子で、首里城や湊などが描かれており、当時の雰囲気がよく伝わる　那覇市歴史博物館提供

# 09 徴兵制（ちょうへいせい）――反対も大きかった軍隊の創設

明治政府は成立当初、直属の軍事力を有していなかった。軍務官や兵部省の中心であった大村益次郎（おおむらますじろう）は、徴兵制にもとづく近代的な軍隊の創設を志向するが、暗殺により志半ばで死去してしまう。

その後、山県有朋が徴兵制を推進し、明治五年十一月に全国徴兵の詔、徴兵告諭（こくゆ）が出された。翌年一月十日、徴兵令が制定された。まずは東京鎮台（ちんだい）管下のみが対象となり、次第に拡大され、明治八年までに北海道・沖縄を除く全国に施行された。

徴兵検査は、以下の流れで行われた。まず、府県が陸軍省に提出する徴兵連名簿にもとづき、検査対象である二十歳以上の男子の人数や補充すべき兵数、徴兵免除対象者などを確認する。次に徴兵検査が行われる。検査合格者を対象に抽籤（ちゅうせん）を行い、常備兵役や補充兵を決める。常備兵役に当選したものは翌年から三年間入営する。終了後は後備（こうび）兵役を務め、四年後に除役となる。

もっとも、身体的条件による不適格者に加え、戸主・嗣子（しし）・独子独孫（どくしどくそん）など、家庭状況による幅広い免役が認められていた。徴兵令制定当初の入営は、一二三〇〇名ほどであったとみられる。

徴兵令に対しては、農民を中心に反対一揆（いっき）が相次いだ。明治六年三月の三重県にはじまり、全十六件にのぼる。とりわけ、岡山県美作（みまさか）地方の一揆は大規模なもので、約二万七千人が処罰された。徴兵告諭に用いられた「血税（けつぜい）」という語から、徴兵令は生き血が取られるものだという誤解も生まれた。そのため、一連の反対一揆は血税一揆とも呼ばれる。

明治八年十一月、十二年十月、十六年十二月などの徴兵令改正により、免役条件は徐々に狭められ、国民皆兵という原則に近づけられていった。また、常備と後備の間に三年間の予備兵役が設けられるなど、政府が常備保有できる兵力の増強が図られた。

| 徴兵令の制定　明治6（1873）年1月10日 | |
|---|---|
| **服役年限** | 常備軍　3年<br>第一後備軍　2年<br>第二後備軍　2年 |
| | 国民軍　17～40歳 |
| **免役制** | 身長5尺1寸（約154.5cm）未満者<br>心身に障害のある者 |
| | 官吏、医科学生<br>海陸軍生徒<br>官公立学校生徒<br>外国留学生 |
| | 一家の主人<br>嗣子、承祖（家の跡継）の孫<br>独子独孫、養子<br>父兄病弱のため家を治める者<br>徴兵在役の兄弟 |
| | 「徒」（懲役1～3年）以上の罪科者 |
| **代人料** | 270円<br>上納者は常備後備両軍を免ぜられる |
| **志願制<br>予備幹部養成** | 規定なし |

徴兵令の図（服役年限・免役制度・代人料）◆『山川　詳説日本史図録』をもとにした

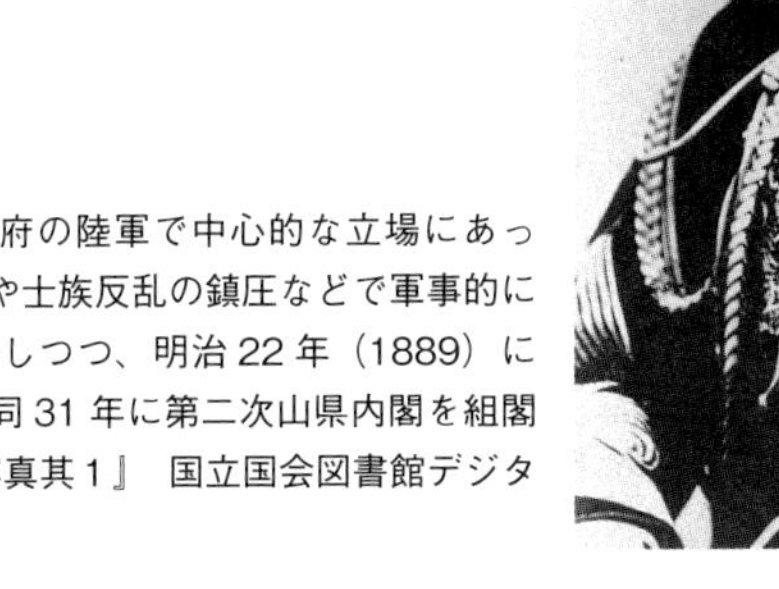

山県有朋◆明治政府の陸軍で中心的な立場にあった。徴兵令の制定や士族反乱の鎮圧などで軍事的に重要な役割を果たしつつ、明治22年（1889）に第一次山県内閣、同31年に第二次山県内閣を組閣した『近世名士写真其1』国立国会図書館デジタルコレクション

# 10 警察制度――治安を維持する要となる

明治維新後の日本では、警察と軍隊の明瞭な区別がなかった。府兵・藩兵が警備や治安維持を行っていたのである。明治四年（一八七一）十月には東京府に邏卒が置かれた。鹿児島を中心に約三千人が徴募され、府内の取り締まりを担った。

翌年、司法省に警保寮が新設されたことで全国の警察の統合が図られ、府兵や邏卒が司法省直属の警察力となった。警保寮職制が定められ、各府県を監督する大警視、府県や大区を指揮する大警部、小区に分派される巡査などが設けられた。こうして軍隊と警察は分化されたが、司法と警察が混同する状況が生まれた。

西洋での警察制度調査から帰国した司法省警保助兼大警視の川路利良による建議が契機となり、近代的な警察制度が確立されていく。川路は、中央集権的なフランスの警察制度をモデルとし、司法警察と行政警察の区分、内務省による全国的な行政警察の統轄などを訴えた。その結果、明治七年一月に警保寮が司法省から内務省に移管され、司法警察と行政警察の区分が明確化されるとともに、新設の東京警視庁の長官に川路が就任する。

翌年三月には警保寮が警保局に、十月には邏卒が巡査に改称された。また、巡査による戸口調査が実施されたのも同年である。

士族反乱が相次ぐと、明治十年一月、内務省警保局と東京警視庁が廃止されて内務省警視局が設置された。武力鎮圧を主眼とする軍事的性格が強められたのである。西南戦争に際しては、川路が約一万の警視隊を率いて鹿児島征討に向かった。

西南戦争後に自由民権運動が隆盛すると、言論の取

明治小吏年間紀事 宇龍港ニテ賊魁捕縛之図◆明治９年（1876）山口県の萩で起こった不平士族の政府への反乱である萩の乱を描く。ここでは警察官が乱の首謀者・前原一誠を捕まえようとしている　山口県立山口博物館蔵

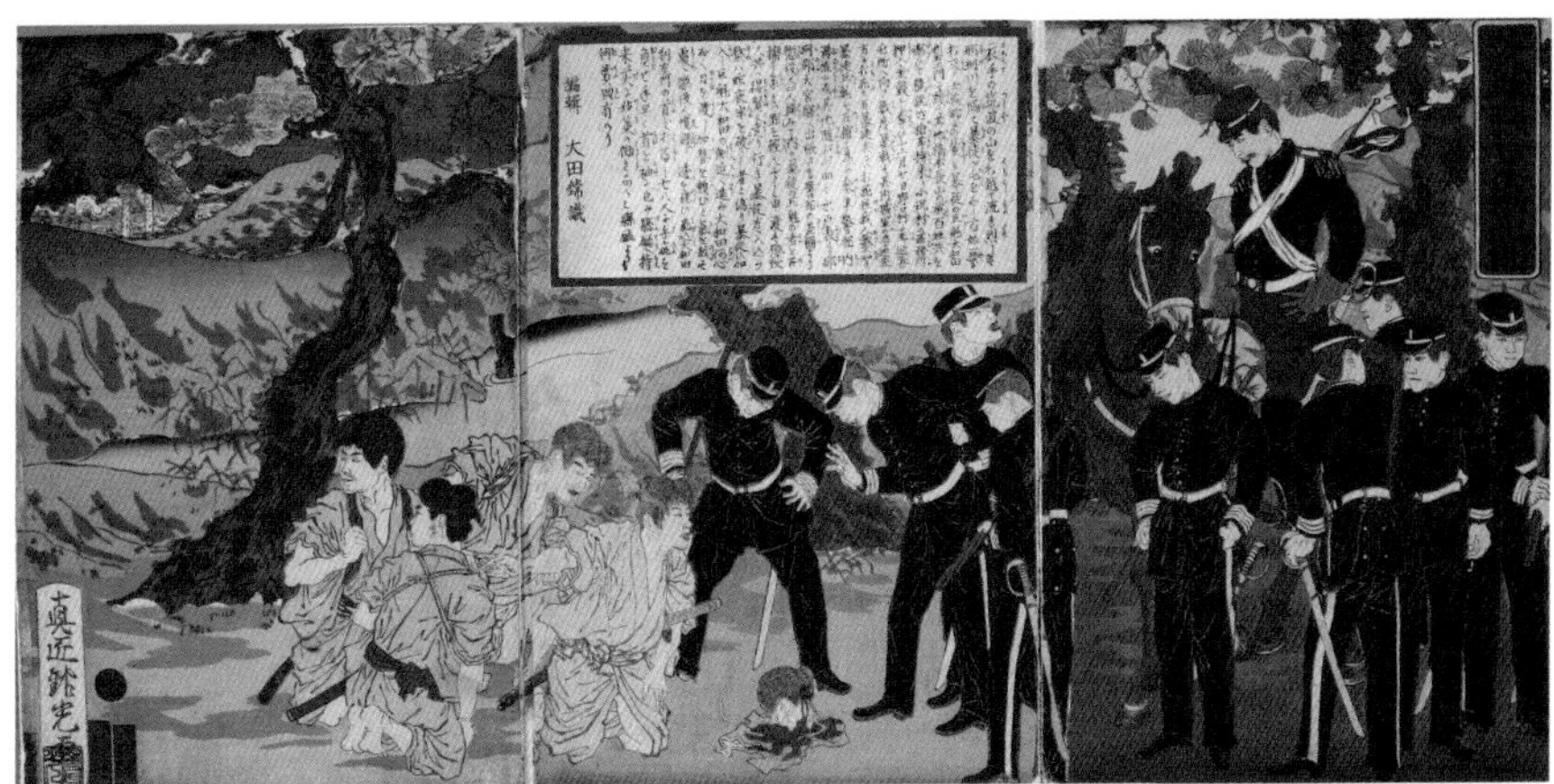

茨城県暴動記聞◆明治９年（1876）に起こった地租改正事業に対する不満が暴動となり、茨城県真壁郡や那珂郡で農民の一揆があいついだ。本図では警察官が一揆方の打ち首を検分している様子を描く
常陸大宮市歴史民俗資料館（大宮館）蔵

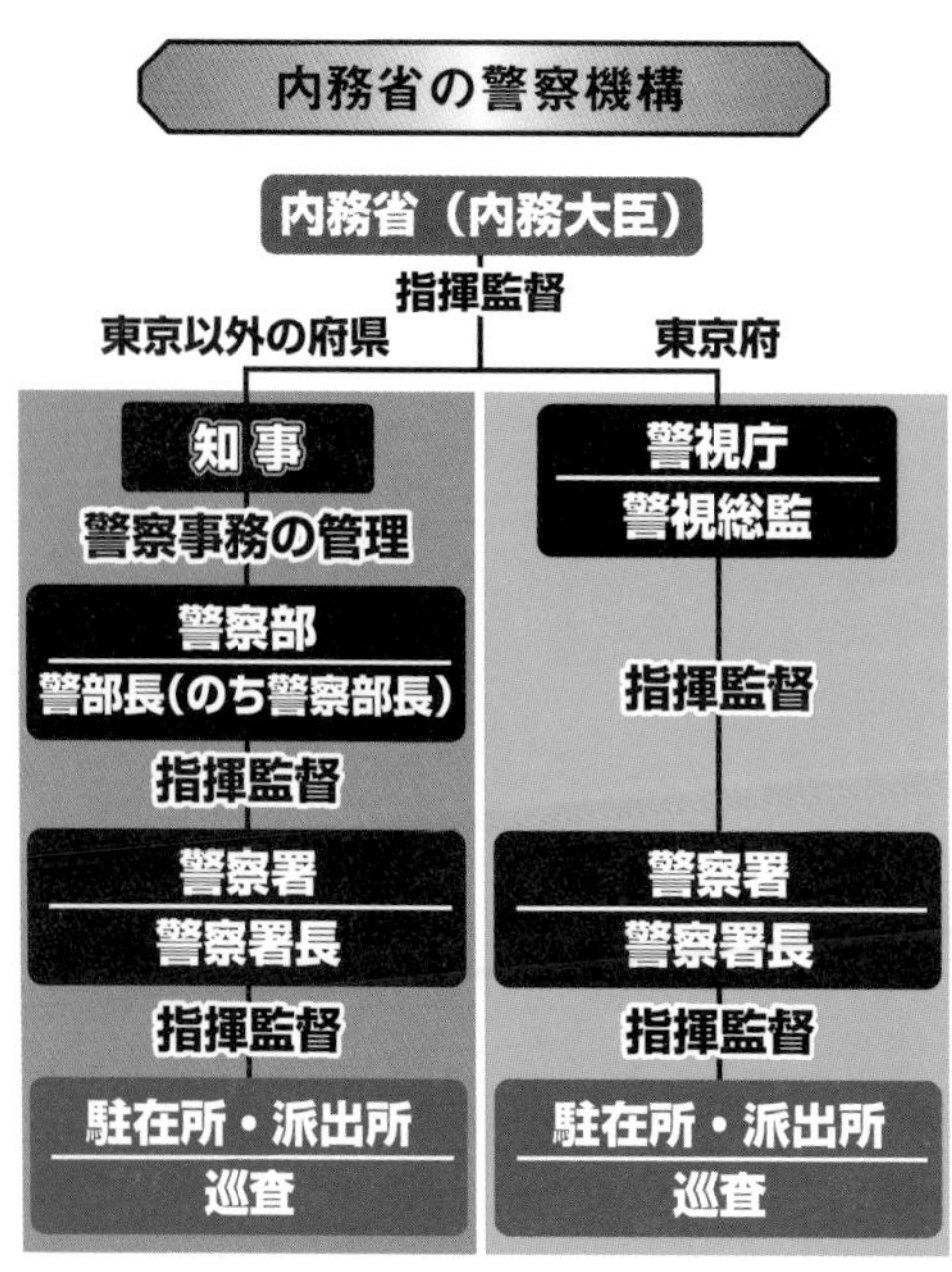

川路利良◆日本の近代的警察制度の確立に尽力した人物。西南戦争で警視隊で組織された別働第三旅団を率いて西郷軍に大打撃を与えたことでも知られる　「鹿児島県出身人物写真帖」　鹿児島県立図書館蔵

り締まりが課題となった。明治十四年一月、内務省警視局が警保局と改称され、東京警視庁が再設置された。警視総監には樺山資紀が就任している。また、各府県には、府県警察の責任者として、警部長が新設された。

明治十四年の政変でドイツ流の憲法が志向されると、警察制度もフランスからドイツにモデルがシフトすることとなる。内務卿の山県有朋や警保局長の清浦奎吾は、ドイツから顧問を招聘し、ドイツ流警察制度の調査を進めた。明治十八年にはドイツの警察大尉ヘーンが来日し、前年に設置された警官練習所の教師となった。ヘーンは、全国の警察官に対して、ドイツ流警察制度を教授した。ドイツ流警察制度とは、通常の警察に加え、政治犯を対象とする高等警察を重視する特徴がある。この点は、自由民権運動の取り締まりを重視した山県の志向と合致するところであった。

明治十八年十二月の内閣制度創設を受け、翌年二月に警視庁官制が公布される。ここで高等警察が設けられ、従来の行政警察や司法警察の高次に位置づけられた。その対象は、「政治に関する結社、集会、新聞、雑誌、

警視庁◆丸の内馬場先門外に建てられた警視庁である。初めは旧津山藩江戸藩邸の鍛冶橋庁舎が使われ、のちに写真の赤煉瓦の洋風建築の庁舎が使われた。この写真の庁舎は関東大震災で燃えてしまった 「写真の中の明治・大正」 国立国会図書館

図書及其他出版」である（『法令全書』）。

明治十九年七月に公布された地方官官制を踏まえ、各府県の警察本署は警察本部に改められた。内務大臣が警視総監を指揮して警視庁を直轄し、各府県の警察本部は知事がトップとなった。

地方には、各郡区に一警察署と複数の交番所や駐在所が設置された。当初、ドイツ流警察制度に則り、町村戸長に警察事務を委任する声もあった。しかし、町村の行政能力が不十分であると判断され、末端警察機関として駐在所が設置された。明治二十三年、警保局長の清浦は、地方自治が未成熟な段階では市町村に警察権を付与すべきでないと演説している。こうした考えは、近代的な警察制度を確立していくなかで一貫した原則となっていた。

なお、明治二十三年の全国の警察官署数は、警察署（警視庁・警察本部含む）が六七八、分署が八〇〇、交番所・派出所が一一八三、駐在所が一〇一七四の合計一二八三五にのぼった。

# 11 公衆衛生——流行病・伝染病と対峙する

明治七年（一八七四）八月、日本初の総合的衛生制度である医制が公布された。岩倉使節団の一員として、西洋の医学教育制度を調査し、帰国後に文部省医務局長を務めた長与専斎が、医制制定の中心であった。

医制では、西洋医学を中心に据えた医学教育課程が定められた。東洋医学から西洋医学への転換を図ったのである。そのため、漢方医による抵抗運動もみられた。医制ではまた、衛生行政の仕組みが構築された。文部省医務局中の医監・副医監、全国数カ所の衛生局、各府県の医務掛、各地方の医務取締を設置することにより、文部省の衛生行政権の確立が期待されたのである。

明治八年に内務省が設置されると、衛生行政は同省衛生局に移管された。初代局長は長与が務めた。明治九年に渡米した長与は、「衛生意見」を内務卿大久保利通に提出し、衛生行政の整理を主張した。

明治十年、コレラが流行する。衛生局は虎列刺病予防法心得を編成し、海港検疫・患者宅の隔離・便所や下水の清潔などを求めた。明治十二年に再びコレラが流行すると、内務省衛生局は対応に忙殺される。同年七月、内務卿の管轄下に医学等の専門家を含めた中央衛生会が設置され、より専門的な知見を政策に反映させやすくなった。しかし、コレラの猛威は凄まじく、患者は十六万人以上、犠牲者は十万人以上を数えた。

翌年七月、伝染病予防規則が制定され、コレラ、腸チフス、赤痢、ジフテリア、発疹チフス、痘瘡が伝染病として指定された。中央政府と地方政府が連携して伝染病予防にあたる、という指針が示されたのである。

明治十八年十二月の内閣制度創設にともない、翌年二月に地方官官制が制定された。これにより、内務省に加えて、警察の所管にも衛生事務が含まれることとなった。

虎列刺退治◆虎（こ）の頭、狼（ろ）の胴体、狸（り）の睾丸が合体した怪獣が人びとを押さえつけ、衛生隊が消毒薬を噴射して退治しようとしている場面が描かれている。コレラの流行によって、このような構図の絵が多く描かれた　東京都公文書館蔵

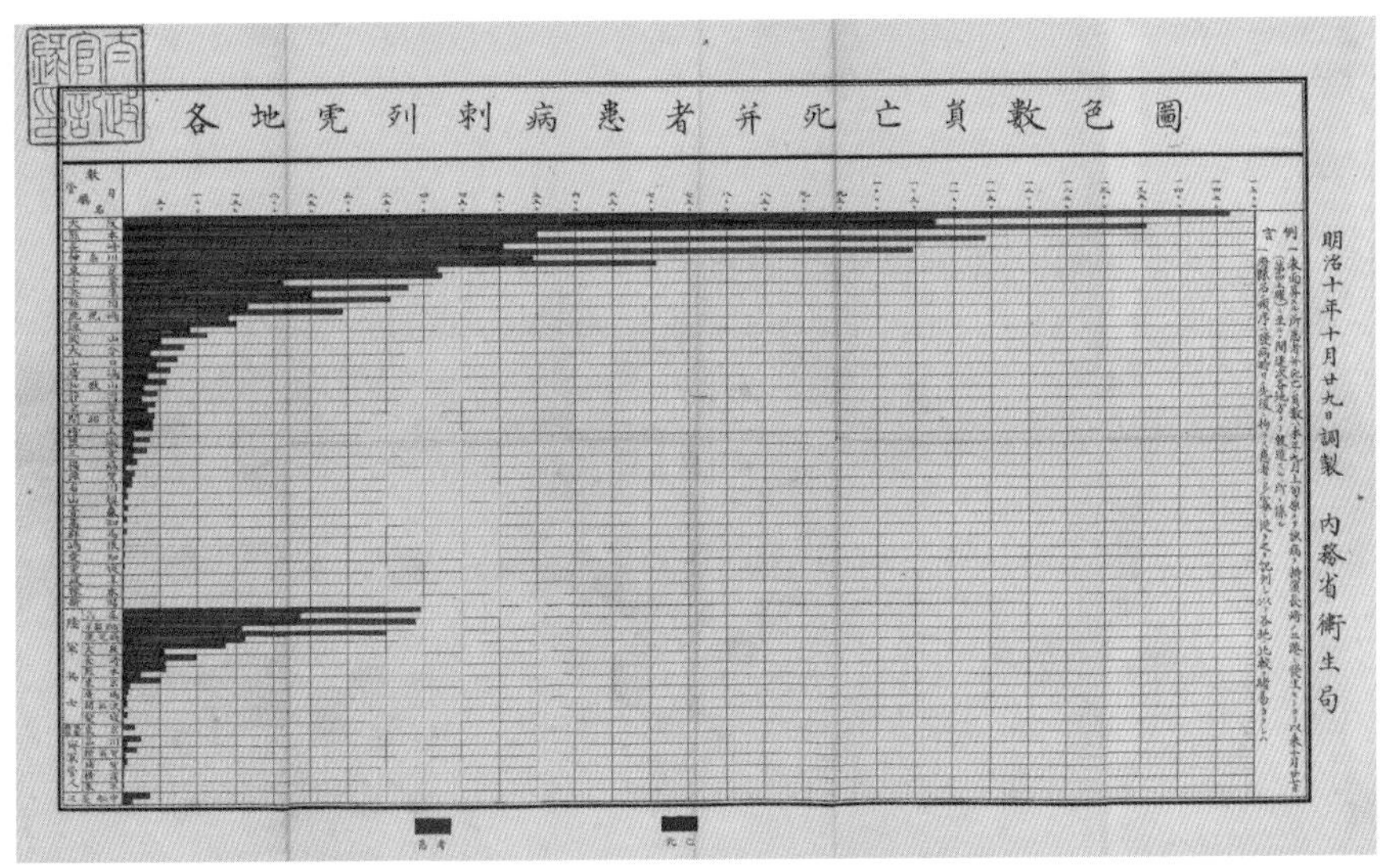


虎列刺病患者色別図二◆明治 10 年（1877）、内務省衛生局によるコレラの患者数と死亡者数をグラフにしたもの。大阪・熊本・長崎・神奈川・東京と数の多い場所から列記されている　国立公文書館蔵

# 12 秩禄処分——長く日本を支えた〝武士〟の終わり

新たな国家作りを志向するにあたり、明治政府の課題の一つとなったものが、藩主と家臣団による主従関係の解体である。それはすなわち、武士身分の解体を意味する。

明治二年（一八六九）六月の版籍奉還により、大名が土地と人民を天皇に返還していく。同時に、藩主は知藩事に任命された。六月二十五日には、知藩事の家禄が藩高の一割に制限された。また、諸藩の一門から平士が士族に位置づけられ、江戸時代の武士に存在した家格による身分の上下はなくなり、単一化されたのである。さらに、知藩事には士族の禄制改革が命ぜられた。政府は、武士身分の改革のためには禄制制度の抜本的見直しが不可欠だと考えたのである。

しかし、禄制改革は思うように進まない。家禄の負担が藩財政を圧迫し、知藩事は商家からの借金や藩札の発行などで急場をしのいでいた。そこで明治三年九月十日、政府は藩制を公布し、藩高の一割を知藩事の家禄にすることを改めて定めたほか、藩高の九パーセントを海陸軍費にすること、八十一パーセントで藩庁の経費や士族卒の家禄をまかなうことなどを定めた。つまり、改めて家禄の削減を命じたのである。一部の藩では、士族を農民に編入する帰農法や家禄を売買可能な禄券に改める禄券法などを通じて、支出を削減していった。明治四年七月の廃藩の時点で、維新前からの削減率は三十八パーセントにのぼった。

廃藩置県を経て、士族の家禄は大蔵省が給付することとなった。華士族は全人口の五パーセントあまりに過ぎなかったが、家禄は政府の支出額の四十パーセント近くにのぼる。しかし、具体的な業務をこなす士族はほとんどいない。武士身分の解体のためにも、殖産

| 金禄高（階層別） | 公債の種類 | | 公債受取人員（人・%） | 公債総発行額（円・%） | 1人平均（円） | 1年間利子収入 |
|---|---|---|---|---|---|---|
| | 利子 | 金禄高に乗ずる年数 | | | | |
| 1000円以上（華族・領主層） | 5分 | 5～7.5 | 519（0.2） | 3141万3586（18.0） | 6万527 | 3,026円35銭 |
| 100円以上（上・中級士族） | 6分 | 7.75～11 | 1万5377（4.9） | 2503万8957（14.3） | 1628 | 97円68銭 |
| 10円以上（下級士族） | 7分 | 11.5～14 | 26万2317（83.7） | 1億833万8013（62.3） | 415 | 29円5銭 |
| 売買家禄（その他） | 1割 | 10 | 3万5304（11.3） | 934万7657（5.4） | 265 | 26円50銭 |
| 合 計 | | | 31万3517（100） | 1億7413万8213（100） | 557 | |

秩禄処分の階層別実態◆秩禄処分の一環で禄制が廃止され、政府は強制的に禄を廃止したすべての華族・士族に代償として金禄公債というものを交付した。ちなみに、実際に利子で生活できたのは領主層と上級士族の一部だけであったという　『山川　詳説日本史図録』をもとにした

興業を推進するためにも、禄制の廃止が政府にとって喫緊の課題となったのである。

秩禄処分に向けては、大蔵大輔の井上馨を中心に検討が進められた。明治五年二月、正院で決定した内容は以下のようなものであった。①家禄の総額を三分の一削減する。②削減後の家禄六年分を禄券として一括支給し、売買も認める。③禄券を一割利付とする。④禄券の価値下落を防ぐため、政府が適宜買い取る。⑤その財源は外債とする。

井上案は、禄制廃止を一気に実現しようとする、かなり急進的なものであった。参議の西郷隆盛が支持にまわり、実現に向けて動き出した。ところが、アメリカでの外債募集に失敗し、明治六年五月には予算紛議により井上が大蔵大輔を辞職する。さらに明治六年政変で西郷が下野するにいたった。こうして井上案は実現しなかったのである。

秩禄処分の中心は、政変後に内務卿となった大久保利通、大蔵卿の大隈重信、工部卿の伊藤博文に移る。明治六年十二月、彼らはまず家禄奉還制度と家禄税を

金禄公債証書画像◆華族や士族に与えられた秩禄数年分の公債（金禄公債）である　日本銀行金融研究所貨幣博物館蔵

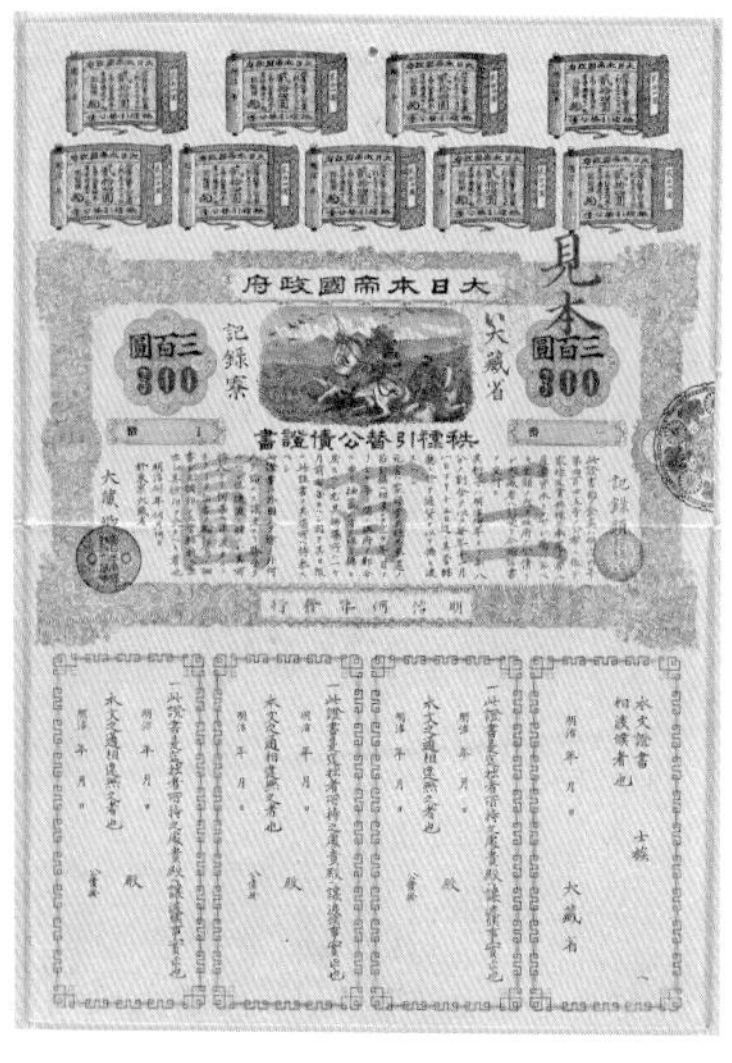


秩禄公債証書の見本（百円）◆秩禄処分では禄高100石未満の者が奉還を望むときは希望者に対し、禄高に応じて就業資金を半分は現金、残りの半分は秩禄引換公債証書の交付で一時下付された。これは明治７年、大蔵省から太政官に提出された秩禄公債証書の見本である　国立公文書館蔵

設けた。前者は、家禄百石未満の希望者にその奉還を認めるもので、世襲の永世禄は六年分、一代限りの終身禄は四年分を支給し、以後打ち切る。翌年十一月には百石以上も対象とし、最終的には約三分の一の士族が一部または全部を奉還した。後者は、石高に応じて三十パーセント以上の累進税を課すもので（五石未満は対象外）、実質的な家禄の減額である。

明治八年七月、家禄奉還制度は中止となった。大蔵省内では、禄制の完全廃止に向けて、家禄を公債証書に改めるプランを練る。そして明治九年八月五日、金禄公債証書発行条例が公布されたのである。

金禄公債は五～十パーセントの利子が五～十四年付される。公債証書は五年据え置きののち、二十五年かけて抽選により順次政府が償還する。実際、三十年後の明治三十九年度に償還が完了した。ただし、士族の受給額は、安定した生活を送るには不十分であった。そのため、経済的に破綻した士族も少なくなかった。長きにわたって日本を支えてきた武士身分は、維新からわずか十年ばかりで完全に解体したのである。

コラム

# 西南戦争

明治六年政変後、佐賀の乱や萩の乱など士族反乱が相次いだ。こうしたなかで、近代日本が経験した最大かつ最後の内戦が西南戦争である。

鹿児島に帰郷した士族は、四民平等や地租改正、秩禄処分といった自らの処遇に対するものだけでなく、外交政策や政府の専制にも不満を高めていた。鹿児島の動向を探るため政府から派遣された視察団を鹿児島士族が捕らえ、西郷隆盛暗殺計画の供述を得たとされる。この供述の事実関係には諸説あるものの、これが西南戦争の契機となった。蜂起に否定的であった西郷も不平士族を抑えきれず、明治十年（一八七七）二月、西南戦争の幕が切って落とされた。

鹿児島から東京を目指して挙兵した数は、最終的に三万名余りにのぼった。兵力・戦略・資金など、あらゆる面で政府軍が薩軍を上回ったものの、西郷の求心力のもと、薩軍は最後まで死闘を繰り広げた。しかし九月二十四日、政府軍による鹿児島の城山への総攻撃が開始されると、西郷は薩軍指導者の一人である別府晋介に介錯を頼み、命を落とした。桐野利秋や村田新八ら薩軍の指導者たちも同日戦死し、西南戦争は政府軍の勝利で幕を閉じた。

以後、武力による政府打倒は不可能であることが認識され、板垣退助らは言論による抵抗を試みていく。

鹿児島の賊軍熊本城激戦図（部分）◆西南戦争を題材にしたこのような錦絵は数多く描かれた　国立国会図書館デジタルコレクション

# 13 屯田兵――北海道の開拓と防衛を担う

明治政府は日本の防衛上、北海道を重要視した。明治六年（一八七三）十一月、開拓次官の黒田清隆は、北海道の開拓と防衛を担う屯田兵設置の必要性を説く建白書を提出する。これが受け入れられ、翌月に屯田兵設置が決定した。明治七年十月には制度面も整備される。屯田兵は、「徒歩憲兵に編制し有事に際して速に戦列兵に転するを要す」と定められた（「太政類典」）。

明治八年、現在の札幌市西区に最初の屯田兵が移住した。彼らは、宮城・青森・酒田の三県と北海道内から募集された士族一九八戸、九六五人であった。黒田には士族授産を考慮した面もあり、失業士族の募集が優先された。

明治九年五月にも東北地方から募集された二四〇戸、一一一四人が現在の札幌市中央区に移住するなど、以後、屯田兵は札幌中心に配置された。主に開墾作業に従事していたが、明治十年の西南戦争の際には、第一大隊が九州へ派遣された。

明治十五年二月に開拓使が廃止されたことにともない、屯田兵は陸軍省に移管された。明治十九年には、新設の北海道庁に移管されるが、明治二十三年に再び陸軍省の所管となった。

それまで屯田兵は、防衛上の観点から札幌のほか、室蘭や根室など沿岸部に配置されてきた。これが、旭川や石狩平野など内陸部の開拓も重視するよう転換した。そこで明治二十三年、屯田兵の応募資格が士族だけでなく平民にも拡大されたのである。

なお、明治三十一年に徴兵令が北海道全域に施行されたため、翌年の上川郡士別兵村と同剣淵兵村への移住が最後となり、屯田兵の募集は中止となった。明治三十七年四月には現役の屯田兵は皆無となり、同年九月、屯田兵条例も廃止された。

太田屯田兵村の家族古写真◆「明治の礎　北海道開拓　屯田兵」

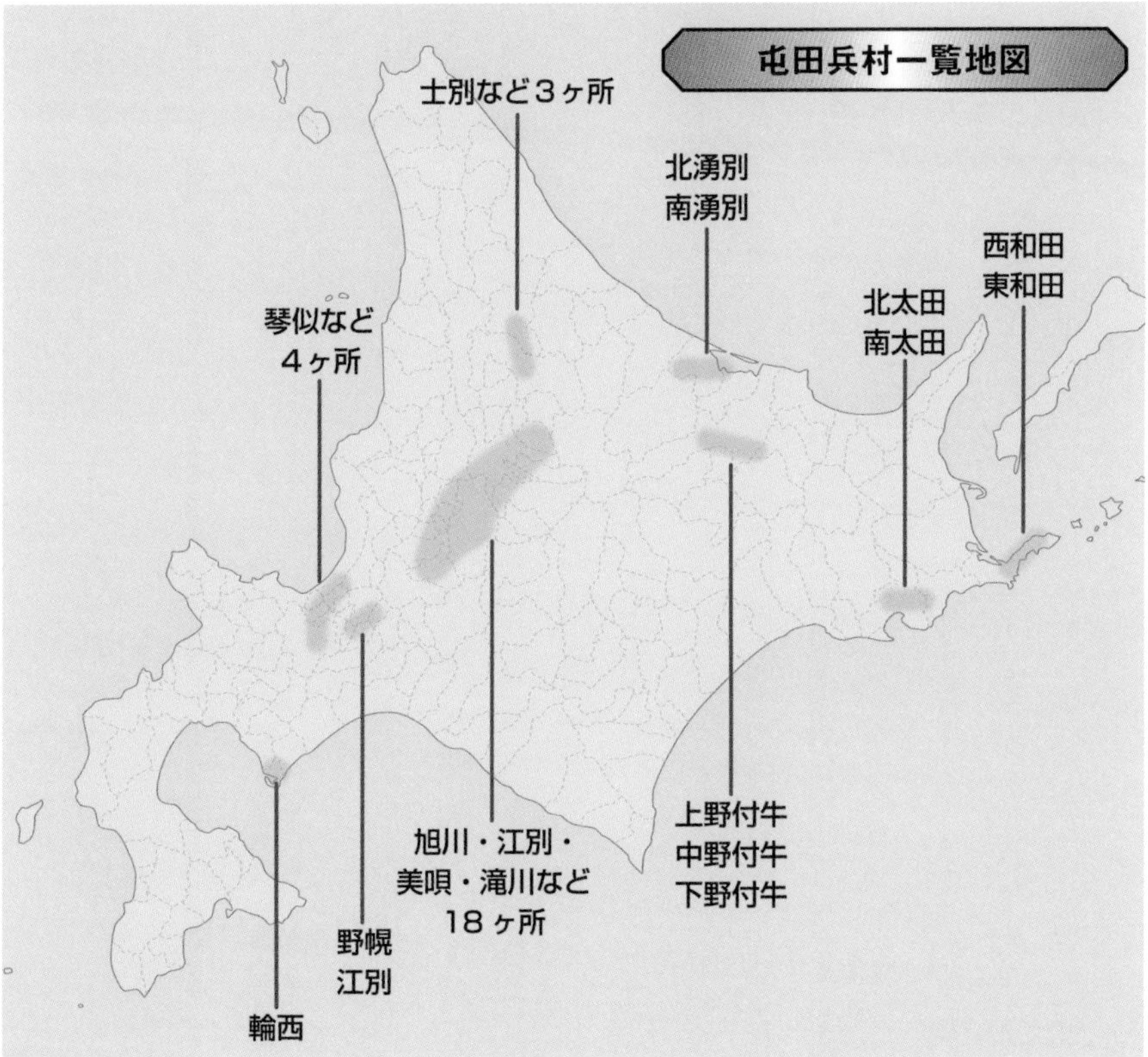

**屯田兵村一覧地図**

士別など３ヶ所
北湧別
南湧別
西和田
東和田
北太田
南太田
琴似など
４ヶ所
上野付牛
中野付牛
下野付牛
旭川・江別・
美唄・滝川など
18ヶ所
野幌
江別
輪西

## 14 地租改正——暴動まで招いた土地税制の大改革

誕生したばかりの明治新政府は、安定的な財政基盤を持たず、政府紙幣や公債の発行により急場をしのいでいた。また、西洋諸国と対峙するためには国内の資本主義化が求められ、従来の米納や石代納から金納制への転換が必須であった。農業が産業の中心であり、全人口の八割が農民であった状況に鑑みるに、公平な土地税制の採用が求められたのである。

版籍奉還後には民部省などで、租税制度に関する具体的な論議がなされた。明治四年（一八七一）七月の廃藩置県を経て、全国統一の租税制度の必要性は一層高まった。地租改正を射程に入れると、国民の土地所有権を公認する必要がある。

明治四年十二月、政府はまず、東京府の町地や武家地に地券を発行し、その地価に定率課税することを決める。翌年には対象が田畑にも拡大し、土地の所持への身分規制を解除した。十月までに全国が対象とされた。

他方で明治五年七月、大蔵省は租税頭陸奥宗光と租税権頭松方正義の連名で、従来の租税法を徐々に見直し、沽券課税の実施を地方官に予告した。これと前後してすべての地所に地券を交付することとなり、三カ月以内に実行することが決まった（壬申地券）。さらに、田畑貢租を従来の米納から原則として金納に改めた。しかし、三カ月以内の地券交付は膨大な事務作業のために達成できず、大蔵省は明治五年分からの地価への定立金納課税を断念する。

そこで大蔵省は、地租改正法案をまとめていく。明治六年四月に開会した地方官会同での審議を経て、七月二十八日に地租改正条例・地租改正施行規則・地方官心得書からなる、いわゆる地租改正法が公布された。

地租改正測量取之図◆秋田県第七大区（雄勝郡）地租改正総代であった茂木亀六が土地丈量をしている自身の姿を描かせたものという。当時使われていた測量機や厳格に行われた調査の様子などがわかる　秋田県立博物館蔵

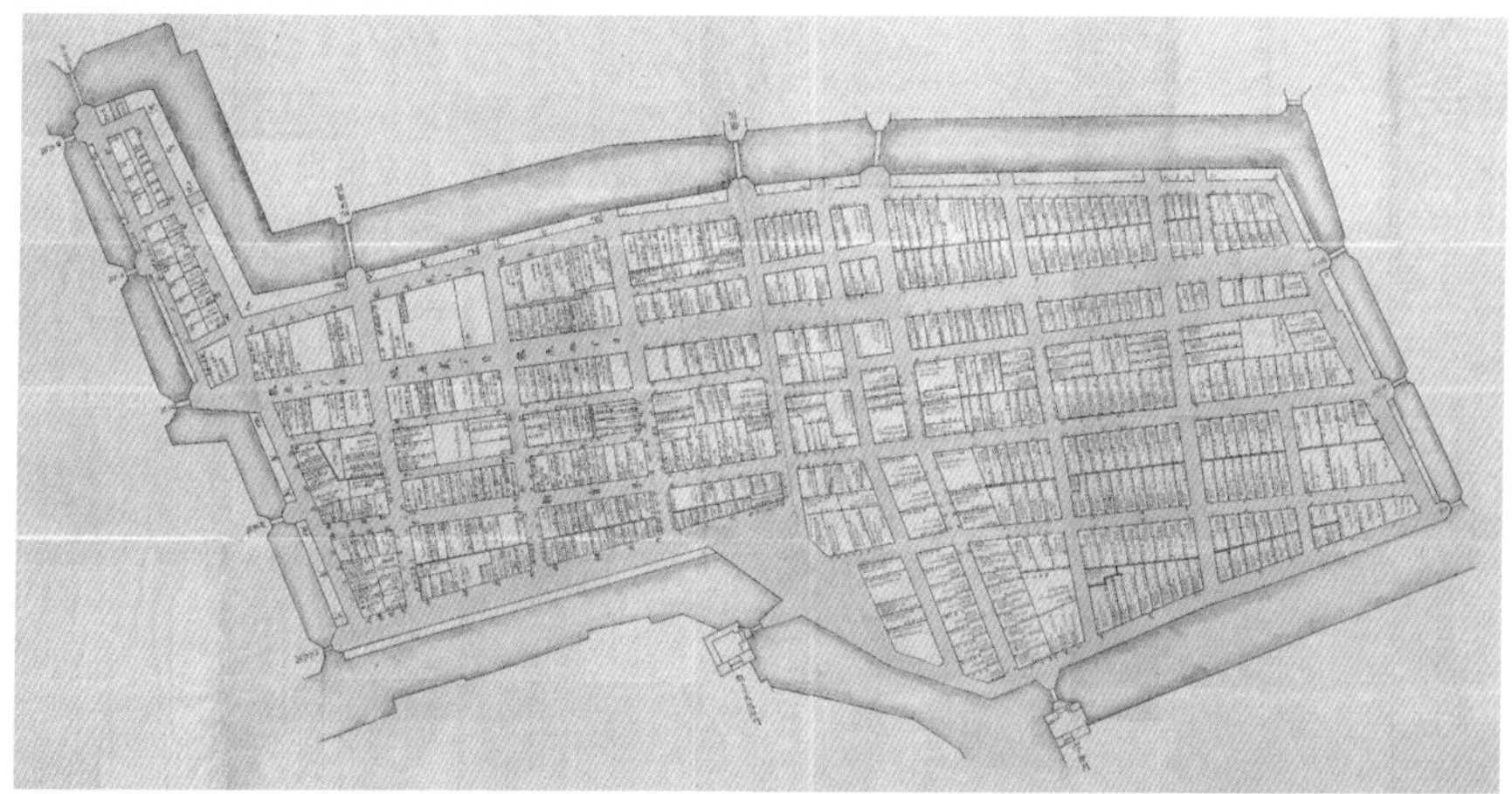

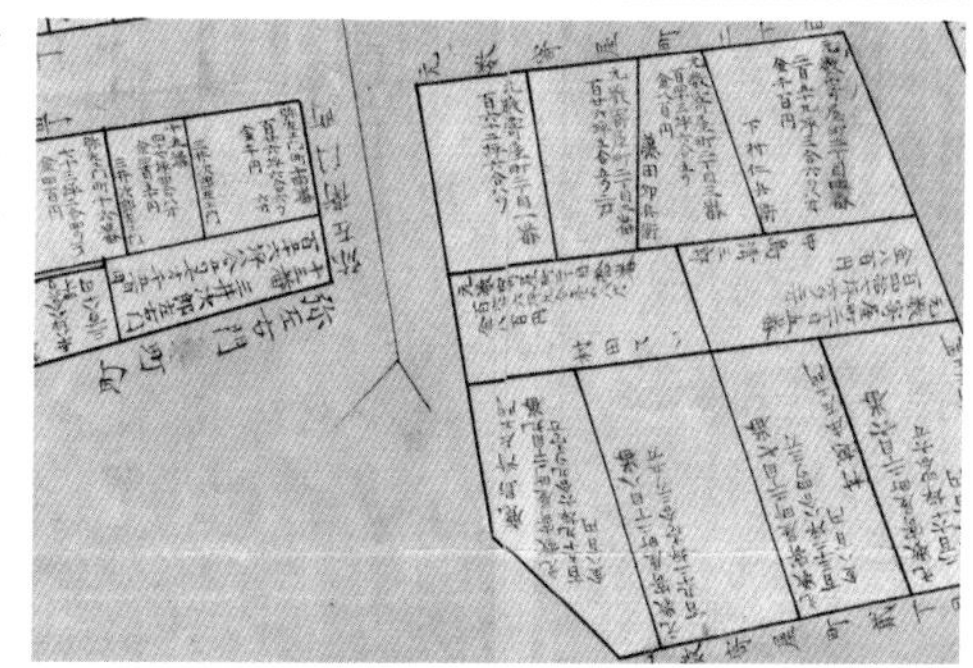

第一大区沽券地図（第一大区八、九小区）◆明治６年12月に東京府地券課が作成した、壬申地券発行にともなうものである。土地一筆ごとに町名地番と所有者の氏名や面積（坪数）、売買価格が記されており、土地の利用状況がよくわかる　東京都公文書館蔵

三重県下頑民暴動之事件◆地租改正に対して不満が爆発し、暴動が起きた三重県の人びとを描く。県が決めた米穀売買の値段、土地の等級、大水害への救済状況になどに納得がいかなかった人びとは打ちこわしをはじめ、過激な行動を起こした　三重県総合博物館蔵

**明治６年７月　地租改正条例交付**

| | 改正前 | 改正後 |
|---|---|---|
| 課税基準 | 収穫高 | **地価** |
| 税率 | 四公六民（幕領） | **地租（地価の3%）** |
| 納入方法 | 物納・村単位 | **金納・個人** |
| 納税者 | 年貢負担者（耕作者） | **地券所有者（地主）** |

**国家**
**財政の安定**

全国一律の基準で、豊凶に関わらず一定の貨幣収入を確保

**地主**
**寄生地主制の確立**

高率の地租

入会地を
官有地編入

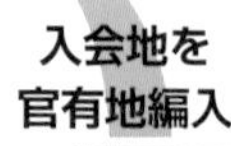

土地所有権の確立、高率の現物小作料収入

**自作農**
米価下落により
**小作農へ没落**

その他

高率の現物小作料

窮乏化

**小作農**　**小作農**　**小作農**

農民の土地所有権を保障し、土地所有者が新地租の負担者として位置づけられたのである。

地租改正法の主な内容は以下のとおり。①土地収益を算出する地券調査で地価を決定し、その三パーセントの地租を徴収する。②土地に賦課されていた村入費などを地租の三分の一以内にする。③作柄による租税の増減をしない。④物品税が二百万円以上となれば地租を一パーセントに漸次引き下げる。⑤人民からの申告額と地方官による査定額を総合して地価を決定する。⑥改租は府県単位に限定せず、可能な郡や区から順次実施する。もっとも、⑥に掲げた漸進主義は、のちに撤回される。明治七年までに改租に着手した府県は全体の六割弱にとどまった。そればかりか完了した府県はなく、わずかに明治七年十二月、堺県高安郡の改租が許可されたに過ぎない。さらに、改租により地租の大幅減収が見込まれた。

明治六年から七年にかけては、西郷隆盛や木戸孝允が下野するなど、政府内に対立が生じていたことも改租事業停滞の遠因であった。明治八年に入り、木戸が政府に復帰し政府の権力基盤が安定すると、殖産興業推進を志向する大久保利通は、改租事業の推進に傾注する。三月に、大蔵・内務の両省に属する地租改正事務局が設置され、八月には明治九年末までの改租完了が全国に達せられた。また、同じく八月には、市街地の地租を従来の地価の一パーセントから三パーセントへ引き上げた。十月には地価決定において人民が不適切な申告額を出した場合、検見法で徴税するように地租改正条例が改められた。

一連の動きに対し、地主や農民の不満は大いに高まり、茨城や三重では大規模な一揆が起こった。政府としても、軍隊を出動させるにまでいたった騒擾を無視できず、明治十年一月、地租率を二・五パーセントに引き下げた。

結局、地租改正事業は当初の目算を大きく超え、明治十三年になり、ようやく完了の見通しが立った。明治十四年六月に地租改正事務局は閉鎖されたが、実際の改租完了は愛媛県の同年十一月を待たねばならなかった。

# 15 殖産興業——西洋化を推進する産業・技術の発展

西洋化を進めるうえで、それに見合った産業の育成や技術の導入は欠かせない。したがって明治政府は、殖産興業政策を推進していく。

まず、明治三年（一八七〇）閏十月に設置された工部省が旗振り役となった。さまざまな分野で西洋の技術導入がみられたなかで、象徴的なものが鉄道である。外債募集などでも経費をまかない、明治五年に新橋—横浜間で日本初の鉄道が開通された。また、電信が一部区間で開業し、諸鉱山の開発や西洋式灯台の建設も進められた。こうした背景には、山尾庸三をはじめとする洋行経験を持つ技術官僚の存在が大きかった。

次いで殖産興業政策を担った機関は、明治六年十一月に設置された内務省であった。岩倉使節団の一員として西洋文明に接した大久保利通は、内務卿に就任し、民業育成に尽力した。特筆すべきは勧農である。駒場農学校や、内藤新宿試験場などで西洋農法の導入に向けた検討が行われた。富岡製糸場に代表される官営工場で農産加工が行われていった。また、明治十年八月から十一月にかけて、西洋の万国博覧会を参考として、内国勧業博覧会が東京上野公園で開催された。国内産業の奨励を目的とし、四十五万人を超える入場者があった。

明治十四年四月に農商務省が設置されると、殖産興業政策の中心は同省へ移った。そもそも農商務省の設置は、大隈重信と伊藤博文による「農商務省創設の議」にもとづくものである。ここでは、積極財政から緊縮財政へ転換するために殖産興業政策の整理縮小が謳われている。そこで農商務省は、軍事工業や鉄道・電信事業を除き、工場などを続々と払い下げた。その多くが政商に払い下げられていった結果、企業家を誕生させることとなった。

上州富岡製糸場◆明治５年に国が建てた大規模な器械製糸工場で、当時の製糸工場としては世界のなかでも最大規模であった。高い品質の生糸を生産したことで海外からも評価された　国立国会図書館蔵

大日本内国勧業博覧会之図　美術品出品之図◆当時の博覧会の様子を描いた錦絵で、多くの人びとが訪れ、賑わっている様子がわかる。内国勧業博覧会は出品された品に優劣を付けることで、生産者の競争心をかき立て、それによって産業の増進をはかろうとする目的があった　歌川芳春画・ガスミュージアム蔵

# 16 教育制度──全国共通となっていく学びのあり方

明治四年（一八七一）七月の廃藩置県後、文部省が設立され、ようやく全国統一の教育制度を確立する準備が整った。明治五年八月、近代学校制度に関する初の法令である学制が公布された。以下、初等教育・中等教育・高等教育に分け、学制以降のそれぞれの制度を概観していく。

**初等教育**　文部省は学制により、全国民を就学させる小学校の普及に傾注した。小学校は尋常小学・女児小学・村落小学・貧人小学・小学私塾・幼稚小学の種別あった。その中心は尋常小学で、下等小学（六歳から九歳）と上等小学（十歳から十三歳）で編制される。明治五年九月公布の小学教則で教科書が掲げられ、文明開化の啓蒙書や翻訳書が多く採用された。明治六年には三割に満たなかった就学率は、小学校の増加にともない、明治十一年には四割を超えた。

明治十二年九月の教育令、明治十三年十二月の改正教育令を経て、明治十四年五月、小学校教則綱領が定められた。小学校は、初等科（三年）・中等科（三年）・高等科（二年）の三段階編制となり、全国で統一された。

その後、明治十八年八月の再改正教育令を経て、明治十九年四月、小学校令が公布され、全国の小学校教育が厳格に統轄された。たとえば、小学校は尋常（六歳から十歳）と高等（十一歳から十四歳）の二段階編制となり、前者は一学級八十人以下、後者は六十人以下に定められた。また、八カ年の就学義務が明記された。この小学校令により、全国の小学校教育は厳格に統轄された。その後の小学校の基本構成が確定されたのである。

明治二十三年十月に小学校令は改めて公布され、尋常小学校の修業年限が三年または四年、高等小学校が二年、三年または四年となった。

なお、日本初の幼稚園は、明治九年十一月に開園した東京女子師範学校附属幼稚園である。

**中等教育**　中学校は学制で、小学校卒業後の生徒に「普通の学科を教る所」と位置づけられ、下等中学（十四歳から十六歳）・上等中学（十七歳から十九歳）の二段階編制となった（『法令全書』）。教科編制では、洋学や自然科学が重視された。また、工業・商業・通弁・農業・諸民の各学校も中学校に含まれた。明治六年四月には小学校卒業者を対象とした外国語学校も定められたが、中学校との区別は明確ではなかった。

明治十四年七月、中学校教則大綱が制定され、中学校が「中人以上の業務に就く」ため、もしくは「高等の学校に入る」ための学校であると明記された（『法令全書』）。初等（四年）と高等（二年）の二段階編制であった。明治十七年一月制定の中学校通則では、中学校の目的に儒教主義的徳育方針が追加された。また、校長の資格、教員構成における有資格教員数、中学校の施設、設備の基準などが示された。

明治十九年四月公布の中学校令により、中学校は尋常・高等の二段階編制となった。前者は各府県に一校程度、後者は全国に五校の設置が計画された。国家に有用な人材の育成が、その目的であった。

**高等教育**　大学は学制で、理学・法学・医学などを高度に学ぶ専門科の学校と位置づけられた。明治六年四

帝国大学赤門◆旧加賀藩主前田家上屋敷の御守殿門であった。この写真は明治33年頃に撮影されたものである　写真帖『東京帝國大學』・東京大学総合図書館蔵

訓童小学校教導之図◆明治７年に肉亭夏良が描いた文明開化期の授業の風景である。教師や子どもたちの服装・髪型もさまざまで、当時の様子がよくあらわれている　玉川大学教育博物館蔵

月、法学校や医学校、理学校など専門学校も学制に定められ、卒業者には大学と同様に学士が付与された。

そのほか、文部省以外が所管する高等専門教育機関も存在した。明治十年一月、工部省の工学寮が工部大学校となった。明治五年四月に開拓使が設けた開拓使仮学校は明治八年に札幌に移転。翌年には札幌農学校と改称された。明治十年四月、元大学南校である東京開成学校と元大学東校である東京医学校が合併して東京大学が誕生した。法・理・文・医の四学部で構成された。また、東京大学に進学すべき生徒のために東京大学予備門が設置された。

明治十九年三月、帝国大学令が布告され、東京大学は帝国大学に改称された。工部大学校を統合し、法科・医科・工科・文科・理科の五分科で構成された。帝国大学には、高等中学校もしくは文部大臣が同等と認めた学校の卒業者、または試験に合格した者が入学できた。修業年限は医学科が四年、その他の分科は三年である。明治二十三年六月、帝国大学は東京農林学校を吸収し、農科を設けた。

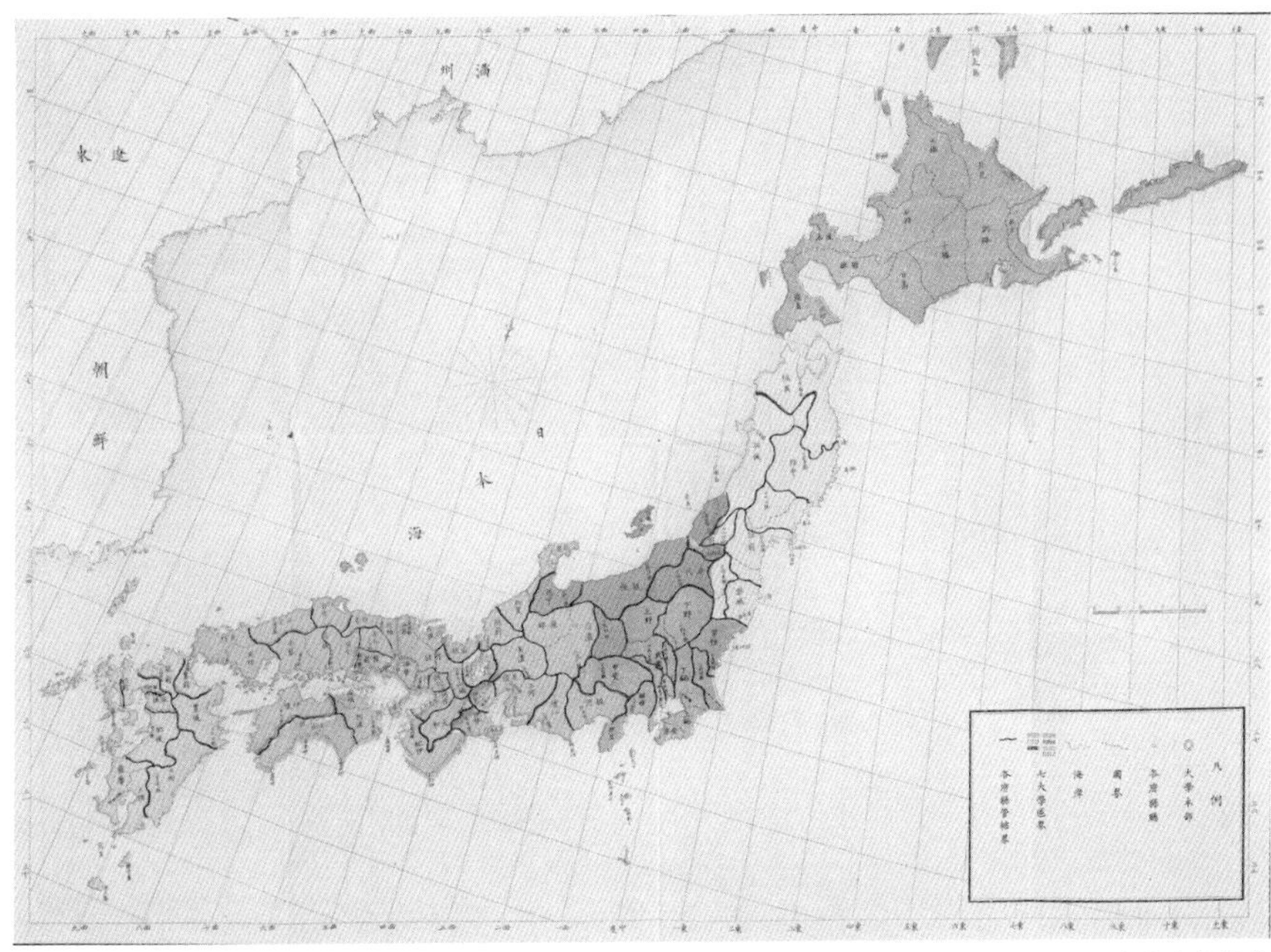

各大学区全図届◆全国の８つの大学を色分けしたもの。明治７年に文部省で作成された　国立公文書館蔵

旧開智学校校舎◆明治時代から小学校として使用された建物で、当時の時代像を反映する擬洋風建築である。近代学校建築としては初めて国宝に指定されたことで知られる　画像提供：松本まるごと博物館

## 17 神仏分離と廃仏毀釈――神道を国教とする

慶応三年（一八六七）十二月に発せられた王政復古の大号令では、「諸事神武創業の始に原き」統治を行うことが謳われた（『法令全書』）。明治新政府は、天皇を中心に国民の精神的統合を図るため、神道の国教化を推進していく。

慶応四年三月十七日以降、奈良時代から続いた神仏習合を解消して神社から仏教的要素を排除するため、一連の神仏分離令が公布される。神社の別当や社僧に還俗を命じたのである。その後、全国の神社に対して、仏教用語の使用禁止、仏像や梵鐘の取り外し、還俗しない者の退去を命じていった。

明治政府の意図は、あくまで神仏を判然とさせるところにあったが、神職や国学者のなかには、これまで仏教勢力に押されていた状況を転換すべく、仏教寺院の弾圧を目論む者もいた。四月一日、近江の日吉神社で神威隊が仏像・仏具・経典などを破壊・焼却した。いわゆる廃仏毀釈の始まりである。十月、明治政府は破壊行為を戒める太政官布告を公布したが、廃仏毀釈運動を抑えるにはいたらなかった。

地域差は大きかったものの、廃仏毀釈により、多くの寺院や仏教文化財が破却された。とりわけ、信濃の諏訪神社、京都の石清水八幡宮、尾張の熱田神社、筑前の筥崎宮、遠江の秋葉山、大和の金峯山、伯耆の大山、羽前の羽黒山、讃岐の金毘羅宮、下野の日光山などで、過激な廃仏毀釈がみられたといわれる。

なお、明治政府は国民教化ばかりでなく、幕末以降斃れた志士たちの慰霊と顕彰も行っていく。慶応四年五月、明治政府は維新の犠牲者たちの祭祀を京都東山で行うよう布告した。明治二年（一八六九）六月には、戊辰戦争を指揮した大村益次郎が中心となり、東京招魂社を創建した。明治十一年六月、東京招魂社は靖国神社と改称された。

開化乃入口二編下◆寺を小学校にするため、経文などを焼いている場面である。厳しい廃仏毀釈政策の一端がわかる　国立国会図書館デジタルコレクション

九段招魂社古写真◆港区立郷土歴史館蔵

# 18 郵便制度――新たな通信で全国各地をつなぐ

江戸時代、日本では宿駅制度にもとづく飛脚制度が通信の中心であった。しかし、料金の高さや遅滞などから、庶民の利用は限定的であったといわれる。明治政府には、広く利用しやすい新たな通信制度の確立が求められたのである。

明治三年（一八七〇）五月、駅逓権正に就任した前島密は、翌月に新式郵便制度開設を建議した。配達日数の短縮やポストの設置、距離による料金制度の確立などが主たる内容である。

しかし、前島は六月十七日に渡英を命じられ、駅逓権正の職を解かれた。駅逓正の杉浦譲がこれを引き継ぐと、明治四年一月に新式郵便之仕法が公布され、三月一日には東京―京都―大阪間に東海道新式郵便が創設された。さらに郵便切手の発行やポストの設置も同時に実現した。なお、明治五年七月、郵便線路はほぼ全国を網羅することとなった。

明治四年八月、帰国した前島は駅逓頭に就任し、イギリス流の近代郵便制度の確立に向けて尽力していく。ここでいう近代郵便制度とは、国営であること、郵便物を種類と重量で区分けし、同区分のものを全国均一の料金とすること、料金を前納することである。

明治六年四月、一部の特例を除き、書状一通（七・五グラム）までが市内一銭、市外二銭という全国料金均一制が採用された。翌月には飛脚が廃止され、郵便は国営のみとなった。郵便取扱所は大都市から徐々に設けられ、明治八年一月には郵便局と称された。

郵便をめぐる法制度については、明治四年十一月に公布された郵便規則がある。これは毎年改定され、公布されていた。明治十五年十二月、野村靖が主導して永続性のある法令として郵便条例が制定された。郵便物の種別が明瞭となり、さらに特例も廃止され、完全な全国料金均一制が採用されたのである。

復原された明治時代の郵便物逓送人◆郵政博物館蔵

明治時代の都市で使用された書状集箱◆郵政博物館蔵

東京名所江戸橋郵便局真景◆明治 25 年に新築された建物で、作品自体は竣工前の発行だが、かなり正確に描かれている　楊堂玉英画・ガスミュージアム蔵

# 19

# 外交（がいこう）――西洋諸国と対峙し、条約改正に挑む

明治新政府が日本の正統な政府であると西洋諸国から承認されるためには、徳川幕府が締結した諸条約を引き継ぐことが必須であった。他方で、日本の独立を維持していくためには、諸条約の不平等性の改正が求められた。かくして条約改正は、明治政府の最重要課題の一つに位置づけられたのである。

明治四年（一八七一）十一月に日本を発った岩倉遣欧使節団は、条約改正交渉に臨むものの、思うように進まずこれを断念した。西洋文明を目の当たりにした大久保利通は、まずは内治優先であると実感し、帰国後は殖産興業を推進していく。

そのためには、多額の費用を要する。そこで明治政府は関税自主権（かんぜいじしゅけん）の回復を優先し、条約改正交渉に臨む。しかし、西洋諸国もこれを頑として譲らない。そこで、外務卿や初代外務大臣を務めた井上馨は、税権回復から法権回復へと舵を切る。領事裁判権を撤廃する代わりに、外国人法官の任用を認める形で交渉を進めた。しかしこれは、政府内外から激しい批判が浴びせられ、頓挫した。

次いで外務大臣に就任した大隈重信は、大審院での外国人法官任用を認める形で交渉したものの、井上の改正交渉と大差ない。玄洋社（げんようしゃ）社員の来島恒喜（くるしまつねき）が大隈に爆弾を投げるというテロにより、これも失敗に終わった。結局、領事裁判権の撤廃は、明治二十七年の日英（にちえい）通商航海条約（つうしょうこうかいじょうやく）を待たねばならなかった（撤廃は五年後）。関税自主権の完全回復は、明治四十四年の日米（にちべい）通商航海条約（つうしょうこうかいじょうやく）で実現する。

なお、近年の研究では、そもそも明治政府は自国内の条約国人に適用される行政規則を自由に制定できる行政権の回復を最優先していた、とする見解が有力に

なっている。行政権回復が挫折したことで、より難易度の高い法権回復に向かわざるをえなかった、というものである。

井上馨写真◆初代外務大臣として条約改正交渉に臨んだ。外務大臣のほかにも大蔵大臣・農商務大臣・内務大臣などを歴任し、元老としても政財界に大きな影響力を持った人物であった「歴代首相等写真」国立国会図書館デジタルコレクション

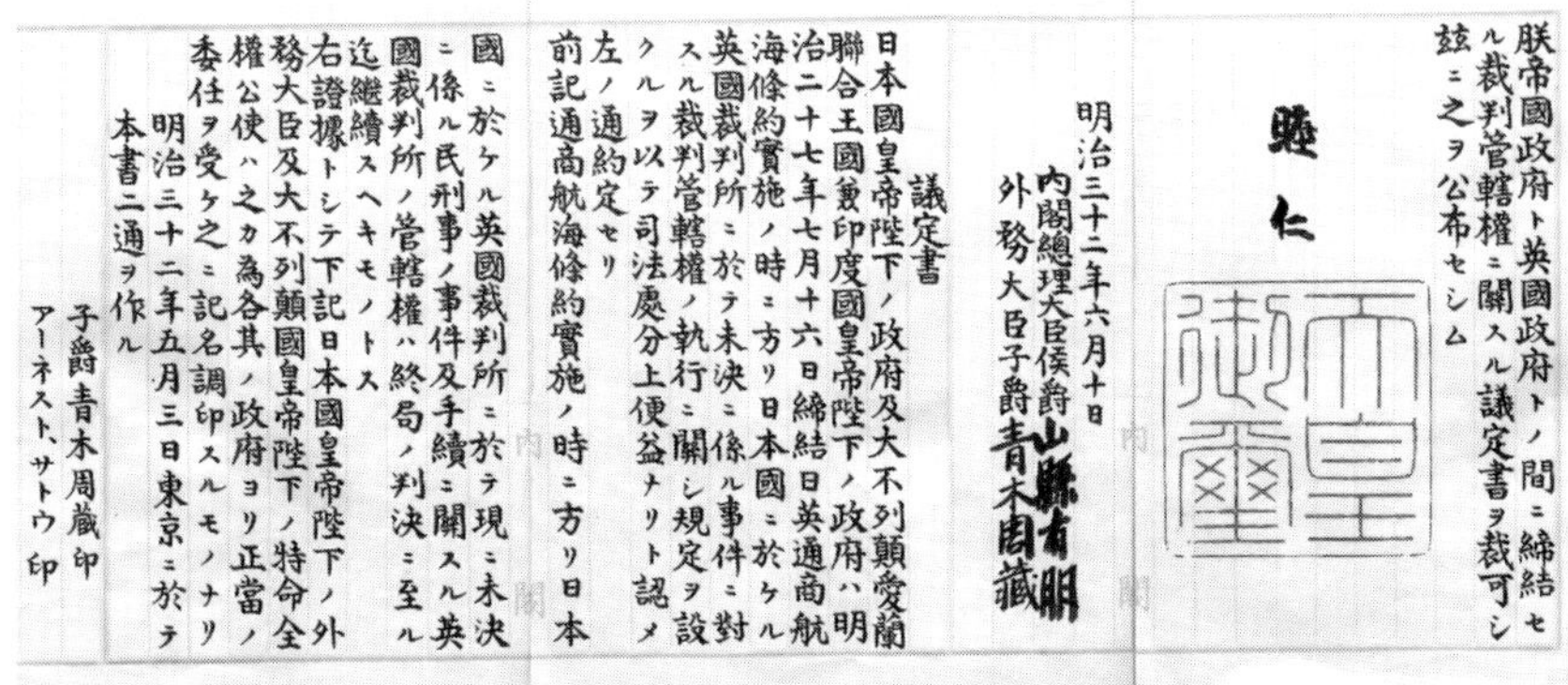

朕帝國政府ト英國政府トノ間ニ締結セル裁判管轄權ニ關スル議定書ヲ裁可シ茲ニ之ヲ公布セシム

睦仁 天皇御璽

明治三十二年六月十日
内閣總理大臣侯爵山縣有朋
外務大臣子爵青木周藏

議定書

日本國皇帝陛下ノ政府及大不列顛愛蘭聯合王國竝印度國皇帝陛下ノ政府ハ明治二十七年七月十六日締結日英通商航海條約實施ノ時ニ方リ日本國ニ於ケル英國裁判所ニ於テ未決ニ係ル事件ニ對スル裁判管轄權ノ執行ニ關シ規定ヲ設クルヲ以テ司法處分上便益ナリト認メ左ノ通約定セリ

前記通商航海條約實施ノ時ニ方リ日本國ニ於ケル英國裁判所ニ於テ現ニ未決ニ係ル民刑事ノ事件及手續ニ關スル英國裁判所ノ管轄權ハ終局ノ判決ニ至ル迄繼續スヘキモノトス

右證據トシテ下記日本國皇帝陛下ノ外務大臣及大不列顛國皇帝陛下ノ特命全權公使ハ之カ為各其ノ政府ヨリ正當ノ委任ヲ受ケ之ニ記名調印スルモノナリ

明治三十二年五月三日東京ニ於テ本書二通ヲ作ル

子爵青木周藏 印
アーネスト、サトウ 印

御署名原本・明治三十二年・条約六月十日・帝国政府ト英国政府トノ間ニ締結セル裁判管轄権ニ関スル議定書◆日本とイギリスの間で交わされた日英通商航海条約における裁判管轄に関して記されている　国立公文書館蔵

## 20 憲法の制定――「国のかたち」を示す一大事業

幕末から憲法制定を求める動きはあったものの、当初は衆目を集めるものとはいえなかった。それが明治政府の一大事業として認識されていくには、以下のような背景があった。

明治維新の理念の一つであり、政治参加の拡大を求める公議は、近代的議会の開設という目標を政府内外に提供した。議会や天皇をどのように位置づけるのかを検討するなかで、憲法制定が実現すべきテーマとして認識されていったのである。

明治維新以降、不文法から成文法へと原則が転換したことも大きい。また、日本が主権国家として西洋諸国に認められ、条約改正を実現するためにも憲法制定が求められたのである。

明治政府内では、左院や元老院で憲法案の起草作業が行われた。しかし、先に述べた理由で憲法制定の重要性が認識されていくと、非主流派による憲法起草は却下される。他方で在野では、自由民権派の要求が議会開設のみならず憲法制定も射程に入れ、私擬憲法の発表が相次いだ。

こうした状況で明治十四年の政変が起こる。明治十四年（一八八一）十月十二日、国会開設の勅諭が出され、九年後の議会開設が宣言された。それは、憲法制定と同義であった。

政変の結果、憲法制定のイニシアチブを握った伊藤博文は、明治十五年三月、憲法調査のために日本を発ちヨーロッパへ向かう。しかしベルリン大学のグナイストは、日本という極東の小国による憲法制定に懐疑的であり、憲法講義も弟子のモッセにほとんど任せきりであった。

夏休み中に訪れたウィーン大学のシュタインとの出

憲法発布式之図◆明治宮殿の正殿で催された大日本帝国憲法の発布式の様子を描く。天皇から当時の内閣総理大臣黒田清隆へ憲法を収めた箱が授けられている　東京都立中央図書館特別文庫室蔵

憲法発布宮城二重橋御出門之図◆明治宮殿での憲法発布式後、天皇皇后が青山練兵場の観兵式に馬車で向かう場面が描かれている。画面左手奥の橋が二重橋、右奥の建物が明治宮殿である　東京都立中央図書館特別文庫室蔵

会いが、伊藤にとってターニングポイントとなった。シュタインの講義は、モッセのような憲法の逐条的講義ではなく、国家学や政治哲学も含めた立憲制度全般にわたる内容であった。伊藤はシュタイン講義を通じて、君主や立法府から自律した行政府の重要性を認識し、単なる憲法制定にとどまらず国制改革の展望を持つにいたった。こうして、明治十六年八月に帰国すると、「立憲カリスマ」として、立憲制度導入の中心となる。

憲法草案の起草は、政府顧問のロエスレルやモッセの手を借りながら、伊藤・井上毅・伊東巳代治・金子堅太郎が主導した。明治二十年八月の夏島草案（憲法草案を議論した場が夏島にある伊藤の別荘であった）を皮切りに、修正が重ねられ、翌年六月からは枢密院で審議された。かくして明治二十二年二月十一日、大日本帝国憲法が発布されるにいたった（施行は翌年十一月二十九日）。そのほか、皇室典範が勅定され、議院法・衆議院議員選挙法・会計法・貴族院令といった憲法附属法も公布された。

大日本帝国憲法は、第一章天皇（第一～十七条）、第二章臣民権利義務（第十八～三十二条）、第三章帝国議会（第三十三～五十四条）、第四章国務大臣及枢密顧問（第五十五・六条）、第五章司法（第五十七～六十一条）、第六章会計（第六十二～七十二条）、第七章補則（第七十三～七十六条）から成っている。

伊藤らの意向により、憲法は欽定憲法であり、あくまで天皇が臣民に与えたという形式がとられた。第一章の前に告文と憲法発布勅語が掲げられた。前者は天皇が皇祖皇宗に憲法制定を報告するもので、後者は天皇の大権により不磨の大典を宣言するものである。

憲法が天皇大権を定めたことから、「外見的立憲制」と評価されることがある。しかし、立法権は議会に、行政権は内閣に実質的に委ねられており、天皇が恣意的に政治介入する余地はほとんどなかった。

なお、井上毅は各条文の意図や解釈の幅などをまとめた「憲法説明書」を作成し、枢密院会議で配布した。これを元に加筆修正が行われ、また皇室典範の解説書も作成され、『憲法義解』として出版された。

コラム

# 明治十四年の政変

大久保利通の死後、明治政府内では伊藤博文や大隈重信、黒田清隆らが権力バランスをとりながら政権運営を行っていた。伊藤は議会開設、大隈は積極財政、黒田は北海道開拓を重視していた。

在野の議会開設要求の高まりを受けて、政府内では立憲政体に関する意見書の提出が参議に求められた。明治十四年三月、大隈が即時の議会開設を訴える意見書を伊藤らに内密に提出した。これを知った伊藤らは、大隈への不信感を強める。大隈の意見書は、福沢諭吉と同じくイギリス流の議院内閣制の採用を主張しており、両者が結託しているのではないか、との疑念が生じたのである。議院内閣制が採用されれば、選挙の結果により政府の構成員が入れ替わる可能性がある。井上毅は議院内閣制の危険性を岩倉具視らに入説（にゅうぜい）し、ドイツ流の立憲君主制の採用を訴えた。

同年七月には、黒田が開拓使の官有物を破格の安価で同郷の五代友厚（ごだいともあつ）らに払い下げると報道された。在野は、これを薩長藩閥の弊害と捉え、猛烈な反政府運動を展開した。一方の政府内では、福沢と結託した大隈が払下げをリークし、薩長打倒を目論んだ、という陰謀論が流布された。

十月十一日、政府は大隈の追放と払下げ中止を決定し、翌日には九年後の議会開設を宣言した。これにより、議院内閣制ではなく、立憲君主制の採用が既定路線となった。また、大隈のみならず、福沢門下生の多くも政府から追放された。黒田も求心力を失い、政府の主導権は徐々に伊藤が握ることとなる。その伊藤は、議会開設や憲法制定を主導した。

勅諭
朕祖宗二千五百有餘年ノ鴻緒ヲ嗣キ中古紐ヲ解クノ乾綱ヲ振張シ大政ノ統一ヲ總攬シ又夙ニ立憲ノ政體ヲ建テ後世子孫繼クヘキノ業ヲ爲サンコトヲ期ス嚮ニ明治八年ニ元老院ヲ設ケ十一年ニ府縣會ヲ開カシム此レ皆漸次基ヲ創メ序ニ循テ歩ヲ進ムルノ道ニ由ルニ非ルハ莫シ爾有衆亦朕カ心ヲ諒トセン
顧ミルニ立國ノ體國各宜キヲ殊ニス非常ノ事業實ニ輕擧ニ便ナラス我祖我宗照臨シテ上ニ在リ遺烈ヲ揚ケ洪模ヲ弘メ古今ヲ變通シ斷シテ之ヲ行フ責朕カ躬ニ在リ將ニ明治二十三年ヲ期シ議員ヲ召シ國會ヲ開キ以テ朕カ初志ヲ成サントス今在廷臣僚ニ命シ假スニ時日ヲ以テシ經畫ノ責ニ當ラシム其組織權限ニ至テハ朕親ラ衷ヲ裁シ時ニ及テ公布スル所アラントス
朕惟フニ人心進ムニ偏シテ時會速ナルヲ競フ浮言相動カシ竟ニ大計ヲ遺ル是宜ク今ニ及テ謨訓ヲ明徴シ以テ朝野臣民ニ公示スヘシ若シ仍ホ故サラニ躁急ヲ爭ヒ事變ヲ煽シ國安ヲ害スル者アラハ處スルニ國典ヲ以テスヘシ特ニ茲ニ言明シ爾有衆ニ諭ス
奉
勅　太政大臣三條實美
明治十四年十月十二日

国会開設の勅諭◆明治14年の政変で出され、明治23年を期して国会を開くこと、国会の組織・権限は政府の官僚の立案を天皇が親裁して公布することなどを決めた　国立公文書館蔵

# 21 法典編纂（ほうてんへんさん）――旧刑法・旧民法の誕生

日本が西洋諸国から文明国とみなされ、条約改正を達成するためには、憲法制定のみならず、法典の編纂も不可欠であった。また、統一的な近代的法制度の整備は、明治政府が国内を統治していくうえでも最優先事項の一つであった。

成立したばかりの明治政府にとっては、とりわけ後者が重視されたのだろう。明治政府はまず、仮刑律（かりけいりつ）や新律綱領（しんりつこうりょう）、改定律例（かいていりつれい）といった刑法典の編纂に取り組んだ。もっとも、これらは中国型であり、近代西洋型の法典ではなかった。

明治八年九月以降、司法省は日本人だけで西洋型刑法典の原案作成を試みたものの、西洋法の知識も経験も乏しく、なかなか実現をみなかった。その後、フランス人法学者で政府の法律顧問であったボアソナードが原案を起草し、日本人編纂委員との質疑を繰り返すなかで、日仏の法文化が折衷されていく。

かくして明治十三年七月、日本初の西洋型法典である刑法（いわゆる旧刑法）が公布され、明治十五年一月に施行された。旧刑法により、近代的な罪刑法定主義が日本に導入されたのである。

明治十三年六月以降、ボアソナードはまた、民法典の編纂（いわゆる旧民法）でも中心的役割を担った。旧民法は十年の歳月をかけて練り直され、ようやく明治二十三年四月に財産法が、同年十月に家族法が公布された。施行はともに明治二十六年一月一日と定められた。

しかし、旧民法は慣習を無視している、拙速な編纂であった、などの批判が相次いだ。井上馨や大隈重信の条約改正交渉への不満などから、ナショナリズムが高まり、外国人が起草した民法典に矛先が向いたのでである。旧民法は、ロエスレルの関与した旧商法とともに施行の延期が決定された。結局、旧民法は施行されず、明治三十一年に日本人だけで編纂した民法が施行された。

なお、ボアソナードは、明治六年十一月に日本の法典編纂や法学教育のためにフランスから来日した。刑法や民法の編纂のほか、外交問題への助言も行った。明治二十八年に帰国。一九一〇年にフランスで永眠した。

ボアソナード画像◆明治初期に来日。日本における国内法の整備に尽力した。東京法学校（現在の法政大学）ほかで教鞭をとり、多くの人材を育てたことでも知られる　法政大学図書館蔵

富井政章（左）、梅謙次郎（中央）、穂積陳重（右）写真◆日本の民法成立で活躍した３人。ボアソナードが起草した旧民法について、梅が賛成したのに対し、富井と穂積は反対し、激しい議論が交わされた『穂積陳重遺文集』第２冊　国立国会図書館デジタルコレクション

# 22 財政――安定的な国家運営をするための源

洋の東西を問わず、国を統治するうえで財政の安定化は不可欠である。本書でも、版籍奉還や秩禄処分、地租改正などの項でみてきたように、明治政府も財政をめぐって試行錯誤を重ねてきた。ここでは、当該期の財政に深く関与した三名を取り上げ、彼らの財政政策を紹介したい。

まず、徴士参与として明治政府の設立当初の財政を担った由利公正である。いわゆる由利財政は、不換紙幣である金札（太政官札）を貸し付け、戊辰戦争の軍費や殖産資金を確保するものである。各藩が金札をもとに殖産事業を推進し、国全体を富ませようという狙いがあった。しかし、正貨準備の不十分な状態での不換紙幣の発行は、金札への信頼を失わせ、さらに贋金問題なども生じた。西洋諸国からの抗議もあり、由利は辞任に追い込まれた。

続いて、大隈重信を取り上げる。留守政府期、大蔵大輔の井上馨は各省の開化政策にともなう予算要求を跳ね除けており、殖産興業推進を志向する大隈とは相容れなかった。明治六年、岩倉使節団での外遊から帰国した大久保利通は、殖産興業を一丁目一番地とした。大蔵卿に就任した大隈は、地租改正や秩禄処分によりその財源の確保に尽力した。さらに、岩崎弥太郎の三菱会社や五代友厚の大規模製藍会社朝陽館など、民間への融資も積極的に行った。

輸入の増加や為替相場の不均衡による正貨流出に対し、日本は不平等条約のもとで関税障壁という選択肢をとりえなかった。大隈は、積極財政により社会資本を整備することで、事態の打開を図ったのである。また、兌換紙幣のみならず不換紙幣も発行することで、殖産興業政策を安定的に推進した。その結果、紙幣価

最初の国立銀行◆「写真の中の明治・大正」国立国会図書館

格は安定し、歳入も歳出を上回った。

しかし、明治十年の西南戦争により、明治政府は想定以上の紙幣増刷を余儀なくされた。西南戦争後にインフレを招き、紙幣価値は下落してしまう。大隈は、その原因を貿易赤字と洋銀の欠乏にあると捉えた。大隈は限定的には紙幣償却も計画したものの、あくまで勧業政策を継続した。そのため、通貨供給量は過多となり、インフレは改善されなかった。

明治十三年二月、参議省卿の分離により、大隈は会計部担当参議になり、大蔵卿を同郷の佐野常民に譲った。五月、大隈は五千万円の外債募集を主張する意見書を提出する。外債により不換紙幣を一挙に償却し、兌換紙幣制度への転換を狙ったのである。この大隈意見書は政府内で評価が二分し、論争を巻き起こすも、最終的には却下された。

明治十四年七月、大隈は伊藤博文と共同で事実上の五千万円の外債発行を訴える意見書を提出し、翌月に裁可された。もっとも、〝大隈財政〟が行き詰まるなかで、大隈への不信感が政府内で高まったこともあり、

松方正義◆いわゆる「松方デフレ」と呼ばれる緊縮財政を実施したことで知られる。日本銀行の創立や金本位制度の確立など、財政指導者として活躍した『近世名士写真其1』国立国会図書館デジタルコレクション

明治十四年の政変で大隈は下野する。

最後に、明治十四年の政変後に大蔵卿に就任した松方正義を取り上げる。松方は、紙幣整理の推進、日本銀行設立による兌換紙幣制度の確立に取り掛かった。しかし、こうした政策は松方自身も予測していたとおり、深刻なデフレを引き起こした。松方デフレと称される明治十五年から十八年にかけてのデフレは、とりわけ農村部に多大な打撃を与えた。自由民権運動の激化事件の要因の一つであるとの見方もある。

明治十五年七月に壬午事変が勃発すると軍拡の必要性が生じた。松方は、紙幣整理の一時凍結を求める声に応えず、酒造税や煙草税の増税による軍拡を決断した。自らの財政路線を継続したのである。

明治十八年十二月の松方の初代大蔵大臣就任に前後して、五月に日本銀行が銀貨兌換の日本銀行券を発行し、翌年一月には政府紙幣の銀貨兌換が開始された。かくして、紙幣整理事業はようやく達成され、銀本位制度が成立したのである。

## 主要な財政担当者の政策と在籍年の表

| 人名 | 在籍年 | 政策 |
|---|---|---|
| 太政官制 | | |
| 由利公正 | ～1872年（明治2年） | 太政官札（不換紙幣）貸し付け。各藩に殖産事業促す狙い→不換紙幣のため札の信頼損なう |
| 大隈重信（大蔵卿） | 1873年（明治6年）10月25日～1880年（明治13年）2月28日 | 積極財政。地租改正や、秩禄処分で財源確保→民間へ融資も。→しかし、西南戦争後にインフレ（軍事費支出のための紙幣増刷）。あくまでも勧業政策を行う大隈→外債募集により、不換紙幣償却狙うも、論争のすえに却下→明治14年の政変で下野（大隈財政への不信感） |
| 松方正義（大蔵卿） | 1881年（明治14年）10月21日～1885年（明治18年）12月22日 | 緊縮財政。紙幣の整理。増税による財政基盤確立を狙う。日本銀行設立による兌換紙幣制度の確立へ→深刻なデフレ（松方デフレ）により一方では自由民権運動の激化に。 |
| 内閣制（第1次伊藤博文／黒田清隆／第1次山県有朋／第1次松方正義） | | |
| 松方正義（大蔵大臣） | 1885年（明治18年）12月22日～1892年（明治25年）8月8日 | 政府紙幣の銀貨兌換が開始→「銀本位制」の確立へ |

# 明治政府関連年表

| 西暦 | 和暦 | 月 | 日 | 事項 |
|---|---|---|---|---|
| 1867 | 慶応3 | 10 | 14 | 徳川慶喜、大政奉還を上表。 |
| | | | 15 | 朝廷、大政奉還を勅許 |
| | | 12 | 9 | 王政復古の大号令が発せられる。新政府成立。 |
| | | | 25 | 旧幕府、江戸の薩摩藩邸を焼き討ち。 |
| 1868 | 慶応4 | 1 | 3 | 鳥羽・伏見の戦い勃発。 |
| | | | 7 | 新政府、徳川慶喜征討令を出す。 |
| | | | 17 | 三職七科の制が定まる。 |
| | | 2 | 3 | 三職八局の制が定まる。 |
| | | 3 | 13 | 西郷隆盛と勝海舟の会談。翌日、江戸城無血開城が合意される。 |
| | | | 14 | 五箇条の御誓文の公布。 |
| | | 閏4 | 21 | 政体書の公布。太政官に七官が置かれる。 |
| | | 5 | 15 | 上野戦争勃発。 |
| | 明治元 | 9 | 8 | 明治に改元。一世一元の制が定まる。 |
| 1869 | 明治2 | 3 | 7 | 公議所開設。 |
| | | 5 | 13 | 官吏公選。 |
| | | | 18 | 戊辰戦争終結。 |
| | | 6 | 17 | 版籍奉還が実行される。 |
| | | 7 | 8 | 職員令が公布され、二官六省の制が定まる。 |
| | | 8 | 11 | 民部・大蔵の両省が合併。 |
| 1870 | 明治3 | 5 | 28 | 集議院開設。 |
| | | 7 | | 民部・大蔵の両省が分離。 |
| 1871 | 明治4 | 4 | 4 | 戸籍法公布。 |
| | | 7 | 14 | 廃藩置県が断行される。 |
| | | | 29 | 太政官三院制が制定。 |
| | | 11 | 12 | 岩倉遣欧使節団、横浜を発つ。 |

| 西暦 | 和暦 | 月 | 日 | 事項 |
| --- | --- | --- | --- | --- |
| 1872 | 明治5 | 1 | 29 | 初めての全国戸籍調査が実施される。 |
| | | 2 | | 福沢諭吉『学問のすゝめ』初編が刊行される。 |
| | | 8 | 2 | 学制公布。 |
| | | 12 | 3 | 太陽暦を実施し、この日を明治六年一月一日とする。 |
| 1873 | 明治6 | 1 | 10 | 徴兵令公布。 |
| | | 5 | 2 | 太政官制改革により正院の権限強化（太政官制潤飾）。 |
| | | 10 | 23 | 西郷隆盛辞表提出（明治六年政変）。 |
| | | | 24 | 西郷隆盛の朝鮮派遣が無期延期。板垣退助ら、辞表提出。 |
| | | 11 | 10 | 内務省設置。 |
| 1874 | 明治7 | 1 | 17 | 板垣退助ら、民撰議院設立建白書を提出。 |
| | | 2 | 1 | 佐賀の乱勃発。 |
| | | 4 | 10 | 板垣退助ら、立志社結成。 |
| | | | 18 | 木戸孝允、台湾出兵に反対して辞表提出。 |
| 1875 | 明治8 | 2 | 11 | 木戸孝允、板垣退助の政府復帰が決定（大阪会議）。 |
| | | 4 | 14 | 漸次立憲政体樹立の詔が発布され、元老院・大審院の設立と地方官会議の開催が謳われる。 |
| | | 5 | 7 | 樺太・千島交換条約調印。 |
| | | 6 | 20 | 第一回地方官会議開催。 |
| | | 9 | 20 | 江華島事件。 |
| | | 10 | 27 | 左大臣島津久光・参議板垣退助、免官。 |
| 1876 | 明治9 | 2 | 26 | 日朝修好条規調印。 |
| | | 3 | 28 | 廃刀令公布。 |
| | | 10 | 24 | 神風連の乱勃発。 |
| | | | 27 | 秋月の乱勃発。 |
| | | | 28 | 萩の乱勃発。 |
| 1877 | 明治10 | 1 | 18 | 正院廃止。 |
| | | 2 | 15 | 西南戦争勃発。 |
| | | 5 | 26 | 木戸孝允死去。 |
| | | 9 | 24 | 西郷隆盛死去。 |

| 西暦 | 和暦 | 月 | 日 | 事項 |
|---|---|---|---|---|
| 1878 | 明治11 | 4 | 10 | 第二回地方官会議開催。 |
| | | 5 | 14 | 大久保利通死去（紀尾井坂の変）。 |
| | | 7 | 22 | 三新法（郡区町村編制法・府県会規則・地方税規則）公布。 |
| 1879 | 明治12 | 4 | 4 | 琉球藩が廃止され、沖縄県設置。 |
| | | 7 | 28 | 『郵便報知新聞』、福澤諭吉の「国会論」掲載。 |
| | | 9 | 29 | 学制が廃止され、教育令公布。 |
| 1880 | 明治13 | 2 | 5 | 第三回地方官会議開催。 |
| | | 3 | 17 | 国会期成同盟結成。 |
| | | 4 | 5 | 集会条例公布。 |
| | | 11 | 10 | 国会期成同盟第二回大会。 |
| | | 12 | 28 | 改正教育令公布。 |
| 1881 | 明治14 | 1 | | 伊藤博文・井上馨・大隈重信・黒田清隆ら、議会開設などに関して協議（熱海会議）。 |
| | | 7 | 26 | 『東京横浜毎日新聞』、開拓使官有物払下げを批判。 |
| | | 10 | 11 | 大隈重信の政府追放・開拓使官有物払下げの中止が決定（明治一四年の政変）。 |
| | | | 12 | 国会開設の勅諭。 |
| | | | 18 | 自由党結成会議開催。 |
| 1882 | 明治15 | 3 | 14 | 伊藤博文ら、憲法調査のため西洋に向けて出発。 |
| | | 4 | 16 | 立憲改進党結党式開催。 |
| | | 6 | 3 | 集会条例改正。 |
| | | 7 | 23 | 壬午事変勃発。 |
| 1883 | 明治16 | 7 | 20 | 岩倉具視死去。 |
| | | 8 | 3 | 伊藤博文ら、憲法調査を終えて帰国。 |
| | | 11 | 28 | 鹿鳴館開館。 |
| 1884 | 明治17 | 3 | 17 | 伊藤博文、制度取調局長官に就任。 |
| | | 7 | 7 | 華族令公布。 |
| | | 10 | 29 | 自由党解党。 |
| | | 12 | 4 | 甲申事変勃発。 |
| | | | 17 | 大隈重信ら、立憲改進党脱党。 |

| 西暦 | 和暦 | 月 | 日 | 事項 |
|---|---|---|---|---|
| 1885 | 明治18 | 1 | 9 | 漢城条約調印。 |
| | | 4 | 18 | 天津条約調印。 |
| | | 12 | 22 | 太政官制が廃止され、内閣制度が創設。第一次伊藤博文内閣成立。 |
| 1886 | 明治19 | 2 | 26 | 公文式公布。 |
| | | | 27 | 各省官制公布。 |
| | | 3 | 1 | 帝国大学令公布。 |
| | | 10 | 24 | ノルマントン号事件勃発。 |
| 1887 | 明治20 | 1 | 22 | 地方制度編纂委員会設置。 |
| | | 4 | 22 | 井上馨、条約改正案作成。 |
| | | 6 | 1 | 伊藤博文ら、憲法草案の作成を開始。ボアソナード、条約改正反対意見書提出。 |
| | | 7 | 3 | 谷干城、条約改正反対意見書提出。 |
| | | | 29 | 井上馨、条約改正交渉の無期延期を各国に通告。 |
| | | 12 | 25 | 保安条例公布。 |
| 1888 | 明治21 | 4 | 30 | 黒田清隆内閣成立。 |
| | | 5 | 8 | 枢密院開院。 |
| | | 6 | 18 | 枢密院、憲法草案の審議開始。 |
| | | 11 | 26 | 大隈重信、条約改正案作成。 |
| 1889 | 明治22 | 2 | 11 | 大日本帝国憲法発布。 |
| | | 10 | 18 | 大隈重信、来島恒喜に襲撃される。 |
| | | 10 | 25 | 内大臣三条実美、首相兼任。 |
| | | 12 | 24 | 第一次山県有朋内閣成立。内閣官制公布。 |
| 1890 | 明治23 | 6 | 10 | 第一回貴族院多額納税議員互選選挙。 |
| | | 7 | 1 | 第一回衆議院議員総選挙。 |
| | | | 10 | 第一回貴族院伯子男爵議員互選選挙。 |
| | | 11 | 29 | 大日本帝国憲法施行。第一議会開会。 |

【主要参考史料一覧】

我部政男・広瀬順晧・西川誠編『明治前期地方官会議史料集成』第一期全八巻・第二期全六巻（柏書房、一九九六―七年）

「公文類聚」、「公文録」、「大臣参議及各参卿大輔約定書一点」、「太政類典」以上、国立公文書館所蔵

内閣官報局編『法令全書』（内閣官報局、一八八七―九〇年）

『大日本帝国内務省統計報告』第七回（一八九三年）

【主要参考文献一覧】

五百旗頭薫『大隈重信と政党政治――複数政党制の起源 明治十四年―大正三年』（東京大学出版会、二〇〇三年）

五百旗頭薫『条約改正史―法権回復への展望とナショナリズム』（有斐閣、二〇一〇年）

岩谷十郎・片山直也・北居功編著『法典とは何か』（慶應義塾大学出版会、二〇一四年）

大石眞『日本憲法史』第二版（有斐閣、二〇〇五年）

大久保利謙『大久保利謙歴史著作集』四（吉川弘文館、一九八七年）

大久保泰甫『ボワソナアド』（岩波書店、一九七七年）

大蔵省百年史編集室編『大蔵省百年史』上（大蔵財務協会、一九六九年）

小川原正道『大教院の研究――明治初期宗教行政の展開と挫折』（慶應義塾大学出版会、二〇〇四年）

小川原正道『西南戦争』（中央公論新社、二〇〇七年）

奥田晴樹『維新と開化』（吉川弘文館、二〇一六年）

奥田晴樹『日本近世土地制度解体過程の研究』（弘文堂、二〇〇四年）

落合弘樹『秩禄処分――明治維新と武家の解体』（講談社、二〇一五年）

落合弘樹「廃藩置県・秩禄処分――分権から集権へ」小林和幸編著『明治史講義【テーマ篇】』（筑摩書房、二〇一八年）

小幡圭祐『井上馨と明治国家建設――「大大蔵省」の成立と展開』（吉川弘文館、二〇一八年）

大日方純夫『日本近代国家の成立と警察』（校倉書房、一九九二年）

笠原英彦「内閣法制局前史小考――法制官僚と行政立法」『法学研究』七一巻一号、一九九八年一月

笠原英彦『明治留守政府』（慶應義塾大学出版会、二〇一〇年）

柏原宏紀『工部省の研究――明治初年の技術官僚と殖産興業政策』（慶應義塾大学出版会、二〇〇九年）

柏原宏紀「国土交通行政史」笠原英彦編『日本行政史』（慶應義塾大学出版会、二〇一〇年）

柏原宏紀「太政官制潤飾の実相」『日本歴史』七五〇号、二〇一〇年十一月

柏原宏紀『明治の技術官僚』（中央公論新社、二〇一八年）

勝田政治『内務省と明治国家形成』（吉川弘文館、二〇〇二年）
加藤陽子『徴兵制と近代日本』（吉川弘文館、一九九六年）
門松秀樹『開拓使と幕臣――幕末・維新期の行政的連続性』（慶應義塾大学出版会、二〇〇九年）
門松秀樹『明治維新と幕臣』（中央公論新社、二〇一四年）
菊山正明『明治国家の形成と司法制度』（御茶の水書房、一九九三年）
北居功「穂積陳重『法典論』解題」穂積陳重『法典論』（新青出版、二〇〇八年）
久保田哲『元老院の研究』（慶應義塾大学出版会、二〇一四年）
久保田哲『帝国議会――西洋の衝撃から誕生までの格闘』（中央公論新社、二〇一八年）
久保田哲「研究史にみる明治十四年の政変と福沢諭吉」（『福沢手帖』一八一号、二〇一九年六月）
久保田哲『明治十四年の政変』（集英社インターナショナル、二〇二一年）
国学院大学日本文化研究所編『神道事典』（弘文堂、一九九九年）
『国史大辞典』全一五巻（吉川弘文館、一九七九―九七年）
小島和貴「衛生行政史」前掲『日本行政史』
小島和貴『長崎偉人伝 長与専斎』（長崎文献社、二〇一九年）
坂本一登「明治二十二年の内閣官制についての一考察」犬塚孝明編著『明治国家の政策と思想』（吉川弘文館、二〇〇五年）
坂本多加雄『明治国家の建設　1871～1890』（中央公論社、一九九九年）
佐々木克「東京奠都と東京遷都」明治維新史学会編『講座明治維新三　維新政権の創設』（有志舎、二〇一一年）
佐々木寛司『地租改正と明治維新』（有志舎、二〇一六年）
佐藤元英「明治期外務省制度組織の変遷と通商貿易情報の収集活動」三上昭美先生古稀記念論文集刊行会編『近代日本の政治と社会』（岩田書院、二〇〇一年）
佐道明広・小宮一夫・服部龍二編著『人物で読む近代日本外交史――大久保利通から広田弘毅まで』（吉川弘文館、二〇〇九年）
清水唯一朗『近代日本の官僚』（中央公論新社、二〇一三年）
高田久実「贖罪・収贖から罰金刑へ――明治初期の刑事罰と法典化」額定其労・佐々木健・高田久実・丸本由美子編『身分と経済』（慈学社出版、二〇一九年）
高橋善七『通信』（近藤出版社、一九八六年）
瀧井一博『文明史のなかの明治憲法』（講談社、二〇〇三年）
田中彰『岩倉使節団の歴史的研究』（岩波書店、二〇〇二年）
内藤一成『三条実美』（中央公論新社、二〇一九年）
中川壽之「太政官三院制下の右院に関する基礎的考察」『人文研紀要』三二号、一九九八年九月中川壽之「太政官三院制創設期の右院」前掲『近代日本の政治と社会』
中野目徹「参事院関係公文書の検討――参事院の組織と機能・序」『北の丸』一九号、一九八七年三月
中元崇智「自由民権運動と藩閥政府――板垣遭難と民権運動の展開」前掲『明治史講義【テーマ篇】』
西川誠『明治天皇の大日本帝国』（講談社、二〇一一年）
日本近代法制史研究会編『日本近代法120講』（法律文化社、一九九二年）
野村実『日本海軍の歴史』（吉川弘文館、二〇〇二年）
福沢真一「警察行政史」前掲『日本行政史』
保谷徹『戊辰戦争』（吉川弘文館、二〇〇七年）
保谷徹「戊辰戦争の軍事史」前掲『講座明治維新三　維新政権の創設』
堀口修「近代の宮内省官制について――太政官制下を中心として」前掲『近代日本の政治と社会』
松尾正人『維新政権』（吉川弘文館、一九九五年）
松尾正人『廃藩置県の研究』（吉川弘文館、二〇〇一年）
松沢裕作『町村合併から生まれた日本近代――明治の経験』（講談社、二〇一三年）
松下芳男『明治軍制史論』上（国書刊行会、一九七八年）
真辺将之『大隈重信――民意と統治の相克』（中央公論新社、二〇一七年）
真辺将之「明治一四年の政変――大隈重信はなぜ追放されたか」前掲『明治史講義【テーマ篇】』
三上昭美「外務省設置の経緯――わが国外政機構の歴史的研究（一）」『国際政治』二六号、一九六四年七月
御厨貴『明治史論集――書くことと読むこと』（吉田書店、二〇一七年）
三阪佳弘『近代日本の司法省と裁判官――19世紀日仏比較の視点から』（大阪大学出版会、二〇一四年）
宮地正人・佐藤能丸・櫻井良樹編『明治時代史大辞典』全四巻（吉川弘文館、二〇一一―一三年）
文部省編『学制百年史』（ぎょうせい、一九七九年）
藪内吉彦『日本郵便創業の歴史』（明石書店、二〇一三年）
藪内吉彦・田原啓祐『近代日本郵便史――創設から確立へ』（明石書店、二〇一〇年）
山口亮介「明治太政官制復古と刑法事務課・事務局、刑法官、刑部省の形成」『北九州市立大学法政論集』四二巻二・三・四合併号、二〇一五年三月
山脇之人『維新元勲十傑論』（一八八四年）
郵政省編『郵政百年史』（吉川弘文館、一九七一年）
由利正通編『子爵由利公正伝』（一九四〇年）
吉川弘文館編集部編『近代史必携』（吉川弘文館、二〇〇七年）

【著者略歴】

久保田 哲（くぼた・さとし）

1982年、東京都生まれ。

慶應義塾大学大学院法学研究科政治学専攻博士課程単位取得退学。

博士（法学）。

現在、武蔵野学院大学国際コミュニケーション学部教授。

専攻は近現代日本政治史。

単著に『元老院の研究』（慶應義塾大学出版会、2014年）、『帝国議会——西洋の衝撃から誕生までの格闘』（中央公論新社、2018年）、『明治十四年の政変』（集英社インターナショナル、2021年）、共著に『グローバル化と日本の政治・経済』（芦書房、2014年）、『なぜ日本型統治システムは疲弊したのか——憲法学・政治学・行政学からのアプローチ』（ミネルヴァ書房、2016年）、『歴史の中の人物像——二人の日本史』（小径社、2019年）がある。


**図説 明治政府—日本人が求めた新しい国家体制とは**

2021年7月1日　初版初刷発行

著　者　久保田 哲
発行者　伊藤光祥
発行所　戎光祥出版株式会社
〒102-0083 東京都千代田区麹町1-7 相互半蔵門ビル8F
TEL：03-5275-3361（代表）　FAX：03-5275-3365
https://www.ebisukosyo.co.jp
印刷・製本　日経印刷株式会社
装　　丁　堀 立明




ISBN978-4-86403-376-3